高校经管类应用与创新规划教材

投资项目评估实务与案例

Practice and Case of Investment Project Evaluation

郑敏华　肖丹桂　毛莹　吴磊　编著

WUHAN UNIVERSITY PRESS
武汉大学出版社

图书在版编目(CIP)数据

投资项目评估实务与案例/郑敏华等编著.—武汉：武汉大学出版社，
2022.1(2025.7重印)
高校经管类应用与创新规划教材
ISBN 978-7-307-22864-1

Ⅰ.投… Ⅱ.郑… Ⅲ.投资项目—项目评价—高等学校—教材
Ⅳ.F830.59

中国版本图书馆 CIP 数据核字(2022)第 011300 号

责任编辑:聂勇军　　　责任校对:汪欣怡　　　版式设计:马　佳

出版发行:**武汉大学出版社**　　(430072　武昌　珞珈山)
　　　　(电子邮箱:cbs22@whu.edu.cn　网址:www.wdp.com.cn)
印刷:湖北云景数字印刷有限公司
开本:787×1092　　1/16　　印张:18.25　　字数:441千字　　插页:1
版次:2022 年 1 月第 1 版　　2025 年 7 月第 2 次印刷
ISBN 978-7-307-22864-1　　定价:48.00 元

前　言

改革开放以来，中国经济快速发展，国民收入稳定增长，人民生活水平显著提高。我国社会经济的巨变除了得益于改革开放的良好环境之外，还与大规模的投资建设及效益的提高密切相关。如果没有大规模的投资建设，生产规模将不能扩大，社会财富难以增加，人民生活水平无法得到改善。从国民经济的角度考察，投资即直接投资，表现为兴建投资项目。投资运行的结果是一国生产能力的扩大和经济结构的优化，从而实现社会财富的总量增加。我国正面临经济发展和经济转型的关键时期，今后相当长的一段时期，投资建设的任务非常艰巨，需要投入巨额资金以保证经济的转型和结构升级。

怎样使有限的资源得到最佳配置，实现项目决策的科学化、规范化、民主化显得尤为重要。只有投资决策正确，才能使项目投资产生良好的效益。不经过反复的分析论证，仅凭善良的愿望、一时的热情和冲动，是难以发挥出资金应有作用的，尤其是当今社会，环境更复杂、技术迭代更快，项目投资决策的难度更大。

投资项目评价作为系统性、综合性的方法论，是进行投资项目决策的前提和依据，越来越受到社会各界的广泛关注和重视。无论是国家主管部门，还是金融机构和企业单位，在投资决策前，都需要进行严格的技术经济评估论证，以提高投资效益。

投资项目评估是一项综合性、操作性极强的工作，为了便于各位同仁了解项目评价的基本理论和操作方法，科学地评价项目，作者依据现行的制度，并结合长期的教学及实践经验，编写了这本《投资项目评估实务与案例》。

全书共分三部分。

第一部分为基础理论。第一章和第二章为基础理论篇，主要介绍投资项目评价的内容、评价的形式及评价的基本原理和基本方法。

第二部分为专题实务。第三章至第十二章为专题实务评估，分别就资信评估、市场预测、生产规模的确定、建设生产条件分析、技术评价、投资估算及资金筹措、基础财务数据预测、财务效益、国民经济效益、不确定性分析等评价内容和评价方法作了具体介绍。

第三部分为综合案例。第十三章至第十五章为综合案例部分，以案例形式重点介绍新建工业项目、改扩建项目、商业地产项目的评价方法。

在本书的出版过程中，得到了武汉大学出版社的大力支持，得到了武汉纺织大学段丁强教授的鼎力相助，同时参阅了国内外相关文献的研究成果，在此一并表示衷心的感谢。

由于时间仓促，本书不足之处在所难免，敬请各位读者不吝指正。

作者
2021 年 8 月

目　　录

第一章 导　　论

投资项目评估作为一门经济应用学科，随着经济的发展而产生并逐渐完善。项目评估又称项目评价，项目评估的两种具体运用形式——可行性研究和项目评估，作为投资项目决策的重要方法，在世界各国得到广泛运用。世界银行、亚洲开发银行等国际性金融组织将其作为项目决策的主要工具。发展中国家在争取国际援助与合作时，进行可行性研究或投资项目评估是不可或缺的环节。我国在投资项目决策时，无论是政府机构审批项目、银行审核贷款，还是企业项目决策、公司 IPO 上市，都必须进行项目评价。本书主要从政府机构及贷款银行的角度，对项目评估的理论及方法进行阐述。投资项目评估是实现投资决策科学化、民主化、规范化的重要工具。

第一节　投资项目及投资项目评估

一、投资项目

投资项目是在规定期限内完成某项开发目标(或一组目标)而规划的投资、政策以及机构方面等其他活动的综合体。

一个投资项目一般包括以下五个要素：

①对土建工程和设备的资金投资。

②提供有关工程设计和工程技术方案、施工监督以及改进操作和维修等服务项目。

③拥有一个能协调各方关系，使各要素合理配置，高效、精干的组织机构。

④改进有关价格、补贴和成本回收等方面的政策。

⑤拟定明确的项目目标和项目实施计划。

项目按照不同的划分标准，可以划分为不同的类型。按其性质不同，可分为基本建设项目和更新改造项目；按其用途不同，可分为生产性项目和非生产性项目；按其规模不同，可分为大、中、小型项目；按其投资目标不同，可分为营利性项目和非营利性项目。

二、投资项目评估

投资项目评估是在可行性研究的基础上，对投资项目的市场必要性、建设生产条件的完备性、技术的先进性、经济合理性等方面进行分析论证，为投资项目决策提供依据。

投资项目评估可以按照不同的标准进行分类：

按照项目评估的时间划分为事前评估、事中评估、事后评估。

◎事前评估。它是指在项目建设实施前投资决策阶段进行的评价，具有一定的预测性。

◎事中评估。它是指项目建设实施过程中进行的评价。由于事前评估的条件发生变化，项目方不得不对原有决策或方案进行论证。

◎事后评估。它是指在项目建设投产后一年左右，总结评价项目决策的经验教训。

按照项目评估的内容划分为必要性评估、可能性评估、技术性评估、经济性评估、社会性评估、综合评估。

◎必要性评估。对于建设项目，其建设必要性将受到各种需求特性的制约而有所不同，因而必须准确分析需求结构，预测其变化趋势，判断产品的市场需求数量和质量。

◎可能性评估。它是对拟建项目在建设过程中和建成投产后的生产运行过程中所必需的条件进行评估，包括项目的环境、资源条件评估，建设条件、生产条件评估等。通过项目建设条件评估，能够保证项目的建设有较为可靠的物质基础。

◎技术性评估。它是对建设项目的工艺方案、设备选型、工程设计方案、施工方案的先进适用性进行的评价。

◎经济性评估。它包括财务评价和国民经济评价。经济评价是依据相关的制度、价格体系，计算分析项目的费用、效益，分析项目的盈利能力、偿债能力及财务生成能力，评价项目的经济合理性。

◎社会性评估。它主要对项目的社会影响和社会效益进行分析，特大项目需要进行区域经济评价和宏观经济专题分析。

◎综合评估。它是指综合以上各方面的分析论证结果，进行综合研究，提出项目是否可行或者是否贷款的结论建议，为项目决策提供科学的依据。

第二节　项目评估的原则和特点

一、项目评估的原则

项目评估的原则分为工作性原则和方法论原则。

1. 工作性原则

工作性原则是进行项目评估工作时必须遵守的基本准则，是对从事项目评价工作人员的基本要求，主要包括：

(1)客观性原则。它要求评估人员实事求是地对投资项目进行分析与评价。在项目评估时，项目评估人员要深入实际，全面系统地进行信息资料的收集，并按照项目评估的方法对投资项目进行客观分析论证。坚持客观性原则是保证项目评价决策正确的前提，也是项目评价公正的必要保证。

(2)系统性原则。系统性原则要求项目评估人员用系统的观念对投资项目进行评价。任何一个投资项目，都是由相互关联、相互制约的各项要素构成的有机体。系统性原则就是要求从项目各要素的内部联系出发，从内外部要素的联系入手，进行全面系统的动态分析论证，对投资项目进行评定。

(3)规范性原则。它要求评估人员用标准规范的方法对投资项目进行评价。项目评估之所以能够得到广泛的应用，除了项目评估方法的科学性外，使用公认的标准化的方法体系，也是项目评估得以推广的重要条件。这就要求评估人员学习和掌握项目评估的方法体系，处理好规范性和创造性之间的关系。

(4)效益性原则。它要求评估人员以投资效益的好坏，作为评价项目优劣的标准。一个项目技术可行是前提，经济合理才是最终目标。仅有技术上可行，经济上不合理的项目是不可取不可行的。

2. 方法论原则

项目评估的方法论原则，是项目评估人员运用投资项目的评估方法时，必须遵循的原则。

(1)产出有市场，投入有保障的原则。产出有市场也就是项目产品要符合市场需求，坚持产出有市场的原则，是市场经济的要求，是项目讲求经济效益、确保经济效益的前提。投入有保障，就是要求供给能保证项目建设生产的正常需要，投资项目无论是一次性的建设投入还是经常性的生产投入，都受到有限资源的约束。因此，在进行项目评估时，必须做好项目的建设生产条件分析论证，确保各项资源对项目的保障程度，促进项目的顺利进行。

(2)成本效益比较原则。成本效益比较原则要求评价项目时，必须将所得与所失相比较，将费用与效益相比较，对项目的利弊得失做出客观评价。项目效益评价分三个层次，即财务评价、国民经济评价、社会评价，无论哪个层次，通过比较，效益大于成本，即项目做出了贡献，项目才是可行的。

(3)合理使用价值尺度原则。价值尺度是指计算成本效益时使用的价格标准。使用的价格标准不同，对项目成本效益的判断会产生巨大差异。财务评价阶段，以现行的价格体系为标准，对项目进行评估。国民经济评价阶段，使用的是影子价格。社会评价阶段，是指在国民经济评价基础上，考察新增国民收入的合理分配问题，使用的是社会价格。

(4)讲求货币时间价值原则。等量的货币在不同的时点具有不同的价值，其差异就是货币的时间价值，主要表现形式是利息或者利率。利息或利率作为资金的机会成本应该在项目评价中体现它应有的价值。它不单单是一种利率水平，而是确定项目评价的基准。

二、项目评估的特点

作为一种系统科学的决策工具，项目评估具有如下特点：

(1)宏观经济效益与微观经济效益相结合，以宏观经济效益评价为主。对投资项目进行评估，不仅要分析项目本身获利多少，还要分析项目建设对国家的贡献及国家为此付出的代价，这样才能实现项目评估的宏观经济效益与微观经济效益相结合。目前项目经济评估包括财务评估、国民经济评估、社会评估三个层次。如果财务评估、国民经济评估、社会评估都认为可行的项目，应该是可行的。但是如果财务评估与国民经济评估、社会评估的结论发生矛盾，则以宏观经济评估结论为主。

(2)价值量评估与实物量评估相结合，以价值量评估为主。价值量评估在设定的经济参数条件下，把物力、财力、时间等要素量化为资金价值进行计算；实物量评估是直接测算项目所需的物资及平衡问题。在评估时应该设置实物量指标和价值量指标，在分析时强调把实物量指标转化为价值量指标,对各个方案进行统一标准的分析评判。

(3)定量评估与定性评估相结合,以定量评估为主。项目评估主要是对项目建设生产中的诸多影响因素进行数量分析,对投资项目的费用效益进行计算分析,从而得出明确的结论建议。但是,项目投资过程极其复杂,总会有一些因素不能量化,不能进行定量分析,这就要求进行定性分析和描述,结合定量分析得出评价结论。

(4)动态评估与静态评估相结合,以动态评估为主。现行的项目评估方法强调时间因素,利用复利计算方法将不同时点的费用效益折算为同一时点的价值,为不同项目、不同方案的评估提供了统一基础。但是强调动态评估并不排斥静态评估。静态指标具有直观、方便、计算简单的特点,在项目评估时可根据项目评估的要求,利用静态指标进行辅助性分析。

第三节 项目评估的程序及具体形式

一、我国项目投资决策管理

1. 我国项目投资的决策程序

借鉴国外的做法,我国现行的项目投资决策程序包括以下步骤:

(1)项目主管部门或项目业主编制项目建议书,上报有关部门进行立项决策。

(2)项目立项后,由项目业主对项目进行详细的可行性研究,编制可行性研究报告,上报有关部门。

(3)投资决策机构或者贷款银行组织专家小组,对项目可行性研究报告或者项目申请报告进行评估,提交项目评估报告。

(4)由投资决策机构根据项目评估报告,对项目做出最终决策,出具项目审批或者核准文件。

2. 投资项目决策程序的实施规定

不同投资主体和决策者,投资决策的程序和要求不同。

(1)政府投资项目,严格按照国家规定的项目决策程序进行决策。对拟建的项目,必须首先列入发展规划;其次审议项目建议书决定是否立项;最后对可行性研究报告进行详细的审查,进行建设与否的决策。

(2)企业投资项目,按照西方国家的经验,企业进行机会研究、预可行性研究、可行性研究、评价决策四个阶段。由企业决策层审定。

(3)金融机构贷款项目,按照"独立审贷、自主决策、自担风险"的原则,银行发放贷款前,首先对贷款企业进行资信评估;其次审查和评估贷款项目的可行性研究报告,对贷款项目初选和优选,最后做出贷款与否的决定。

3. 投资项目管理

随着投资管理体制的改革深化,我国逐步建立起"市场引导投资,企业自主决策,银行独立审贷,融资方式多样,中介服务规范,宏观调控有效"的新型投资管理体制。投资项目的管理体制从单一的审批制,改为区别不同情况的审批制、核准制、备案制。

（1）审批制项目。对政府投资项目或使用政府资金、国家金融机构贷款、国外政府贷款项目实行审批制。政府直接投资和注资项目审核项目建议书和可行性研究报告，不审核开工报告，严格审核初步设计和概算。政府补助、转贷、贷款、贴息项目，只审核资金申请报告。

（2）核准制项目。企业投资不实行审核制，只对重大项目和限制类项目实行核准制。核准制项目企业需要提供项目申请报告，主要从经济安全、资源利用、环境保护、优化产业布局、保障公共利益、防止垄断等方面进行核准。无须审核项目建议书、可研报告、开工报告。

（3）备案制项目。核准目录以外的项目均实行备案制，企业向地方主管部门备案即可。

二、项目评估的具体形式

项目评估常用的形式是可行性研究和项目评估，这两种评估方法在国内外得到广泛的应用。我国为了适应经济发展的需要，不断完善投资项目管理体制，简化投资项目审查办法，对于核准制项目，要求上报项目申请报告，政府部门要依法进行核准。

在实际工作中，项目评估的具体形式包括可行性研究、项目评估、项目申请报告。

（一）可行性研究

联合国工业发展组织编写的《工业项目可行性研究》把投资项目的可行性研究分为机会研究、初步可行性研究、可行性研究、评估决策四个阶段。我国的可行性研究与西方国家有所不同，参照西方可行性研究的方法，结合我国的实际，我国将可行性研究分为项目建议书和可行性研究两个阶段。项目单位可先提交项目建议书，上报政府部门批准，以决定是否成立项目，通常称为"立项"，项目确立后，便可着手进行可行性研究工作。这里可行性研究是指详细的可行性研究。

由于行业特点不同，可行性研究的内容也各有侧重，一般大中型工业项目可行性研究的内容包括：

1. 总论

（1）综述项目概况、可行性研究的主要结论概要和存在的问题与建议。

（2）应说明建设项目的背景、投资环境，项目建设投资的必要性和经济意义，项目投资对国民经济的作用和重要性。

（3）说明项目调查研究的主要依据、工作范围和要求。

（4）说明并提出项目的历史发展概况、项目建议书及有关审批文件。

2. 产品的市场需求预测、拟建规模与产品方案

（1）调查和预测国内外市场近期供需情况，研究确定项目产品销售价格和销售量。

（2）国内现有工厂生产能力的估计。

（3）产品目标市场分析和市场占有率分析，产品竞争能力和进入国际市场的前景及产品的营销策略，研究确定主要市场风险和风险程度。

（4）建设项目的规模，项目的技术经济比较、分析和优选，说明项目建设规模方案和

产品组合方案。

3. 项目资源

对资源开发项目要深入研究确定资源的可利用量、自然品质、赋存条件和开发利用价值。

4. 原材料、燃料及公用设施情况

(1)所需主要原料、辅助材料、燃料的种类、数量、价格、质量及来源和供应的可能性与运输方式。编制原材料、燃料供应表。

(2)有毒、有害及危险品的种类、数量和储运条件。

5. 建厂条件和厂址方案

(1)厂区的地理位置与原材料产地和产品市场的距离、交通条件等。

(2)对建设地区内地理位置、气象、水文、地质等自然条件与社会经济现状进行调查研究。

(3)了解建设地区的交通、运输及水、电、气、热等基础性设施。

(4)明确厂址面积、占地范围、厂区总体布置、建设条件、地价、拆迁及其他工程费用情况等。

(5)对厂址选择进行多方案的技术经济分析和比选(建设条件、建设投资和运营费用比选),提出选择意见。

6. 项目工程技术方案

(1)所采用生产技术和工艺流程方案的论证。

(2)引进技术、设备的必要性及其来源、国别的选择比较,提出主要设备的清单、采购方式和供应方式。

(3)进行总图和厂内外交通运输道路的设计,确定项目的构成范围,主要单项工程、车间的组成、厂内外主体工程和公用辅助工程的方案比较论证,绘制总平面布置图。

(4)主要建筑物、构筑物的建筑特征、结构与面积。

7. 环境保护与劳动安全

(1)拟建项目"三废"种类、成分和数量,项目建设和生产对环境影响的预测。

(2)治理方案的选择和回收利用情况。

(3)环境保护措施和投资,对环境影响的评价。

(4)劳动安全、卫生、消防情况,分析危害因素和程度,制定安全措施及消防设施方案。

(5)城市规划、防震、防洪、防空、文物保护等要求及相应的措施方案。

8. 企业组织机构、人力资源配置和人员培训

(1)项目法人组建方案,全厂生产管理体制、机构的设置,管理机构组织方案制定和体系图绘制。

(2)人力资源配置,包括工程技术和管理人员的技能素质和数量的要求,劳动定员的配备方案,员工来源及招聘方案等。

(3)人员培训的规划和费用估算。

9. 项目实施计划和进度安排

(1)编制项目计划进度表和主要单项工程的时序表。

(2)用线条图和网络图表述最佳实施计划方案。

10．项目投资估算和资金筹措

(1)各项建设投资、流动资金和项目总资金的估算依据和估算表。

(2)项目资金来源、筹措方式与贷款偿付方式。

11．经济及社会效果评价

(1)预测基础财务数据。

(2)项目财务评价。

(3)国民经济评价、社会评价。

(4)不确定性因素与风险分析。

12．评价结论与建议

(1)建设方案的综合分析评价与方案选择，推荐一个以上的可行方案，描述推荐方案的总体特征，提出优缺点，做出项目可行性研究结论，提供决策参考。

(2)指出项目存在的问题，给出结论性意见和改进建议。

(二)项目评估

投资项目评估包括对项目建议书的评估、可行性研究报告的评估、项目申请报告的评估。

对项目建议书评估，重点对项目建设的必要性进行评估，着重分析项目是否符合国家建设方针、长期规划、产业结构调整的方向；项目产品是否符合市场需要、项目建设地点是否合适；粗略估算项目的财务效益、经济效益。

本书重点介绍对可行性研究报告的评估。

1．项目评估的工作内容

(1)企业(借款人)资信评估

企业资信评估主要对企业素质、经营管理及效益、企业信用及发展方向进行调查分析，判断企业的投资能力及借款资格。

(2)项目建设必要性和市场分析评估

这主要从宏观必要性和微观必要性两方面评估。

市场分析包括市场调查、产品需求和供应预测、产品价格预测、目标市场分析、竞争能力分析和市场风险分析以及市场趋势综合分析，这是可行性研究的基础工作，也是决定项目建设与否的重要内容。

(3)项目建设方案分析

工业项目建设方案包括项目产品方案和建设规模方案、生产工艺和设备选型方案、项目选址和总图运输方案、土建工程及辅助配套方案、建设生产所需的原料(燃料)动力供应方案、组织机构及人力资源配置方案、项目实施进度及计划方案。根据项目特点，对各类方案内容可适当进行调整和简化。

通过对建设方案的分析评估，最终选择规模合理优化组合的产品方案，先进适用的技术方案，布局合理的厂址方案，切实可行的进度方案和配置合理的组织方案。

(4)项目经济方案评估

通过对项目投资、成本费用、收入、税金等经济数据预测，编制相关报表，分析评价投资项目的财务效益、经济效益，评价投资项目的经济合理性。

2. 评估报告的内容

经国家发展和改革委员会、中国国际工程咨询公司对拟建项目的可行性研究报告按照规定的内容进行一系列分析后，项目评审单位可按照下列大纲要求编写项目评估报告。

（1）项目概况，包括项目基本情况和综合评估结论

（2）评估意见

①关于市场供需预测及拟建规模的评估意见。

②关于资源、原材料、燃料及公用基础设施的评估意见。

③关于建厂条件和厂址方案的评估意见。

④关于工艺、技术和主要设备选择方案的评估意见。

⑤关于环境保护的评估意见。

⑥关于企业组织、劳动定员和人员培训的评估意见。

⑦关于实施进度的评估意见。

⑧关于投资估算和资金筹措的评估意见。

⑨关于经济及社会效益的评估意见。

⑩综合结论意见。

（3）问题及建议

①存在或遗留的重大问题。

②潜在的风险。

③建议。解决问题的途径和方法；建议国家和有关部门采取的应急措施和方法；对下一步工作的建议。

3. 中国建设银行对固定资产贷款项目的评估内容

（1）借款人的资信评估

①借款人的经济地位评估。

②借款企业的素质和领导班子整体素质评估。

③借款人的生产经营状况评估。

④借款人的负债及清偿能力评估。

⑤借款人的信用及发展前景评估。

（2）项目概况分析

①项目建设必要性评估。

②项目进度评估。

③项目工艺设备评估。

④项目建设生产条件评估。

⑤项目环境保护评估。

（3）项目产品市场供求评估

①对市场供求现状的调查。

②对项目产品供求发展趋势的预测。

③对项目产品的竞争能力分析。

④分析项目建设规模和建设方案的合理性。

（4）投资估算和资金来源评估

①对项目总投资估算的评估。

②对项目资金来源的评估。

（5）财务评估

①基础财务数据测算与分析。

②项目财务效益分析。

③项目不确定性分析。

（6）银行效益和风险防范评估

①银行效益评估，包括流动性评估和相关效益评估。

②风险防范评估，主要对借款人的保证、抵押、质押等贷款防范措施的可行性进行评估。

（三）项目申请报告

项目申请报告是企业投资建设应报政府核准的项目时，为获得项目核准机关对拟建项目的行政许可，按核准要求报送的项目论证报告。项目申请报告应重点阐述项目的外部性、公共性等事项，包括维护经济安全、合理开发利用资源等。

符合《政府核准项目目录》的项目，企业可以委托工程咨询机构，编制项目申请报告，报送政府机关核准。

项目申请报告的内容包括：

①申报单位及项目概况。

②发展规划、产业政策、行业准入标准。

③资源开发、综合利用规划。

④节能方案分析。

⑤建设用地、拆迁征地、移民搬迁方案。

⑥环境和生态影响分析。

⑦经济影响分析：行业、区域、宏观影响。

⑧社会影响分析：社会影响效果、社会适应性、社会风险分析。

⑨法律法规规定的其他内容。

项目申请报告评估的内容包括：

①项目申报单位及项目概况。这不是核准的内容，但是是申请报告不可缺少的内容。申报单位概况包括申报单位的主要业务、资产负债权益、项目生产能力等。项目概况与可行性研究报告的内容一致。

②发展规划、产业政策、行业准入标准评估。分析拟建项目与经济规划、区域规划的符合程度；评估拟建项目产品、技术方案是否符合相关政策及法律法规的要求；评估拟建项目及建设单位是否符合行业准入的有关规定。

③资源开发、综合利用规划评估。资源开发是否符合可持续发展的要求，综合利用方案是否符合循环经济、节约能源的要求。

④节能方案评估。分析项目节能方案是否达到国家资源利用及有效利用的要求。

⑤建设用地、拆迁征地、移民搬迁方案评估。

⑥环境和生态影响分析评估。评估项目对当地生态环境的影响程度及对区域的综合影响评估。

⑦经济影响分析评估。从资源优化的角度，评价费用效益的识别是否正确，方法是否恰当；对行业影响比较大的项目，评估项目对行业、区域的正面影响效果，对特大型项目，分析评估对产业布局、结构调整、国家技术安全等方面的影响。

⑧社会影响分析评估。从社会影响效果、社会适应性、社会风险分析方面进行分析评价。社会影响效果方面，主要分析拟建项目对就业、脱贫、社区发展等方面的正负面效果；社会适应性方面，主要分析目标人群、利益相关者对项目的接受程度和支持程度；社会风险分析，主要针对存在负面社会影响的情况下，评价潜在的风险及社会风险因素及应对措施。

⑨法律法规规定的其他内容评估。

第二章　投资项目评估基本原理

投资项目评估作为一种系统科学的方法论，有着深厚的理论基础，要掌握和运用这一科学的方法，就必须学习它的基础理论，使之在投资项目评估中发挥更大的作用。

与投资项目评估密切相关的基本原理主要包括货币时间价值原理和方案比较原理。

第一节　货币时间价值

一、货币时间价值的基本含义

所谓货币时间价值，是指资金在生产或流通领域不断运动，随着时间的推移而产生的增值。货币时间价值可以从两个方面来理解：

第一，将货币用于投资，由货币的运动(流通—生产—再流通)，获得一定利润，这就是货币的"时间价值"。

第二，如果放弃货币的使用权利，失去获得收益的机会，相当于付出一定的代价，这也是货币时间价值的体现。

货币时间价值可以用利息或利润等绝对量指标来衡量，也可用利息率、利润率等相对量指标来衡量。

二、货币时间价值的计算方法

计算货币时间价值的基本方法有单利法和复利法。

1. 单利法

单利是指仅以本金计算利息的方法。即在下期计算利息时不把已经产生的利息也作为本金计算利息，按单利计息，利息和占用货币的时间、本金量成正比例关系，比例系数为利率，其计算公式为：

$$I_n = p \cdot n \cdot i$$

单利本利和公式为：

$$F_n = p + pni = p(1 + ni)$$

式中：I_n 为利息；

　　　p 为本金；

　　　n 为计息期数；

　　　i 为利率；

　　　F_n 为 n 期末的本利和。

【例 2-1】 王某某存款 10000 元，存期 3 年，存款年利率为 5%，第 3 年末的本利和为多少？

解： $p = 10000 \quad n = 3 \quad i = 5\%$

$F_3 = p(1 + ni) = 10000(1 + 3 \times 5\%) = 11500(元)$

单利的经济含义是，一笔投资投入生产后，每年以一定的效果系数为社会提供一定的经济效果。单利法虽然考虑了货币的时间价值，但仅以本金为基数计算利息，忽略了已产生的利息这部分资金的时间价值，它的计算方法是不完善和有缺陷的。

2. 复利法

复利法是用本金和前期累计利息的和为基数计算利息的方法，俗称"利滚利"。复利计算本利和的计算公式为：

$$F_n = p(1 + i)^n$$

其公式可推导如下：

第 1 期：$F_1 = p + p \cdot i = p(1 + i)$

第 2 期：$F_2 = p(1 + i) + p(1 + i) \cdot i = p(1 + i)^2$

第 3 期：$F_3 = p(1 + i)^2 + p(1 + i)^2 \cdot i = p(1 + i)^3$

……

第 n 期：$F_n = p(1 + i)^{n-1} + p(1 + i)^{n-1} \cdot i = p(1 + i)^n$

【例 2-2】 仍以上例为例，按复利计算，问第 3 年末的本利和是多少？

解： $p = 10000 \quad n = 3 \quad i = 5\%$

$F_3 = p(1 + i)^n = 10000(1 + 5\%)^3 = 11600(元)$

由例 2-1 和例 2-2 可以看出，同一笔资金，在时间、利率相同的情况下，按复利计算的利息比按单利计算的金额大。

复利法计算利息，由于考虑了利息产生的利息，比较符合实际情况，是一种比较完善的方法。我们在进行货币时间价值的计算时，通常采用复利法计算。

三、货币等值的换算

1. 等值的概念

在货币时间价值的计算中，等值是一个十分重要的概念。由于货币具有时间价值，因此，等量货币在不同的时间，其价值是不同的，不同时点不等量的货币，其价值可能是相同的。货币等值是指在考虑时间因素的条件下，一笔资金与不同时间绝对值不等的另一笔资金，按某一利率换算至某一相同时点时，具有相同的价值。现在的 100 元与 1 年后的 110 元，绝对值不等。但如果利率为 10%，则现在的 100 元和 1 年后的 110 元是等值的。

影响货币等值换算的因素有三个：资金大小、时间长短、利率高低。三个因素中的任何一个因素发生变化都将引起等值的变化。

2. 等值换算的基本公式

等值换算的基本公式和普通复利计算公式是相同的。常见的普通复利计算公式见上文。

（1）复利终值及复利终值系数

复利终值是指一笔资金按一定的复利计算的本利和。其现金流量如下：

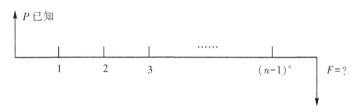

图 2-1　复利终值现金流量图

复利终值的计算公式为：

$$F = P(1 + i)^n$$

式中：F 为复利终值；

　　　　P 为现值；

　　　　i 为利率；

　　　　n 为计息期数。

$(1 + i)^n$ ——复利终值系数

复利终值系数亦可用 $(F/P, i, n)$ 表示，故复利终值的计算公式也可表示为：

$$F = P(F/P, i, n)$$

【例 2-3】　李某某存款 10 万元，存期 5 年，在利率为 10% 的条件下，到期的本利和为多少？

解： 根据公式 $F = P(1 + i)^n$

则 $F = 10(1+10\%)^5 = 10 \times 1.611 = 16.11$（万元）

（2）复利现值及复利现值系数

现值是指未来一笔资金的现在价值。现值的计算过程与复利终值相反。复利现值的现金流量图如图 2-2 所示：

图 2-2　复利现值现金流量图

由于 $F = P(1 + i)^n$

则复利现值的计算公式为：

$$P = F(1 + i)^{-n}$$

式中：$(1+i)^{-n}$ 为复利现值系数

其他符号含义同前

复利现值系数可用 $(P/F,\ i,\ n)$ 表示，故复利现值的计算公式可表示为：

$$P = F(P/F,\ i,\ n)$$

【例 2-4】 张某某 10 年后，需要 30 万元资金用于购房，在年利率为 15% 的条件下，问张某某现在应存入多少资金？

解： 根据公式 $P = F(P/F,\ i,\ n)$

则 $P = 30(P/F,\ 15\%,\ 10) = 30 \times 0.2472 = 7.416$（万元）

(3) 年金终值及年金终值系数

年金终值是指在特定的时期内，每隔相同的时间收入或支出的一系列等额现金，按复利计算的本利和。

年金是指在某一特定时期内，每隔相同的时间等额收入或等额支出的资金。一般用符号 A 表示。年金分为普通年金和期初年金。在每期期末收入或支出的年金为普通年金，在每期期初收入或支出的年金为期初年金。我们这里研究的是普通年金。

年金终值的现金流量图见图 2-3。

图 2-3　年金终值现金流量图

年金终值计算公式可推导如下：

表 2-1　年金终值计算表

期数	年金	复利值
1	A	$A(1+i)^{n-1}$
2	A	$A(1+i)^{n-2}$
3	A	$A(1+i)^{n-3}$
...	...	...
$n-1$	A	$A(1+i)^{1}$
n	A	$A(1+i)^{0}$

由上表可知：

$$F = A(1+i)^{n-1} + A(1+i)^{n-2} + A(1+i)^{n-3} + \cdots + A(1+i)^{1} + A(1+i)^{0}$$

$$F = A\left[\frac{(1+i)^n - 1}{i}\right]$$

式中：F 为年金终值；

A 为年金；

$\dfrac{(1+i)^n - 1}{i}$ 为年金终值系数。

年金终值系数可用 $(F/A, i, n)$ 表示，则年金终值的计算公式可表达为：

$$F = A(F/A, i, n)$$

【例 2-5】 某人每年年末存款 2 万元，存期 10 年，在年利率为 8% 的条件下，到期本利和为多少？

解： 根据公式 $F = A(F/A, i, n)$

则 $F = 2(F/A, 8\%, 10) = 2 \times 14.487 = 28.974$(万元)

(4)偿债基金和偿债基金系数

偿债基金是指在特定的时期内，于每期期末存入相同数额的款项，以便到期后，连同利息聚积成一笔预定数额的款项。设置偿债基金的目的是为了在未来某一特定时间获得一笔预定数额的资金，以满足特定之需，如偿还到期债务等。

偿债基金的现金流量图如图 2-4 所示：

图 2-4 偿债基金现金流量图

由于偿债基金和年金终值互为逆运算，故偿债基金的计算公式为：

$$A = F\left[\frac{i}{(1+i)^n - 1}\right]$$

式中：$\dfrac{i}{(1+i)^n - 1}$ 为偿债基金系数；

其他符号含义同前。

偿债基金系数可用 $(A/F, i, n)$ 表示，偿债基金的计算公式又可表达为：

$$A = F(A/F, i, n)$$

【例 2-6】 甲企业 5 年后将偿还一笔金额为 100 万元的到期借款，在年利率为 10% 的条件下，该企业每年应存入多少资金？

解： 根据公式 $A = F(A/F, i, n)$

则 $A = 100(A/F, 10\%, 5) = 100 \times 0.1638 = 16.38$ 万元

5. 年金现值及年金现值系数

年金现值是指一笔年金的现在价值。年金现值与年金终值已知条件相同，都是等额系

列付款，但计算的方向不同，前者是计算现值，而后者计算终值。

年金现值的现金流量图如图 2-5 所示：

图 2-5　年金现值现金流量图

年金现值的计算公式，推导过程如下：

表 2-2　年金现值计算表

期数	年金	复利值
1	A	$A(1+i)^{-1}$
2	A	$A(1+i)^{-2}$
3	A	$A(1+i)^{-3}$
...	...	...
$n-1$	A	$A(1+i)^{-(n-1)}$
n	A	$A(1+i)^{-n}$

根据上表，各期等额收入或支出的款项现值总和为：

$$P = A(1+i)^{-1} + A(1+i)^{-2} + A(1+i)^{-3} + \cdots + A(1+i)^{-(n-1)} + A(1+i)^{-n}$$

根据等比数列公式：

$$P = A \frac{\dfrac{1}{1+i}\left(1 + \dfrac{1}{(1+i)^3}\right)}{1 - \left(\dfrac{1}{1+i}\right)} = A\left[\frac{(1+i)^n - 1}{i(1+i)^n}\right]$$

式中：$\dfrac{(1+i)^n - 1}{i(1+i)^n}$ 为年金现值系数；

其他符号含义同前。

年金现值系数可用 $(P/A, i, n)$ 表示，则年金现值的计算公式可用公式表示为：

$$P = A(P/A, i, n)$$

【例 2-7】　进行某项投资，预计每年平均可获利 500 万元，在利率为 5% 的条件下，5 年后要求连本带利全部收回。问投资人投资时应投入多少资金才划算？

解：根据公式 $P = (P/A, I, n)$

则 $P = 500 \times (P/A, 5\%, 5) = 500 \times 4.329 = 2164.5$（万元）

投资人的投资额小于 2164.5 万元才划算。

6. 投资回收资金和投资回收系数

投资回收资金，是指投入的资金现值，在一定时间内按规定的复利计算，在以后每期期末等额收回的资金本息。投资回收资金与年金现值互为逆运算。投资回收资金的现金流量图如图 2-6 所示：

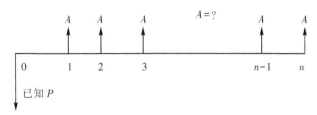

图 2-6　投资回收资金现金流量图

根据年金现值计算公式可推导出投资回收资金的计算公式为：

$$A = P\left[\frac{i(1+i)^n}{(1+i)^n - 1}\right]$$

式中：$\dfrac{i(1+i)^n}{(1+i)^n - 1}$ 为投资回收系数；

其他符号含义同前。

投资回收系数可用 $(A/P, i, n)$ 表示，则投资回收资金的计算公式又可用下式表达：

$$A = P(A/P, i, n)$$

【例 2-8】　某公司借款 1000 万，借款利率为 10%，借款银行要求 5 年还清本息。问该公司每年应获利多少？

解： 根据公式 $A = P(A/P, i, n)$

则 $A = 1000(A/P, 10\%, 5) = 1000 \times 0.2638 = 263.8$（万元）

以上几个计算公式为常见的普通复利计算公式，但现实生活中，每期支付并不经常是相同的，下面我们介绍等比数列和等差数列的普通复利现值、终值的计算公式和运用。

（7）等比数列现值及系数

现实生活中，某些收入或支出为以某一固定百分比递增或递减方式出现，其现金流量图如下：

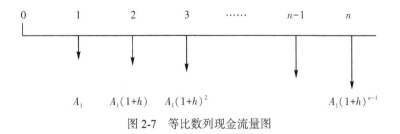

图 2-7　等比数列现金流量图

等比数列现金流量的计算公式为：

$$A_t = A_1 (1 + h)^{t-1} \quad t = 1, 2, \cdots, n$$

等比数列现值的计算公式为：

$$P = A_1 \frac{\left[1 - \dfrac{(1 + h)^n}{(1 + i)^n} \right]}{i - h}$$

式中：A_1 为第一期的现金流量；

h 为等比值。

【例 2-9】 王某某目前租房，年租金为 20000 元，预计今后 15 年内租金每年将上涨 5%，若将此房买入，则需支付 20 万元，在平均利率为 12% 的条件下，王某某该租房还是该买房？

解： 若租赁，10 年内的租金现值为：

$$P = 20000 \frac{[1 - (1 + 5\%)^{10} / (1 + 12\%)^{10}]}{12\% - 5\%} = 20000 \times \frac{\left[1 - \dfrac{1.629}{2.594} \right]}{7\%}$$

$$= 20000 \times 5.314 = 10.628 (万元)$$

若买房，则需要支付 20 万元。购买费用现值 20 万元大于租赁的费用现值 10.628 万元，王某某应该租房。

（8）等差数列复利值

等差数列，是指每期资金的收付是不等的，表现为定期递增或递减一个相同的量。在不考虑第一年末的现金流量的情况下，等差数列的现金流量图如图 2-8 所示：

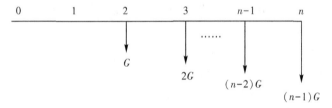

图 2-8　等差数列现金流量图

等差数列复利计算公式常用的方法有以下三种：

等差数列终值是已知等差值 G 求 F 的计算。其计算公式可推导如下：

表 2-3　等差数列终值计算表

期数	等差值	终值
1	0	0
2	G	$G(1 + i)^{n-2}$

期数	等差值	终值
3	$2G$	$2G(1+i)^{n-3}$
⋮	⋮	⋮
$n-1$	$(n-2)G$	$(n-2)G(1+i)^{n-(n-1)}$
n	$(n-1)G$	$(n-1)G$

由上表可计算各期的终值和:

$$F = G(1+i)^{n-2} + 2G(1+i)^{n-3} + \cdots (n-2)G(1+i) + (n-1)G$$

将上式乘 $(1+i)$ 并减上式可得:

$$F_1 = [G(1+i)^{n-2} + 2G(1+i)^{n-3} + \cdots(1+i) + 1] - nG$$

$$= G \cdot \left[\frac{1-(1+i)^3}{1-(1+i)}\right] - nG$$

$$= G \cdot \left[\frac{(1+i)^{n-1}}{i} - n\right]$$

则

$$F = \frac{G}{i}\left[\frac{(1+i)^{n-1}}{i} - n\right]$$

式中: G 为等差值,

$\dfrac{1}{i}\left[\dfrac{(1+i)^{n-1}}{i} - n\right]$ 为等差数列终值系数

等差数列终值系数可用 $(F/G, i, n))$ 表示,则等差数列终值又可用下面的公式表示:

$$F = G(F/G, i, n)$$

等差数列现值可由等差数列终值和复利现值计算公式可得到:

$$P = G(F/G, i, n)(P/F, i, n) = G \cdot \frac{1}{i}\left[\frac{(1+i)^{n-1}}{i} - n\right] \cdot \frac{1}{(1+i)^n}$$

$$= G \cdot \frac{1}{i^2}\left[1 - \frac{1+in}{(1+i)^n}\right]$$

式中 $\dfrac{1}{i^2}\left[1 - \dfrac{1+in}{(1+i)^n}\right]$ 为等差序列现值系数,可用 $(P/G, i, n)$ 表示,则等差序列现值又可用下列公式表示:

$$P = G(P/G, i, n)$$

由等差序列终值和偿债基金计算公式可得到等差序列年金的计算公式:

$$A = G(F/G, i, n)(A/F, i, n) = \frac{G}{i}\left[\frac{(1+i)^{n-1}}{i} - n\right] \cdot \frac{i}{(1+i)^{n-1}}$$

$$= G\left[1 - \frac{in}{(1+i)^{n-1}}\right]$$

式中 $\left[1 - \dfrac{in}{(1+i)^{n-1}}\right]$ 为等差序列年金系数，其他符号含义同前。

又因 $\left[1 - \dfrac{in}{(1+i)^{n-1}}\right]$ 可用 $(A/G, i, n)$ 表示，所以，等差序列年金又可用下列公式表示：

$$A = G(A/G, i, n)$$

【例 2-10】 某企业投资某项目，第一年末的利润为 10000 元，以后每年递增 5000 元，项目运行时间 5 年，在年利为 10% 的条件下，该企业现在投资不应超过多少金额？照此状况，每年的平均利润是多少？到期收回本利为多少？

解： 本题的等差序列现金流量含基础年金，如图 2-9 所示：

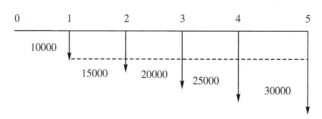

图 2-9 项目现金流量图

可将每年的现金流量分为两部分，一部分为普通年金 10000 元，另一部分为等差序列现金流，等差值为 5000 元。

则
$$\begin{aligned}
P &= 10000(P/A, 10\%, 5) + 5000(P/G, 10\%, 5)\\
&= 10000 \times 3.791 + 5000 \times 6.89\\
&= 37910 + 34450 = 72360（元）\\
F &= 10000(F/A, 10\%, 5) + 5000(F/G, 10\%, 5)\\
&= 10000 \times 6.105 + 5000 \times 11.1\\
&= 61050 + 55500 = 116550（元）
\end{aligned}$$

$$A = 10000 + 5000(A/G, i, n) = 10000 + 5000 \times 1.817 = 19085（元）$$

该企业的投资不应超过 72360 元，到期收回本利 116550 元，每年平均利润为 19085 元。

四、等值换算公式的应用

在实际操作中，等值换算公式应相互配合，灵活使用。

在上面所讲的等值换算公式中，都是根据 3 个已知量，求第 4 个未知量。都假设利率及期数 n 为已知量，分析研究 A、P、F、G 之间的关系。下面我们将根据已知的 A、P、F、G 求未知的利率或期数 n。

1. 利率 i 的计算

利率 i 可采用线性内插法计算，也可采用开方法计算。

线性内插法主要是根据合适的普通复利计算公式，直接查复利系数表，根据基本的数学知识进行计算。

下面以年金现值系数说明该方法的计算过程。

【例 2-11】 某项目投资 500 万，每年收回 145 万，回收期 5 年，该项目的投资报酬率为多少?

解：

$$P = A(P/A, i, n)$$
$$500 = 145(P/A, i, n)$$
$$(P/A, i, 5) = 500/145 = 3.448$$

查表

$$(P/A, 12\%, 5) = 3.605$$
$$(P/A, 15\%, 5) = 3.352$$

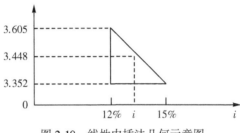

图 2-10 线性内插法几何示意图

根据上图可知

$$\frac{i - 12\%}{15\% - 12\%} = \frac{3.605 - 3.448}{3.605 - 3.352}$$

$$i = 12\% + \frac{3.605 - 3.448}{3.605 - 3.352} \times 3\% = 13.86\%$$

由此可计算出未知的利率 i，当然也可根据其他的复利系数计算法进行计算。

开方法。根据给定的条件，选择复利系数，计算利率。

例如，已知 P 求 F，则 $F = P(1 + i)^n$

$$1 + i = \sqrt[n]{\frac{F}{P}} \quad i = \sqrt[n]{\frac{F}{P}} - 1$$

【例 2-12】 某企业投资 100 万元，投资期 4 年，到期收回本利 145 万元，问该企业投资的利润率是多少?

解： 根据公式，

则

$$i = \sqrt[4]{\frac{145}{100}} - 1 = 9.7\%$$

2. 期数 n 的计算

期数 n 的计算可借助于复利计算系数，采用求对数法和线性内插法进行计算。

对数计算法。根据给定的已知条件，选择合适的普通复利公式，计算期数 n 的值，例

如投资总数为 P ，每年回收资金为 A ，利率为 i 时，可求出投资回收期 n ，具体推导过程如下：

$$P = A\left[\frac{(1 + i)^{n-1}}{i(1 + i)^n}\right]$$

$$\frac{P \cdot i}{A} = 1 - \frac{1}{(1 + i)^n}$$

$$\frac{1}{(1 + i)^n} = 1 - \frac{P \cdot i}{A} = \frac{A - P \cdot i}{A}$$

$$(1 + i)^n = \frac{A}{A - P \cdot i}$$

则

$$n\lg(1 + i) = \lg\frac{A}{A - Pi}$$

$$n = \lg\frac{A}{A - Pi}\bigg/\lg(1 + i)$$

【例 2-13】 某企业借款 100 万元，每年末还款 12 万元，年利率为 9%，该借款何时还清？

解： 根据

$$n = \lg\frac{A}{A - Pi}\bigg/\lg(1 + i)$$

可知

$$n = \lg\frac{12}{12 - 100 \times 9\%}\bigg/\lg(1 + 9\%)$$

$$= 16.086(年)$$

$$\approx 16(年)$$

线性内插法。其计算原理与用线性内插法求利率 i 相似。下面以例题 2-14，说明其计算过程。

【例 2-14】 王某某将 10000 元存入银行，到期支取本利 20000 元，在利率为 8% 的条件下，需要存入多少时间？

解： $F = (F/P, i, n)$

$$(F/P, 8\%, n) = \frac{20000}{10000} = 2$$

查表，可知在利率 8% 的条件下， n 介于 9~10 年之间

$$(F/P, 8\%, n)$$

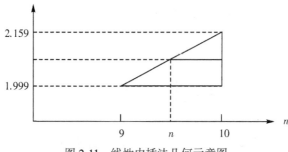

图 2-11 线性内插法几何示意图

根据图 2-11 所示，可知

$$\frac{10 - n}{10 - 9} = \frac{2.159 - 2}{2.159 - 1.999}$$

$$n = 10 - \frac{2.159 - 2}{2.159 - 1.999} \times 1 = 10 - 0.99375 \approx 9(年)$$

第二节　方案比较原理

投资项目的经济评价是可行性研究和项目评估的核心，它贯穿于可行性研究和项目评估的全过程。项目评估的最终目的是确定投资项目的最佳投资方案。投资项目方案比选是项目评估的重要组成部分，是决定项目取舍的关键。

一、投资方案比选概要

各类方案的经济效果是方案比选的主要依据。不同方案原则上应根据国民经济的结论进行比选，但对产出物基本相同、投入物基本一致的方案进行比选时，为了简化起见，也可以通过财务评价结果确定是否投资。

1. 投资比选类型

投资方案比选是对在一定范围内，为了实现某一目标，各个相互关联的诸方案进行技术经济比选。进行方案比选时，可按各个方案的全部因素，计算各个方案的全部经济效益，进行全面的对比，也可以仅就某些因素计算相对经济效益，进行局部的对比。

项目方案根据不同的标准可以分为许多种类。

(1)按项目方案的特点划分，项目方案可分为费用型项目方案和费用收益型项目方案

费用型项目方案是指只有费用发生，没有收益或仅有少量的收益发生或虽有较大的收益发生，但各方案的收益相等或相似的方案。如纯公益性的项目方案，或年产 50 万辆轿车的汽车工业项目，如果各方案的产量、售价相同，则年收益也相同，对这类项目方案，可不考虑收益，只考虑费用，用最小费用法选择经济效益最佳的方案。

费用收益型项目方案是指以盈利为目的的方案。这样的方案通常有较大的收益和费用发生，并且各方案收益、费用发生的金额和时间又各不相同。在进行这类方案比较时，则可用内部收益率法或净现值法选择经济效益最佳的方案。

(2)按项目各个方案之间的关系，项目方案可划分为独立方案、互斥方案、相关方案等

独立方案是指一组相互独立、互不排斥的方案。在独立方案中，选择某一方案并不排斥选择另一方案。就一组完全独立方案而言，其存在的前提条件是：

投资资金来源无限制；

投资资金无优先使用的排列；

投资方案所需的人力、物力均能得到满足；

不考虑地区、产业之间的相互影响；

每一方案是否可行，仅取决于本方案的经济效益。

符合上述条件的方案，即为独立方案。

互斥方案是指互相关联、互相排斥的方案。在一组方案中，各个方案彼此互相代替，采纳一组方案中的一个方案，就会自动排斥这组方案中的其他方案，互斥方案具有排他性。

相关方案是指在各个方案之间，某一方案的采用与否会对其他方案的现金流量带来一定的影响，进而影响其他方案的采用或拒绝。

相关关案有正相关和负相关。当一个项目(方案)的执行虽然不排斥其他项目(方案)，但可以使其效益减少，这时项目(方案)之间具有负相关关系，项目(方案)之间的比选可以转化为互斥关系。

当一个项目(方案)的执行使其他项目(方案)的效益增加，这时项目(方案)之间具有正相关关系，项目(方案)之间的比选可以采用独立方案比选方法。

投资方案中最常见的是独立方案和互斥方案，其余方案可转化为这两类方案。

(3)按比选范围，项目方案可分为局部比选方案和整体比选方案

整体比选是按各备选方案所含的因素(相同因素和不同因素)进行定量和定性的全面的对比；

局部比选仅就所备选方案的不同因素或部分重要因素进行局部对比。局部比选通常相对容易，操作简单，而且容易提高比选结果差异的显著性。

如果备选方案在许多方面都有差异，采用局部比选的方法工作量大，而且每个局部比选结果之间出现交叉优势，其比选结果出现多样性，难以提供决策，这时应采用整体比选方法。

(4)按比选目的，项目方案可分为综合比选方案与专项比选方案

方案比选贯穿于可行性研究全过程中，一般项目方案比选是选择两个或三个备选方案进行整体的综合比选，从中选出最优方案作为推荐方案。

在实际过程中，往往伴随着项目的具体情况和阶段，有必要进行局部的专项方案比选，如产品规模的确定、技术路线的选择、厂址比较等。

2. 投资项目的方案比选原则

投资项目的方案比选不是凭个人的主观臆断，而是在遵循一定客观原则的基础上，充分发挥主观能动作用，对投资项目的各方案进行客观公正的分析评价。

在进行方案比选时，必须遵循如下原则：

宏观性原则。我国在进行投资项目方案比较时，原则上应通过国民经济评价的结果确定，一个方案的取舍，要充分考虑其长远、全局性的影响；要使资源在不同地区、不同产业之间进行公平分配，要有利于社会效益的综合提高。

效益性原则。任何经济活动都必须研究投入产出，投资活动更是如此，投资活动必须做到所得要大于所失，为社会创造更多的财富，发展社会经济。

可比性原则。进行项目诸方案的比较时，方案之间必须具有比较分析的基础，即方案之间要有可比性。具体影响项目诸方案比较的因素主要有：项目的投入物、产出物、项目的规模大小、现金流量的时态分布，项目方案投入物、产出物的度量尺度等。

动态性原则。投资活动具有周期性的特征，未来的活动特征和影响因素是不确定的，

另外由于货币贬值和物价上涨造成的通货膨胀等使现在的单位投资与未来的单位收入之间没有可比性。因此，在进行投资项目方案比选时，应利用货币时间价值原理对项目诸方案的经济效果进行动态分析计算。

二、互斥方案比选的方法

互斥方案的比选，要求项目各方案的功能相同，在满足同一使用要求的前提下，方案才具有可比性。互斥方案的比选方法分为静态比选方法和动态比选方法。

1. 静态比选方法

静态比选方法是不考虑货币时间价值的比选方法。其方法主要有以下几种：

（1）静态评价指标比选法

静态评价指标比选法，是使用项目评价的静态指标直接比较方案的优劣。当项目不同方案的计算周期相同时，使用这种方法既简单又有效。

其做法是根据评价的需要，选择如投资利润率、投资利税率等指标进行方案比选，指标值大的方案为较优方案，当投资额差别不大时，可采用投资回收期指标进行比选，回收期较短的方案为较优方案。

（2）盈亏平衡点比选法

盈亏平衡点比选法是使用盈亏平衡的原理，比较方案的优劣。使用盈亏平衡点比选法的前提是项目诸方案的收入相同，而成本有差异，其中一方案的固定成本大而单位变动成本小，而另一方案的固定成本小而单位变动成本大，这时两方案进行比选，选择盈亏平衡点低的方案。

【例2-15】　某项目有甲、乙两方案生产A产品，年产A产品50万件，单位产品售价10元，甲方案的年固定成本100万元，单位产品变动成本为6元，乙方案的年固定成本150万元，单位产品变动成本为5元。试选择最佳的投资方案。

解： 根据盈亏平衡原理，计算盈亏平衡点

$$Q = 年固定成本/单价-单位变动成本$$
$$Q_甲 = 100/(10-6) = 25(万件)$$
$$Q_乙 = 150/(10-5) = 30(万件)$$

甲方案的盈亏平衡点较低，故选择甲方案为最佳的投资方案。

（3）静态年费用比选法

静态年费用比选法，是使用项目正常年份的费用比选项目的优劣，费用最低者为最优方案。使用静态年费用法的条件是：不同方案的产品收入和项目计算期相同，而成本费用有差异。这种方法主要适应于产品规模相同的不同工艺技术或不同厂址方案的比选。

各方案的年费用为：

$$C = P + T + S + I_v$$

式中：C 为静态年费用；

P 为正常生产年份的生产成本；

T 为正常生产年份的运输费用；

S 为正常生产年份的销售费用；

I_v 为项目的年固定资产的折旧费。

选择年费用最低的方案。

(4)差额投资比选法

差额投资比选法,是根据两方案的投资之差与年经营费用之差的比值来比较方案的优劣。使用差额投资比选法的条件是:不同方案的销售收入相同,而投资与年经营费用有差异,其中一方案的投资费用大而年费用较小,而另一方案的投资费用小而年经营费用较大,可用于生产规模相同的不同项目方案或局部方案的比选。

差额投资比选法,可依据差额投资回收期和差额投资收益率两指标进行计算。

差额投资回收期的计算公式为:

$$\Delta T = \frac{k_2 - k_1}{c_1 - c_2}$$

式中:ΔT 为差额投资回收期;

k 为两方案的投资额;

c 为两方案的年经营费用。

若差额投资回收期小于标准投资回收期,选择投资大的方案;反之,选择投资小的方案。

【例 2-16】 某项目有 A、B 两方案生产某产品,A 方案投资 1000 万元,年经营费用 200 万元;B 方案投资 1200 万元,年经营费用 150 万元,该项目的标准投资回收期为 5 年,试选择较优的投资方案。

解:根据差额投资回收期的计算公式:

$$\Delta T = \frac{k_2 - k_1}{c_1 - c_2} = \frac{1200 - 1000}{200 - 150} = \frac{200}{5} = 4 \ (\text{年})$$

差额投资回收期(4 年)小于标准投资回收期,故选择投资大的 B 方案。

差额投资收益率

差额投资收益率的计算公式为:

$$\Delta E = \frac{c_1 - c_2}{k_2 - k_1}$$

式中:ΔE 为差额投资收益率;

其他符号含义同前。

若差额投资收益率大于基准收益率,选择投资大的方案;反之,选择投资小的方案。

【例 2-17】 仍以例 2-16 的数据资料为例,假设行业的基准收益率为 20%,试选择最佳的投资方案。

解:根据差额投资收益率的计算公式:

$$\Delta E = \frac{c_1 - c_2}{k_2 - k_1} = \frac{200 - 150}{1200 - 1000} = 25\%$$

差额投资收益率(25%)大于行业基准收益率(20%),故选择投资大的 B 方案。

2. 动态比选方法

所谓动态比选方法就是考虑货币的时间价值,进行方案的比选。按照比选方案的寿命期是否相同,我们将此方法分为两类。

(1)寿命期相同的方案比选

根据上述项目方案的分类,为了便于计算,我们将寿命期限相同的方案分为费用收益型项目和费用型项目两类。

①费用收益型项目的比选。由于项目的费用、收益均不相同,我们需要兼顾两者,利用净现值、净现值率,内部收益率、差额内部收益率等指标来进行计算。

净现值法。净现值是指项目按基准收益率,将各年的净现金流量折算到建设期初的现值之和。其计算公式为:

$$\text{NPV} = \sum (CI - CO)_t (1 + i_c)^{-t}$$

式中:CI_t 为项目现金流入量;CO_t 为项目现金流出量;

t 为计算期;i_c 为基准收益率。

在对项目进行多方案比选时,在资金无限制的条件下,应选择净现值大的方案。

净现值率法。净现值率是项目净现值与全部投资现值之比。它的含义是项目单位投资现值所能实现的净现值大小,是一种动态投资收益率指标,是对净现值指标的一种补充。其计算公式为:

$$\text{NPV}_R = \frac{\text{NPV}}{I_P} \times 100\%$$

式中:NPV_R 为准现值率;

I_P 为投资现值。

进行多方案比选时,选择净现值最大的方案为最优方案。

【例 2-18】 某投资项目有两个可行方案可供选择。两个方案的现金流量如表 2-4 所示,假设该项目所在行业的基准收益率为 10%,试用净现值法和净现值率法比选方案的优劣。

表 2-4 甲、乙两方案现金流量表 单位:万元

方案	建设期		生产期		
	1	2	3	4~15	16
甲	−2000	−2800	500	1100	2100
乙	−2750	−3000	570	1310	2300

解: 首先按 10% 的基准收益率计算甲、乙两方案的净现值,甲方案的净现值为:

$\text{NPV}_{甲} = -2000(P/F, 10\%, 1) - 2800(P/F, 10\%, 2) + 500(P/F, 10\%, 3)$
$\qquad + 1100(P/F, 10\%, 12)(P/F, 10\%, 3) + 2100(P/F, 10\%, 16)$
$\quad = 2331.78(万元)$

乙方案的净现值为:

$\text{NPV}_{乙} = -2750(P/F, 10\%, 1) - 3000(P/F, 10\%, 2) + 570(P/F, 10\%, 3)$
$\qquad + 1310(P/F, 10\%, 12)(P/F, 10\%, 3) + 2300(P/F, 10\%, 16)$
$\quad = 2655.74(万元)$

第二章 投资项目评估基本原理

从净现值来看,乙方案为最优方案。

其次,计算甲、乙两方案的投资现值:

$$I_{P甲} = 2000(P/F,10\%,1) + 2800(P/F,10\%,2) = 4132.12(万元)$$

$$I_{P乙} = 2750(P/F,10\%,1) + 3000(P/F,10\%,2) = 4979.23(万元)$$

最后,计算甲、乙两方案的净现值率。

甲方案的净现值率 $\quad NPV_R = \dfrac{NPV_甲}{I_{P甲}} = \dfrac{2331.78}{4132.12} = 0.56$

乙方案的净现值率 $\quad NPV_R = \dfrac{NPV_乙}{I_{P乙}} = \dfrac{2655.74}{4979.23} = 0.53$

根据净现值率大小,应选择甲方案。

这两个指标计算评选的结果出现矛盾,在具体进行项目比选时,应以净现值率为基准。这个项目最终应选择净现值率大的甲方案。

差额内部收益率法。在互斥方案比选中,一般不采用内部收益率直接进行项目评价,多采用差额内部收益率进行计算。差额内部收益率是指两个互斥方案各年净现金流量差额的现值之和等于零时的折现率。

其计算公式为

$$[(CI-CO)_2 - (CI-CO)_1]_t(1+\Delta IRR)^{-t} = 0$$

式中:$(CI-CO)_2$ 为投资大的方案的各年净现金流量;

$(CI-CO)_1$ 为投资小的方案的各年净现金流量;

ΔIRR 为差额内部收益率;

其他符号含义同前。

用差额内部收益率进行方案比选,其评判的标准为:

若 $\Delta IRR >$ 基准收益率,选择投资大的方案;反之选择投资小的方案。

用差额内部收益率评选项目时,应注意:差额内部收益率不能反映方案的绝对效果,只能用于方案间的相对效果检验,因此,在互斥方案比选时,必须将内部收益率(IRR)和差额内部收益率结合起来使用。只有内部收益率大于基准收益率,才能进行下一轮比选。

【例2-19】 某项目有 A、B、C 三个方案,其现金流量如表2-5所示。若基准收益率为8%,试用差额内部收益率法选择最优方案。

表2-5 各方案现金流量表　　　　　　　　　　单位:万元

年份 方案	0	1~10
A	-100000	19924
B	-200000	35398
C	-250000	40690

解： 第一步求出各方案的内部收益率：

方案 A：$100000 = 19924(P/A, \mathrm{IRR}_A, 10)$

则 $\qquad\qquad\qquad (P/A, \mathrm{IRR}_A, 10) = 5.109$

查表知 $\qquad\qquad\qquad \mathrm{IRR}_A = 15\%$

方案 B：$200000 = 35398(P/A, \mathrm{IRR}_B, 10)$

$\qquad\qquad\qquad (P/A, \mathrm{IRR}_B, 10) = 5.65$

查表知 $\qquad\qquad\qquad \mathrm{IRR}_B = 12\%$

方案 C：$250000 = 40690(P/A, \mathrm{IRR}_C, 10)$

$\qquad\qquad\qquad (P/A, \mathrm{IRR}_C, 10) = 6.144$

查表知 $\qquad\qquad\qquad \mathrm{IRR}_C = 10\%$

从内部收益率可知，三个方案都是可行的。

第二步，计算差额内部收益率。

首先，比选 A、B 方案，选择最优方案。

$B - A$ 投资之差为 $200000 - 100000 = 100000$

每年收益之差为 $35398 - 19924 = 15474$

则 $\qquad\qquad\qquad 100000 = 15474 (P/A, \Delta\mathrm{IRR}, 10)$

$\qquad\qquad\qquad (P/A, \Delta\mathrm{IRR}, 10) = 6.462$

由内插法计算可知，$\Delta\mathrm{IRR} = 8.87\%$ 大于基准收益率 8%，应选择投资大的 B 方案。

其次，比选 B、C 方案。

$\qquad\qquad C - B$ 投资之差为 $250000 - 200000 = 50000$

每年收益之差为 $\qquad\qquad 40690 - 35398 = 5292$

则 $\qquad\qquad\qquad 50000 = 5292(P/A, \mathrm{IRR}, 10)$

$\qquad\qquad\qquad (P/A, \mathrm{IRR}, 10) = 9.448$

用内插法计算可知，$\mathrm{IRR} = 1\%$，差额内部收益率小于基准收益率，则选择投资小的 B 方案。

最后，A、B、C 三个方案优选。

通过差额内部收益率，最终选择 B 方案为最佳方案。

年值法。年值法是将方案寿命期内的净现金流量现值，通过资金等值计算换算成等额支付系列的年值方法。

其表达公式为：

$$A_w = \mathrm{NPV}(A/P, i, n)$$

年值的判断标准与净现值相同，以年值较大的方案为最优方案。

【例 2-20】 根据例题 2-18 的资料，用年值法进行方案优选。

解： 根据例 2-18 计算结果，各方案的年值为

$$A_{w甲} = 2331.78(A/P, 10\%, 10) = 379.50 （万元）$$

$$A_{w乙} = 2655.74(A/P, 10\%, 10) = 432.22 （万元）$$

乙方案的年值较大，乙方案为最优方案。

②费用型项目的比选。由于这类项目没有收益或虽然有收益，但是各方案的收益相同，进行这类项目方案的比选时，采用的是直接计算费用大小，费用较低的方案为最优方案。

费用现值比较法。计算比较各方案的费用现值 P_C，以费用最低者为最优。费用现值的表达式为：

$$P_C = CO_t(P/F,\ i_c,\ t) = (I + C' - S_V - W)\ ^t(P/F,\ i_c,\ t)$$

式中：I 为投资；

C' 为生产经营费用；

S_v 为回收的固定资产残值；

W 为回收流动资金；

其他符号含义同前。

年费用比较法。计算各方案的等额年费用 A_C，以年费用较低的方案为最优方案。其表达方式：

$$A_C = P_c(A/P,\ i_c,\ n) = [(I + C' - S_v - W)\ _t(P/F,\ i_c,\ t_1)]\ (A/P,\ i_c,\ n)$$

【例 2-21】　某项目有四个工艺方案，均能生产某产品，其费用支出如表2-6所示。该项目所在行业的基准收益率为15%，试用最小费用法选择最优方案。

表 2-6　各方案费用支出表　　　　　　　单位：万元

费用\方案	投资(0)	年经营费用(1~10年)	回收资金(10年)
A	3000	350	50
B	2500	450	45
C	2000	550	35
D	1500	600	25

解： 第一步，计算各方案的费用现值：

$P_{vA} = 3000 + 350(P/A, 15\%, 10) - 50(P/F, 15\%, 10) = 4744.29(万元)$

$P_{vB} = 2500 + 450(P/A, 15\%, 10) - 45(P/F, 15\%, 10) = 4747.43(万元)$

$P_{vC} = 2000 + 550(P/A, 15\%, 10) - 35(P/F, 15\%, 10) = 4751.80(万元)$

$P_{vD} = 1500 + 600(P/A, 15\%, 10) - 25(P/F, 15\%, 10) = 4505.22(万元)$

第二步，计算各方案的年费用：

$A_{cA} = 4744.29(A/P, 15\%, 10) = 945.30(万元)$

$A_{cB} = 4747.43(A/P, 15\%, 10) = 945.93(万元)$

$A_{cC} = 4751.80(A/P, 15\%, 10) = 946.80(万元)$

$A_{cD} = 4505.22(A/P, 15\%, 10) = 897.67(万元)$

通过以上计算，可以看出，D 方案的费用现值和年费用最小，D 方案为最优方案。

(2) 寿命期不同的方案比选

项目的寿命期限不同(或计算期不同)，由于时间上的不可比性，不能直接进行比选，必须作适当的处理，以保证时间的可比性。常用的方法有两种，一种是不调整时间，以项目诸方案的年值或年费用大小进行比较，另一种方法是调整各方案的计算期(或寿命期)以最小公倍数或最短计算期为比较方案的共同计算期。第一种方法的计算与前面的计算相同，这里不再赘述。下面主要对第二种方法作详细的说明。

①方案重复法。以各方案的最小公倍数为比较方案的计算期，对各方案计算期内各年的净现金流量进行重复计算，然后计算各方案的净现值、现值率等指标，并以此进行比较。

现以净现值为例，其计算表达式为：

$$NPV_1' = NPV_1 \sum_{j=0}^{m_1-1} (1+i)^{-n_1 j}$$

$$NPV_2' = NPV_2 \sum_{j=0}^{m_2-1} (1+i)^{-n_2 j}$$

式中：NPV_1'、NPV_2' 为第一、第二方案的重复净现值；

NPV_1、NPV_2 为第一、第二方案的净现值；

$$m_1 = m/n_1; \quad m_2 = m/n_2$$

m 为第一、第二方案的最小公倍数；

n_1、n_2 为第一、第二方案的计算期。

②最短计算期法。最短计算期法是以较短的方案计算期为准，进行方案比选的方法。仍以净现值为例，其计算表达式为：

$$NPV_1' = NPV_1$$

$$NPV_2' = NPV_2 \times (A/P, i, n)(P/A, i, m)$$

式中符号含义与上式相同。

【例 2-22】 A、B 两个方案的计算期分别为 10 年和 15 年，假设净现金流量如表 2-7 所示。假设基准收益率为 10%，试用方案重复法和最短计算期法，选择最优方案。

解：第一步，计算两个方案的净现值：

$$NPV_A = -560(P/F, 10\%, 1) - 730(P/F, 10\%, 2) + 420$$
$$(P/F, 10\%, 7)(P/F, 10\%, 2) + 650(P/F, 10\%, 10) = 827.83 (万元)$$

$$NPV_B = -1200(P/F, 10\%, 1) - 1600(P/F, 10\%, 2) - 920(P/F, 10\%, 3)$$
$$+ 820(P/A, 10\%, 11)(P/F, 10\%, 3) + 1360(P/F, 10\%, 15)$$
$$= 1222.58(万元)$$

第二步，用方案重复法计算重复净现值：

因两方案的最小公倍数为 30 年，所以 $m_A = 3$，$m_B = 2$

第三步，用最短计算期法，计算净现值：

$$NPV_A' = NPV_A = 827.83 (万元)$$

$$NPV_B' = NPV_B(A/P, 10\%, 15)(P/A, 10\%, 10) = 987.54 (万元)$$

两种方法的计算结果表明：B 方案为最优方案。

表 2-7 A、B 两方案的现金流量表　　　　　　　　单位：万元

项目 \ 年级	1	2	3	4~9	10	11~14	15
A	−560	420	420	420	650	−	−
B	−1200	−1600	−920	820	820	820	1360

第三章 资 信 评 估

为了建立投资主体的自我约束机制，提高投资效益，1996 年原国家计划委员会制定了实行建设项目法人责任制的规定，项目建设首先明确投资责任主体，先有法人后进行建设，由项目法人对项目策划、实施、生产经营的全过程负责。无论是新建项目，还是改扩建项目，当项目建成投产后，项目法人就转化为企业法人。因此，对承建项目实施、经营管理的企业进行资信评估，就成为项目评价的重要组成部分。

第一节 资信评估的内容和方法

企业资信评估是对企业的资质和信用予以检验和计量，并进行科学、客观评价的过程。

一、资信评估的内容

企业资信评估的内容较多，对工业企业来讲，主要包括企业素质、资金信用、经营管理、经济效益和发展前景五个方面的内容。

（一）企业素质

企业素质主要包括企业概况和企业综合评价。

企业概况包括企业名称、地址、成立时间、隶属关系、经济性质、法人代表、注册资金、占地面积、设备状况、职工人数、经营范围、主导产品及性能、产品质量与产量、市场销售及盈利情况。

企业综合评价包括企业领导班子的文化结构与实力、决策创新及应变能力，职工队伍的文化水平及素质，企业综合管理水平，企业技术力量与技术进步及经营水平，科研开发水平，综合竞争能力，企业主要业绩及获得的荣誉及受奖情况，企业所处的行业地位及在行业中的水平与发展前景。

（二）资金信用

资金信用主要考察企业资产结构与质量，以及资金的履约与周转情况。具体包括：企业信贷资金评价，考察企业资金占用、使用、偿还及信誉状况；经济合同履行信用评价，对企业经济合同履约信用考察可以了解该企业的法律意识及与其他单位经济活动往来的信誉状况；产品信誉评价，主要对产品的质量、包装质量、售后服务质量进行考察，分析评价企业的竞争能力。

（三）经营管理

经营管理评估主要考察企业产品生产、销售以及流动资金的周转情况，一般考察其新产品开发及现有产品的库存情况、成本费用核算与资金使用情况。经营管理是企业资信评价的重要内容，也是较复杂的内容。在实际操作中，其应用指标因企业的类别不同而必须作一定的调整。

（四）经济效益

其主要考察企业实现利润情况、完成纳税任务、利润增长情况，是对企业获利能力的评价，是投资人、债权人以及经营者关心的关键问题，是资信评估的重要内容，主要从利税的角度，评价企业的销售利润率、投资报酬率、投资利税率等指标，考核企业的经济成果。

（五）发展前景

企业发展前景评估主要考察企业近期、远期的发展规划、生产目标及发展方向，从市场预测和发展规划等方面，评估企业未来的发展前景。

二、资信评估的方法

为了客观、公正、全面地评估企业的资信等级，应采取定量评估与定性评估相结合、静态评估与动态评估相结合、历史资料评估与未来趋势评估相结合的方法，对企业资信进行全面分析。

（一）定量评估与定性评估相结合

资信评估的许多指标，可采用定量计算方法。对资产结构、资金信用、经营管理、经济效益方面的指标，大多根据企业的财务资料和其他相关的经济资料进行定量分析，它是资信评估的主要方法，但是，对企业素质和企业发展前景的评价就难以定量计算，只能进行定性分析。在评估时，尽量做到定量评估与定性评估相结合，使评估的结果客观、真实。

（二）静态评估与动态评估相结合

对企业的素质、经营管理水平、经济效益、资金信用的评估，要根据已往的资料进行静态评估。但由于企业自身综合素质的提高，企业生产经营的社会环境在变化，仅用静态方法进行资信评估不能适应客观需要，还必须结合企业和市场未来的发展变动趋势进行动态评估。

（三）历史资料评估与未来趋势评估相结合

无论是静态评估、动态评估，还是定量评估、定性评估，都是有依据的，这些依据就是企业的历史资料和对未来企业、未来市场进行预测的资料，所以企业资信评估的方法是借助数学和经济学的基本原理和基本方法，对企业的过去、现在、未来做出的综合评价。

第二节 资信评估的指标体系及运用

企业资信评估的指标体系是整个评估制度的灵魂，直接关系到资信评估工作的权威性和科学性。早在 20 世纪 90 年代初，我国就已经构架了比较清晰的资信评估指标体系。

企业资信评估指标体系分为两大类、八个体系，把经营性机构分为工业企业、商业企业、建筑安装企业、进出口企业四个指标体系；金融机构又分为城市信用社、信托投资公司、保险公司、商业银行四个指标体系。这里我们仅以工业企业为例，说明企业资信评估的指标体系构成及运用。

一、工业企业资信评估指标体系

工业企业资信评估主要考察企业素质、资金信用、经营管理、经济效益和发展前景。因此，指标体系主要从这五个方面来设置。

（1）企业素质。它主要包括对领导群体素质及职工队伍素质、经营水平、管理水平、市场应变能力与竞争能力等综合能力的评价，这部分在企业资信评估中的分值较少，一般为 5～10 分。这部分内容的特点是没有具体、明确的考核指标，在操作上，依靠企业已往的获奖情况、市场形象、在公众中的影响等进行综合评价。

（2）资金信用。主要考察企业资金占用、使用、归还情况及信誉状况。一般使用全部资金自有率、流动比率、速动比率、贷款偿还率和贷款支付率指标来衡量。这些指标都有对应的会计报表项目或科目，可以将实际计算值与标准值比较，得出适当的分数，这部分内容比较重要，分值较高，分值在 30～35 分。

（3）经营管理。主要考察企业产品生产、销售及流动资金周转情况。在评估中，常用新产品开发计划完成率、产品销售增长率、产品优良率、产品销售率、资金周转率等指标来进行评估。这部分分值较高，分值占 35～40 分。

（4）经济效益。主要从利税角度考察企业的经营水平。经常使用资金利润率、资金利税率、销售利润率、利润增长率、资产报酬率等指标进行评估，这部分指标的分值相对较高，计算也较容易，在企业资信评估中占有重要地位，分值占 25～30 分。

（5）发展前景。主要考察企业近期和远期发展规划、目标与措施，企业应变能力及发展趋势，这部分内容没有具体明确的指标可计算，很大程度上凭借评估人员的经验和水平认定，分值也较低，一般在 5～10 分。

二、企业资信评估的运用

进行企业资信评估，就是要依据企业资信评估的指标体系，结合企业信誉级别的划分标准，对企业进行公平、合理的评估。具体运用可参见以下案例。

附：资信评估案例

某企业资信评估案例

经过 70 多年发展，某市工业从无到有，从小到大，现已形成不同经济规模、多种经济成分共同发展、传统工业与新兴工业携手共进，冶金、石化、汽车、电子、建材、机械、轻工等门类比较齐全的工业体系，工业发展取得了令人瞩目的成就。特别是党的十八大以来，该市工业基础进入了快速的发展阶段，为全市经济的发展做出了巨大贡献。其中，电力行业作为该市基础工业的重要组成部分，始终以较高的速度发展。

据预测，我国国民经济发展速度，在 21 世纪初的前 20 年将保持 7% 左右的年增长速度。为了适应国民经济发展和人民生活水平提高对电力的需求，电力应适当超前发展。

目前，某市已有多家电厂：华能国际热电厂、第一热电厂、第二热电厂、第三热电厂、大唐高井热电厂等。华能国际作为该市最大的火力发电厂，2019 年总发电量超过 10 万兆瓦，但是还远远不能为该市提供足够的电量，仍需从周边省份调用，这样在运输过程中造成了极大的浪费。因此该市电力企业急需扩大生产规模，提高生产效率，降低生产成本，以满足不断增加的市场需求。

在上述几家电厂中，华能国际热电厂很具代表性，现以该公司为案例，对其进行全面资信评估，由此，读者可以对该市电力行业略见一斑。

（一）企业素质

这是一家国有大型工业企业，截至 2017 年底，公司共有员工 53962 人，华能国际坚持人才是企业第一资源和以人为本的理念，坚持贯彻尊重劳动、尊重知识、尊重人才、尊重创造的方针，倡导企业视员工为财富、员工视职业为事业、员工与企业共成长的和谐关系。公司抓住凝聚、培养、评价和激励等环节，以能力建设为核心，以优化结构为主线，以干部队伍、专业人才队伍和技能人才队伍建设为重点，大力实施人才强企战略，为员工发展提供渠道和平台，促进企业和员工共同成长。

该企业员工素质很高。主要领导的学历都是硕士研究生及以上学历，并且都有十年以上的行业经验；正式员工 74% 以上具有大专及以上的学历。但是，由于行业特殊性，使得该企业的人员尤其是非正式员工的流动性较大，使企业在人员管理方面产生一定难度。另外，由于该行业的工作危险性较大。因此，在生产过程中的事故也偶有发生。

华能国际高度重视公司治理，严格遵守当地规则及法律、法规，不断加强企业风险管控，不断完善战略决策机制。经过多年的探索和实践，公司已经逐步形成规范、完善的公司治理结构，建立健全了适合公司自身发展要求且行之有效的制度体系。

该企业有中期和长期的发展规划。华能国际以加快创建国际一流上市发电公司为引领，强化使命担当，坚持新发展理念，统筹能源安全和绿色发展，深化合规运营和转型升级，在做强主业、创造价值的同时，积极探索开展环境、社会及治理（简称"ESG"）相关工作，持续推动 ESG 体系建设。

该企业的企业文化建设十分出色。华能国际在系列企业文化活动中坚持以人为本、以员工为重，通过鼓励员工"大家写，写大家"，支持员工"自己演，演自己"，不断增强活动的原创性和群众性，积极提升员工的参与度和满意度，大幅提升员工的"受尊重感"和"被服务感"，不断增强员工的满足感和成就感，有效激发了企业的活力。全体成员的精神状态良好，能够做到视厂如家；企业凝聚力很强，员工对企业的发展十分关切，干群关系良好，团结协作的精神十分突出。

（二）资金信用

该企业的资产信用状况不是很好，这几乎是近年来国有大中型企业的通病。该企业总资产4481.9675亿元，负债3030.0164亿元，资产负债率达68%，远远高于50%的平均水平，流动比率0.4987，速动比率0.4384，产权比率212.9973。由此可见，该企业的资金信用堪忧，运营资本不足，负债率过高，一旦发生突发情况，公司发展将不容乐观。

（三）企业经营管理水平综述

该企业的经营达到及格水平，但是仍存在着潜在的危机。首先，该企业2020年的主营业务收入约为1694亿元，主要来自对该市及周边地区的供电，较上一年度的主营业务收入1736亿元降低64亿元，产品销售增长-2.5%，低于行业平均水平及标准值。其次，由于引进国外机器设备，其维修与安装需要较高的费用，再加上该市高昂的地价，本年度的成本费用为1450亿元，管理费用较上年提高5个亿，提高11%，成本费用利润率连续三年依次为12.9%、5.7%、11%，总体趋势降低，资产周转率连续三年持续上升，财务费用连续三年大幅降低。

电力是一个投入大、回报慢的行业。以30年折旧来看，该企业的总资产的周转率可达到39.72%，就同行业来说处于平均水平。总之，该企业的经营管理的首要任务是降低发电成本，提高设备利用率，有效利用资源。

（四）盈利能力与经济效益比较

该企业处于盈利状态，连续三年的盈利分别为14.39亿元、16.65亿元、45.65亿元。经济效益比以往各年度均有较大提高，且提高的步伐较大，2020年利润比2019年增加174%。以上均表明在未来的几年该企业将会步入盈利期并有良好的发展前景。但企业目前起点较低，各项指标距离一个优秀企业还有相当距离，任重道远。

（五）发展前景

我国电力行业将走向市场化。目前，我国电力行业管制已由改革前的完全管控走向逐步松动，电力政策已经过几次变革。现在改革的重点是政企分开、厂网分离、竞价上网，建立竞争有序的发电市场。

从我国市场经济发展的方向及改革的步伐来看，上述这一类国营电厂改制是迟早的事，也是必然的，其发展前景建立在企业重组基础之上。虽然，在今后较长的时间里，电力工业还要保持较高的增长速度，但火力电力工业大发展在给国家带来巨大经济效益和社会效益的同时，也带来了资源消耗和环境污染等社会问题，在一定程度上影响了企业的可持续发展。

目前世界上普遍采用火力发电的方法。火力发电是通过燃烧大量的化石能源取得电力,如煤、石油、天然气等,这些资源都是不可再生的,终有枯竭之日。与此同时,在发电过程中还会排放出大量的有害物质,造成环境污染。目前我国绝大部分电厂燃煤产生的二氧化硫、氮氧化物和二氧化碳都直接排入大气,造成环境污染。环境污染问题不仅已成为我国电力工业发展的一个制约因素,同时也严重制约着我国经济、社会的全面发展。公司向绿色清洁化转型,尽早实现"碳达峰""碳中和"迫在眉睫。

华能国际信用评级为 A 级(78.5 分),详情见资信评估结果列表(表3-1)。

表 3-1 华能国际资信评估结果列表

指标名称	得分	指标名称	得分
一、企业素质	8	四、经济效益	20
1. 企业制度	3	15. 资产报酬率	4
2. 人员素质	3	16. 销售利润率	5
3. 企业文化	2	17. 主营业务利润率	4
二、资金信用	17	18. 利润增长率	7
4. 资产负债率	4	五、发展前景	5
5. 流动比率	1	19. 行业前景	1
6. 速动比率	2	★所处行业	0.5
7. 贷款按期偿还率	6	★产业政策	0.5
8. 合同履约率	4	20. 市场预测	2
三、经营管理	28.5	★市场占有率	0.25
9. 新产品开发率	4	★竞争能力	0.25
10. 产品销售率	5	★应变能力	0.5
11. 生产费用率	7	★替代产品	0.5
12. 销售费用率	6	21. 发展规划与措施	2
13. 流动资金周转率	4	★发展规划	1
14. 总资产周转率	2.5	★发展措施	1
总分		78.5	

第四章　项目产品市场预测分析与评估

市场预测分析是项目可行性研究和项目评估的前提，市场预测分析主要是对项目产品市场需求和供应状况进行分析评价。项目产品的市场需求受很多因素的影响，应首先进行市场调查，并在此基础上预测未来的市场需求量及变动趋势。

第一节　产品市场寿命周期及需求预测

市场预测是根据市场调查的资料，运用科学的预测方法对市场未来发展趋势和状况进行预计和推测，在进行市场需求量的预测之前，我们首先应对产品的市场寿命周期进行分析。

一、产品市场寿命周期预测

任何产品都同时存在着两种寿命，一种是产品的使用寿命，一种是产品的市场寿命，这里主要分析产品的市场寿命。

产品的市场寿命期，亦称产品的经济寿命期，是指某种产品初次进入市场到被另一产品代替，退出市场的全过程。产品的市场寿命期分为导入期、成长期、成熟期、衰退期四个阶段。

进行产品的市场寿命周期分析，主要是判断产品处于经济寿命周期的哪一阶段，以便初步判断项目是否有建设的必要。一般来说，产品处于导入期、成长期和成熟期的前期，可以初步判断项目的建设是必要的；产品处于成熟期的后期和衰退期，扩大产量、增加市场供给就没有必要了。

产品的市场寿命周期分析，就是运用一定的方法，判断产品处于经济寿命期的哪一阶段，从而为产品决策服务。产品经济寿命期的分析方法主要有以下几种：

（一）销售趋势分析法

销售趋势分析法就是将过去几年销售量的变化趋势曲线图与产品寿命期的理论模型和基本规律相比较，从而判断产品目前处于经济寿命期的哪一阶段。

【例4-1】　甲、乙、丙、丁四种产品近10年的销售量变化趋势曲线如图4-1所示，判断四种产品的寿命周期。

根据产品经济寿命周期模型理论，可以看出：甲产品进入市场的时间较短，正处于成长期，很有发展潜力。

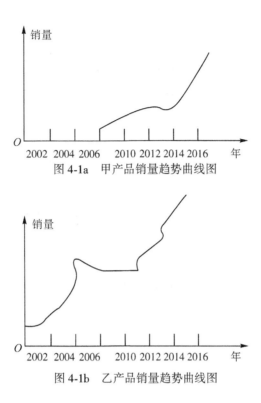

图 4-1a　甲产品销量趋势曲线图

图 4-1b　乙产品销量趋势曲线图

　　乙产品在 2006 年进入成熟期，目前经过技术改进，又步入快速的成长期，市场有待挖潜，可以扩大市场供应量。

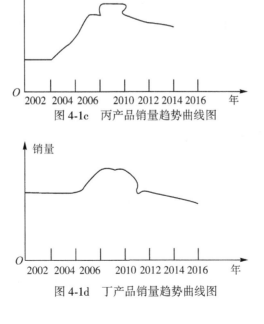

图 4-1c　丙产品销量趋势曲线图

图 4-1d　丁产品销量趋势曲线图

丙产品2006年进入成熟期，目前已到了成熟期的后期，市场已接近饱和。丁产品2010年进入衰退期，已有新产品代替，将被市场淘汰，已无生产的必要。

这种方法直接根据产品经济寿命周期理论模型揭示的规律来判断产品所处的经济寿命期的哪个阶段，但需要收集长时间的销售资料，否则难以得出正确的结论。

(二)产品普及率分析法

产品普及率分析法根据产品在消费者中的普及情况来判断产品的经济寿命期。这种方法主要适用于耐用消费品的经济寿命周期分析。产品的普及率可按下列公式计算：

$$按人口计算的普及率 = \frac{社会拥有量}{人口总数} \times 100\%$$

$$按家庭计算的普及率 = \frac{社会拥有量}{家庭户数} \times 100\%$$

$$社会拥有量 = 历年生产累计量 + 历年进口累计量 - 历年出口累计量$$
$$- 历年集团购买量 - 历年累计报变量$$

采用产品普及率分析法判断产品的经济寿命周期的标准是：

普及率在15%以下为导入期，16%~50%为成长期，51%~90%为成熟期，91%~100%为衰退期。

【例4-2】 据调查，某地区某产品经市场分析的社会拥有量资料和家庭户数资料如表4-1所示，试分析该产品目前所处的寿命周期。

表4-1 某产品社会拥有量资料

年份	2008	2009	2010	2011	2012	2013	2014
产品拥有量(万辆)	13.4	21.4	26.8	40.2	48.3	54.5	67.3
家庭户数(万户)	267	267.5	267.8	268	268.1	268.2	269

解：根据产品普及率的计算公式

$$该产品的普及率 = \frac{社会拥有量}{家庭户数} \times 100\%$$

该产品历年的产品普及率计算结果见下表：

表4-2 某产品普及率表

年份	2008	2009	2010	2011	2012	2013	2014
普及率(100%)	5%	8%	10%	15%	18%	20%	25%

从表4-2的结果，可以看出该产品在该地区的普及率较低，而且增长速度较快，处于导入期刚刚向成长期过渡的阶段。

(三)销售增长率分析法

销售增长率分析法是根据销量增长的幅度,判断分析产品处于经济寿命周期的哪个阶段。

其计算公式为:

$$销售增长率 = \frac{销售量的增加量}{基期销售量}$$

其判断标准是:销售增长率<10%为导入期,销售增长率>10%为成长期,销量增长率趋近于0为成熟期,销量增长率<0为衰退期。

二、产品需求预测

产品需求的预测方法很多,至少在150种以上,下面介绍我国投资项目评估中常用的几种方法。

(一)移动平均数法

移动平均数法是将过去若干时期实际销量的平均数作为未来一个时期需求量的预测方法。

移动平均数法需要收集相当多的历史数据,以便能逐期向后移动计算一系列平均数,其方法是,选择若干平均期,按每种平均期计算平均数,将各期的平均数与当期实际值比较,计算平均误差,平均误差最小的平均期用于预测。

下面我们以算术平均数为例,说明移动平均数法的计算过程。

【例4-3】 某产品2007—2014年的销量情况如表4-3所示,试根据移动平均数法预算2015年产品的市场需求量。

表4-3 某产品历年销量表

年份	2007	2008	2009	2010	2011	2012	2013	2014
销量(万件)	92	90	95	88	92	94	95	100

选用3、4、5为平均期进行试算,通过逐期计算绝对误差,选择恰当的平均期。计算结果见表4-4。

表4-4 算术平均数计算表

年份	实际值	$n=3$		$n=4$		$n=5$	
		预测值	绝对误差	预测值	绝对误差	预测值	绝对误差
2007	92						
2008	90						

续表

年份	实际值	n = 3		n = 4		n = 5	
		预测值	绝对误差	预测值	绝对误差	预测值	绝对误差
2009	95						
2010	88	92	4				
2011	92	91	1	91	1		
2012	94	92	2	91	2	91	3
2013	95	91	4	92	4	92	3
2014	100	94	6	92	8	93	7
合计			17		15		13
平均			3.4		3.75		4.3

通过试算，$n=3$ 时的平均误差最小，故选择 3 年的平均期进行预测较为准确。其预测值为

$$2015 \text{ 年的预测值} = \frac{94 + 95 + 100}{3} \approx 96.3（万件）$$

（二）指数平滑法

指数平滑法是根据过去各期的历史数据以平滑系数进行预测的方法，其计算公式是：
$$F_{t+1} = \alpha S_t + (1 - \alpha) F_t$$
或
$$F_{t+1} = F_t + \alpha(S_t - F_t)$$
式中：F_{t+1} 为 $t+1$ 期的预测值；

F_t 为 t 期预测值；

S_t 为 t 期实际值；

α 为平滑系数（$0 \leq \alpha \leq 1$）

指数平滑法假定预测值与过去的实际值有一定的联系。其中，近期的数据对预测值影响较大，远期的数据对预测值的影响较小，其影响程度呈几何级数递增。

指数平滑法的关键是选择平滑系数 α，一般先用多种 α 值试算，将预测平均误差最小的用于预测。

【例 4-4】　某产品在 2003—2014 年的销售情况如表 4-5 所示，试用指数平滑法预测 2015 年该产品的销售额。

第一步，确定初始值：

$$\frac{y_1 + y_2}{2} = \frac{50 + 52}{2} = 51$$

为初始值

第二步，分别取 $\alpha = 0.2$，$\alpha = 0.5$，$\alpha = 0.8$ 进行预测：

预测值的计算方法为：

当 $\alpha = 0.2$ 时

$$F_2 = 0.2 \times 50 + 0.8 \times 51 = 50.8$$

$$F_3 = 0.2 \times 52 + 0.8 \times 50.8 = 51.04$$

$$F_{12} = 0.2 \times 51 + 0.8 \times 48.77 = 49.22$$

其他数据的计算方法，原理相同。

第三步，计算绝对平均误差：

当 $\alpha = 0.2$ 时，绝对平均误差 $= \dfrac{37.86}{12} \approx 3.16$

$\alpha = 0.5$ 时，绝对平均误差 $= \dfrac{42.55}{12} \approx 3.55$

$\alpha = 0.8$ 时，绝对平均误差 $= \dfrac{45.51}{12} \approx 3.79$

第四步，进行预测。

计算结果表明 $\alpha = 0.2$ 时的绝对平均误差最小，故 2015 年的预测值为：

$$F_{2015} = 0.2 \times 59 + (1 - 0.2) \times 49.22 = 51.18(万元)$$

表 4-5 某产品指数平滑计算表   单位：万元

年份	t	销售额	$\alpha = 0.2$		$\alpha = 0.5$		$\alpha = 0.8$	
			预测值	绝对误差	预测值	绝对误差	预测值	绝对误差
2003	1	50	51	1.00	51	1.00	51	1.00
2004	2	52	50.80	1.20	50.50	1.50	50.2	1.80
2005	3	47	51.04	4.04	51.25	4.25	51.64	4.64
2006	4	51	50.23	0.77	49.13	1.87	47.93	3.07
2007	5	49	50.39	1.39	50.06	1.06	50.39	1.39
2008	6	48	50.11	2.11	49.53	1.5	49.28	1.28
2009	7	51	49.69	1.31	48.88	2.23	48.26	2.74
2010	8	40	49.95	9.95	44.94	9.88	50.45	10.45
2011	9	48	47.96	0.04	46.47	3.06	42.09	5.91
2012	10	52	47.97	4.04	49.24	5.53	46.82	5.18
2013	11	51	48.77	2.23	50.12	1.76	50.96	0.04
2014	12	59	49.22	9.78	50.56	8.88	50.99	8.01
合计				37.86		42.55		45.51
平均				3.16		3.55		3.79

（三）平均增长法

市场趋势的发展变化，如果是按照比较稳定的增长趋势进行，就可以采用平均增长法进行长期趋势预测。

平均增长法分为平均增长量法和平均增长率法。

1. 平均增长量法

如果产品的销量按照每年大体相同的增长量（减少量）发生变化，则可以计算平均增长量，预测未来市场需要量。其计算公式为：

$$F_t = S_0 + D \cdot t$$

式中：F_t 为 t 期预测值；

S_0 为基期实际值；

D 为平均增长量；

t 为时间序号（紧接基期）。

【例 4-5】　某产品 2007—2014 年的销量资料如表 4-6 所示，试预测该产品 2015 年、2018 年的产品需求量。

表 4-6　某产品销量表　　　　　　　　　　　　　　　　单位：万元

年份及序号	2007（0）	2008（1）	2009（2）	2010（3）	2011（4）	2012（5）	2013（6）	2014（7）
销量（万吨）	800	824	849	872	896	919	944	968
每年增长量		24	25	23	24	23	25	24

从以上计算可知，每年的增长量大体相同，平均增长量为：

$$D = \frac{24 + 25 + 23 + 24 + 23 + 25 + 24}{7} = 24（万元）$$

则该产品的平均需求预测模型为：

$$F_t = 800 + 24 \cdot t$$

则 2015 年的产品需求量为 $F_8 = 800 + 24 \times 8 = 992（万吨）$

2018 年的产品需求量为 $F_{11} = 800 + 24 \times 11 = 1064（万吨）$

2. 平均增长率法

产品销量按照每年大体相同的增长率变化，可以先计算平均增长率，然后按以下公式进行产品销量预测。

$$F_t = S_0 (1 + A)^t$$

式中：F_t 为预测值；

S_0 为基期实际值；

A 为平均增长率；

t 为时间序号。

【例 4-6】　某产品 2010—2014 年的产品销量如表 4-7 所示，试用平均增长率法预测 2015 年、2016 年该产品的需求量。

表 4-7　某产品销量表

单位：万件

年份及序号	2010 (0)	2011 (1)	2012 (2)	2013 (3)	2014 (4)
销量(万件)	1500	1650	1850	2100	2310
每年增长速度		1.10	1.12	1.13	1.10

从以上计算可知该产品的平均增长率为 11%。

则该产品的预测模型为：

$$F_t = 1500 (1 + 11\%)^t$$

2015 年的产品需求量为 $F_5 = 1500 (1 + 11\%)^5 = 2528$(万件)

2016 年的产品需求量为 $F_6 = 1500 (1 + 11\%)^6 = 2806$(万件)

（四）趋势外推法

趋势外推法是根据过去各期的实际数据，分析其基本发展趋势，并假设这种趋势继续延伸，从而预测未来市场需求量的方法。

趋势外推法的数学模型以对历史资料进行回归分析为基础，采用最小二乘法找出一条理想的回归线，测定模型参数，建立具体的数学模型，它是一种与时间相关的回归线模型。趋势外推法的趋势模型较多，下面我们介绍两种常见的预测方法。

1. 直线趋势外推法

如果各年产品销量的增减量大体相同，可使用直线趋势外推法进行预测。其数学模型为：

$$y = a + bx$$

式中：y 为预测值；

x 为时间变量；

a、b 为模型参数。

a、b 两参数采用最小二乘法计算。其简化公式为：

$$\begin{cases} a = \dfrac{\sum y}{n} \\ b = \dfrac{\sum xy}{\sum x^2} \end{cases}$$

【例 4-7】　某产品 2006—2014 年产品的销量情况如表 4-8 所示，试用趋势外推法预测该产品 2016 年及 2018 年的市场需求量。

表 4-8 某产品销量表 单位：万件

年份	2006	2007	2008	2009	2010	2011	2012	2013	2014
序号	-4	-3	-2	-1	0	1	2	3	4
销量	22	24	27	30	34	38	42	47	53

解：第一步，判断产品的变动趋势：

从表 4-8 可知产品的销量逐年增长，是一条模拟直线，故采用直线趋势外推法预测。

第二步，计算模型参数：

表 4-9 模型参数计算表 单位：万件

年　份	序　号	销　量	xy	x^2
2006	-4	22	-88	16
2007	-3	24	-72	9
2008	-2	27	-54	4
2009	-1	30	-30	1
2010	0	34	0	0
2011	1	38	38	1
2012	2	42	84	4
2013	3	47	141	9
2014	4	53	212	16
合计		317	231	60

$$a = \frac{317}{9} = 35.22$$

$$b = \frac{231}{60} = 3.85$$

第三步，建立预测模型进行产品需求预测。

预测模型为：

$$y = 35.22 + 3.85t$$

2016 年的产品需求量为 $y_6 = 35.22 + 3.85 \times 6 = 58.32$（万件）

2018 年的产品需求量为 $y_8 = 35.22 + 3.85 \times 8 = 66.02$（万件）

2. 二次曲线趋势外推法

如果产品销售的历史资料显示，产品销量属于由高而低再升高的趋势，可采用二次曲线趋势外推法进行预测，其数学模型是：

$$y = a + bx + cx^2$$

式中：a、b、c 均为模型参数其他符号含义同前。

参数 a、b、c 用最小二乘法推导得出一组方程式为：

$$\begin{cases} \sum y = Na + b\sum x + c\sum x^2 \\ \sum xy = a\sum x + b\sum x^2 + c\sum x^3 \\ \sum x^2 y = a\sum x^2 + b\sum x^3 + c\sum x^4 \end{cases}$$

其简化公式为：

$$\begin{cases} \sum y = Na + c\sum x^2 \\ \sum xy = b\sum x^2 \\ \sum x^2 y = a\sum x^2 + c\sum x^4 \end{cases}$$

【例 4-8】 某家电企业 2006—2014 年的产品销售额如表 4-10 所示，试预测 2015 年该企业的产品销售额。

表 4-10　产品销售额

单位：万元

年份	2006	2007	2008	2009	2010	2011	2012	2013	2014
销售额	520	550	530	510	570	700	690	720	740

解： 第一步，分析历史数据资料特征：

从表 4-10 可知，产品的销量属于由高而低再上升的趋势，故采用二次曲线趋势外推法进行预测。

第二步，计算模型参数：

模型参数计算见表 4-11。

表 4-11　二次曲线趋势模型参数计算表

单位：万元

年份	销量（y）	x	x^2	x^4	xy	$x^2 y$
2006	520	−4	16	256	−2080	8320
2007	550	−3	9	81	−1650	4950
2008	530	−2	4	16	−1060	2120
2009	510	−1	1	1	−510	510
2010	570	0	0	0	0	0
2011	700	1	1	1	700	700
2012	690	2	4	16	1380	2760
2013	720	3	9	81	2160	6480
2014	740	4	16	256	2960	11840
合计	5530	0	60	708	1900	37680

第三步，建立预测模型，进行市场预测。

由表 4-11 可知：

$$5530 = 9a + 60c$$
$$1900 = 60b$$
$$37680 = 60a + 708c$$

则

$$a = 596.83$$
$$b = 31.67$$
$$c = 2.64$$

可建立数学模型：

$$y = 596.83 + 31.67x + 2.64x^2$$

2015 年该产品的销量为：

$$y_5 = 596.83 + 31.67 \times 5 + 2.64 \times 25 = 821.18 \, (万元)$$

（五）因果相关回归分析法

因果相关回归分析法是将影响市场发展趋势的因果关系排序并建立回归模型以预测未来市场的一种方法。它的基本原理是：根据过去各期因果相关的对应数据排序，并假定其因果相关性继续存在，以预测未来市场的变动趋势。与产品需求量相关的因素较多，可能有一个，可能有两个，也可能有多个，因此，就有一元回归分析法、二元回归分析法和多元回归分析法。

1. 一元回归分析法

一元回归分析法只分析一个自变量与因变量之间的关系。市场上的影响因素很多。如果自变量的变动主要取决于某一个因素，就可以使用一元回归分析法。

一元回归分析法的数学模型是：

$$y = a + bx$$

式中：x 为自变量；

其他符号含义同前。

一元回归分析法，需要通过对大量的自变量和因变量的数据进行分析，寻找线性分布规律，确定模型参数。

【例 4-9】　某地区 2005—2014 年 A 产品的销量与青少年人数的情况如表 4-12 所示，试用一元回归分析法对该地区 2015 年、2016 年 A 产品的销量进行预测。

表 4-12　A 产品销量 y 和青少年人数 x 资料

年份	2005	2006	2007	2008	2009	2010	2011	2012	2013	2014
y（万元）	169	185	216	266	346	467	584	678	744	783
x（万人）	44	45	55	80	130	170	250	229	249	254

解：第一步，进行线性分析：

从表 4-12 的数据来看，A 产品的销量随着青少年人数的增加而增加，而且呈线性关系。通过相关系数检验两者的关系：

$$r = \frac{n \sum xy - \sum x \sum y}{\sqrt{\left[n \sum x^2 - x^2\right]\left[n \sum y^2 - y^2\right]}} = \frac{10 \times 849849 - 1482 \times 4438}{\sqrt{\left[10 \times 849849 - 1482^2\right]\left[10 \times 2485368 - 4438^2\right]}}$$

$= 0.994$

相关系数趋近于 1，表明二者高度相关。

第二步，建立回归方程，确立预测模型：

这里主要是计算模型参数 a、b。

$$\begin{cases} a = \dfrac{\sum y - b \sum x}{n} \\[2ex] b = \dfrac{n \sum xy - \sum y \sum x}{n \sum x^2 - \left(\sum x\right)^2} \end{cases}$$

由表 4-13 可知

$$\begin{cases} a = \dfrac{4438 - 265 \times 1482}{10} = 51.07 \\[2ex] b = \dfrac{10 \times 849849 - 4438 \times 1482}{10 \times 292028 - 1482^2} = 2.65 \end{cases}$$

将回归系数代入一元回归方程，就可得到预测模型：

$$y = 51.07 + 2.65x$$

第三步，利用预测模型进行预测：

如果 2015 年的青少年人数为 289 万人，

则：$y_{2015} = 51.07 + 2.65 \times 289 = 816.92$（万元）

如果 2016 年的青少年人数为 309 万人，

则 $y_{2016} = 51.07 + 2.65 \times 309 = 869.92$（万元）

表 4-13　一元线性回归预测参数计算表

年　份	y（万元）	x（万人）	xy	x^2	y^2
2005	169	44	7436	1936	28561
2006	185	45	8325	2025	34225
2007	216	55	1180	3025	46656
2008	266	80	21280	6400	70756
2009	346	130	44980	16900	119716
2010	467	170	79390	28900	218089
2011	584	200	116800	40000	341056

年　份	y（万元）	x（万人）	xy	x^2	y^2
2012	678	229	155262	52441	459684
2013	744	249	185256	62001	553536
2014	783	280	219240	78400	613089
合计	4438	1482	849849	292028	2485368

2. 二元回归分析法

二元回归分析法是分析两个自变量与因变量之间的关系。若市场需求量主要取决于某两种因素，就可以采用二元回归分析法。

二元回归分析法是多元回归分析法中最简单的回归分析法，其模型如下：

$$y = a + bx_1 + cx_2$$

式中：x_1、x_2 为两种相关因素的实际值；

a、b、c 三个数由最小二乘法推导方程求解；

$$\begin{cases} \sum y = na + b\sum x_1 + c\sum x_2 \\ \sum x_1 y = a\sum x_1 + b\sum x_1^2 + c\sum x_1 x_2 \\ \sum x_2 y = a\sum x_2 + b\sum x_1 x_2 + c\sum x_2{}^2 \end{cases}$$

【例 4-10】　某市甲产品的销量与 A、B 两行业的产量情况如表 4-14 所示，试预测 2018 年 A 行业产量为 20 万吨，B 行业的产量为 18 万吨时，甲产品的销量。

表 4-14　甲产品销量及 A、B 两行业产量资料　　　　（单位：万吨）

年份	2010	2011	2012	2013	2014
甲产品销量（y）	40	41	49	60	85
A 行业产量（x_2）	6	8	9	10	7
B 行业产量（x_1）	9	8	9	10	14

解：第一步，建立二元线性回归预测模型：

计算 a、b、c 三个参数，见表 4-15。

表 4-15　二元线性回归预测参数计算表　　　　单位：万吨

年份	y	x_1	x_2	$x_1{}^2$	$x_2{}^2$	$x_1 x_2$	$x_1 y$	$x_2 y$
2010	40	6	9	36	81	54	240	360
2011	41	8	8	64	64	64	328	328
2012	49	9	9	81	81	81	441	441

续表

年份	y	x_1	x_2	x_1^2	x_2^2	x_1x_2	x_1y	x_2y
2013	60	10	10	100	100	100	600	600
2014	85	7	14	49	196	98	595	1190
合计	275	40	50	330	522	397	2204	2919

$$\begin{cases} 275 = 5a + b40 + c \cdot 50 \\ 2204 = a \cdot 40 + b \cdot 1600 + c \cdot 397 \\ 2919 = a \cdot 50 + b \cdot 397 + c \cdot 522 \end{cases}$$

计算得：$\begin{cases} a = -48.16 \\ b = 2.82 \\ c = 8.06 \end{cases}$

预测模型：

$$y = -48.16 + 2.82x_1 + 8.06x_2$$

第二步，进行模型检验：

略。

第三步，进行预测。

当 2018 年 A 行业的产量为 20 万吨，B 行业的产量为 18 万吨时，甲产品的销量为：

$$y = -48.16 + 2.82 \times 20 + 8.06 \times 18 = 153.32 (万吨)$$

（六）消费水平法

在产品被直接消费的情况下，该产品的市场需求取决于消费水平，影响消费水平的主要因素是消费者的收入、产品价格及相关产品的价格。对影响消费水平的三个因素进行需求弹性分析，称之为消费水平法。

1. 需求的收入弹性

需求的收入弹性是衡量由于收入的变化而引起的需求量变化的程度。收入弹性的强弱用收入弹性系数表示，它是需求量的差异与引起需求差异的收入差异之比：

$$E_i = \frac{Q_2 - Q_1}{Q_2 + Q_1} \bigg/ \frac{IP_2 - IP_1}{IP_2 + IP_1}$$

式中：E_i 为收入弹性系数；

Q_2、Q_1 为观察期、基期的人均需求量；

IP_2、IP_1 为观察期、基期的人均收入。

【例 4-11】 某地区人均年收入为 8000 元时，纸张的需求量是 16 公斤，当人均年收入为 8500 元时，纸张的需求量是 18 公斤，试计算纸张需求的收入弹性。

解：根据弹性系数的计算公式：

$$E_i = \frac{18 - 16}{18 + 16} \bigg/ \frac{8500 - 8000}{8500 + 8000} = 1.94$$

$E_i > 1$，说明纸张的需求相对于人均收入来讲是有弹性的。

2. 需求的价格弹性

需求的价格弹性是用来衡量由于价格变化而产生的需求量变化的程度。价格弹性对于不同的产品是不同的。在价格变化幅度较小时，价格弹性保持不变，价格变化超过了一定的幅度，价格弹性将发生变化。因此，以价格弹性预测产品需求量时，只适应价格变化在较小的范围内。

价格弹性强弱用价格弹性系数表示，其计算公式为：

$$E_P = \frac{Q_2 - Q_1}{Q_2 + Q_1} \bigg/ \frac{P_1 - P_2}{P_1 + P_2}$$

式中：E_P 为价格弹性系数；

Q_1、Q_2 为观察期、基期产品销量；

P_1、P_2 为观察期、基期产品价格。

【例 4-12】　某市当空调的价格为每台 8000 元时，其销量为 20 万台；空调价格降为每台 6000 元时，其销量为 30 万台，试计算空调的价格弹性系数。

解：根据价格弹性计算公式：

$$E_P = \frac{30 - 20}{30 + 20} \bigg/ \frac{8000 - 6000}{8000 + 6000} = 1.4$$

价格弹性系数大于1，说明空调需求量变动对价格的变动是有弹性的。

3. 相互弹性

相互弹性是指在相关产品中，一种产品的价格变化对另一种产品需求量变化的影响程度，其计算公式为：

$$E_{AB} = \frac{Q_{2A} - Q_{1A}}{Q_{2A} + Q_{1A}} \bigg/ \frac{P_{2B} - P_{1B}}{P_{2B} + P_{1B}}$$

式中：E_{AB} 为 A 产品与 B 产品之间的相互弹性系数；

Q_{1A}、Q_{2A} 为 A 产品的需求量；

P_{1B}、P_{2B} 为 B 产品的价格

其相互关系的判断是：

$E_{AB} > 0$，B 是 A 的代用品；

$E_{AB} < 0$，B 是 A 的互补品；

$E_{AB} = 0$，B 与 A 不相关。

第二节　市场供求预测

供给是市场分析时必须考虑的一个因素，在掌握了市场需求的变动发展状况之后，就有必要进行供给分析，并为综合预测提供依据。

一、市场供给预测

市场供给是生产者以一定的价格向市场提供可供销售的商品数量。对未来市场供给的

预测，采用生产能力的预测来代替。在对生产能力进行预测时，一要考虑拟建项目的生产能力，二要预测无该项目时的生产能力。

（一）国内供给量

国内供给量预测，是对企业未来生产能力做出估计。

预测期某产品的生产能力＝现有企业生产能力＋现有企业预测期新增生产能力＋预测期新建企业生产能力。

这些资料主要从主管部门取得。当然，对有些产品，也可采用重点调查或普查的方法收集。

（二）国外供给量

国外供给量，主要是本国从国外的进口量。对于有进口限制的产品，进口量可根据主管部门的计划和历年的进口情况，采用平均增进法、趋势外推法进行预测。

二、产品供求综合分析

市场供求的综合分析是对项目产品在国内外市场供需情况调查和预测的基础上，进行汇总，编制供需预测表，进行供求平衡的综合分析评价。具体步骤是：

（1）对项目产品在国内市场的供需状况及趋势进行预测。

（2）对项目产品在国际市场的供需状况及趋势进行预测。

（3）编制项目产品供需预测表。

（4）对拟建项目进行综合评价，提出拟建项目的产品生产规模方案。

【例4-13】　浙江某特种材料科技股份有限公司拟投资年产2万吨电池级碳酸锂项目，需要对碳酸锂的供求状况及趋势进行预测。

第一步，产品分析。

锂是动力电池不可或缺的重要元素，固态电池商业化将使锂的需求翻倍。目前商业化的锂离子电池主要是采用有机液态电解液，其优点是与电极材料浸润性好，从而保证电极材料的充分利用，同时它在室温下有较高的离子电导率。但是这些有机液体化合物具有挥发性高、易泄露和易燃的安全隐患，导致了很多的火灾和爆炸事故发生，并且，液态电解质容易导致锂枝晶的形成，从而造成短路和热失控，也会带来严重的安全隐患。固态电解质具有较好热稳定性以及化学稳定性，能够有效提高二次电池体系的安全性。固态电池将现有锂电池的电解液转为固态的电解质，正极仍可沿用目前的LFP、三元材料体系；负极也在向理论容量更高、氧化还原电位更低的锂金属发展，因此固态电池的锂元素仍是必须使用到的元素。

第二步，需求预测。

预计2025年全球碳酸锂需求量为124万吨，增长率达29%；未来5年碳酸锂需求向好，在各国政策规划和市场成本驱动下，未来5年电动车将持续高速增长。预计2025年全球新能源汽车渗透率有望达到20%，全球新能源汽车销量达1895万辆。同时考虑储能、3C消费电子以及传统工业等其他碳酸锂应用场景，预计2025年全球碳酸锂需求量合计

124 万吨，是 2020 年的 3.6 倍。

第三步，供给预测。

预计 2025 年全球碳酸锂供给量为 108 万吨，增长率达 22%；传统锂业巨头未来产能扩张指引明确，未来 5 年整体供给端的增速将低于需求端的增速。

第四步，供求缺口分析。

预计 2025 年全球碳酸锂缺口突破 16 万吨，缺口占比 13%：根据我们测算的供需平衡表，预计未来两年全球碳酸锂供需仍处于平衡状态，2023 年供需迎来反转，2025 年全球碳酸锂供需缺口将突破 16 万吨。根据全球成本曲线，预计未来 3 年碳酸锂价格持续向好，2021—2023 年碳酸锂中枢价格将分别达到 9 万元/吨、11 万元/吨、12.8 万元/吨。

第五章 生产规模评估

生产规模指生产资料、劳动力诸要素在企业的集中程度，项目评价时主要以设计生产能力指标来衡量生产规模的大小。

制约生产规模的要素较多，主要有行业的技术经济特点，市场供求状况，原材料、资源供应等生产条件，成本与收益的关系，规模经济的要求等。生产规模的确定，不仅关系到项目的经济效益，而且对项目的成败有相当大的影响。因此，对生产规模的确定一定要慎重。

第一节 单一方案生产规模的确定方法

对于一个投资项目来讲，生产规模的确定方法较多，常用的有以下几种。

一、线性盈亏平衡分析法

线性盈亏平衡分析法主要是确定项目的起始规模，在这种规模状况下，企业处于保本状态，规模增加才有盈利。

线性盈亏平衡分析法的分析思路是：假设企业总收入和总成本与产量是线性关系，总成本分为固定成本和变动成本两部分。

保本规模计算公式为：

$$Q_0 = \frac{F}{p - v}$$

式中：Q_0 为保本规模；

F 为固定成本；

p 为单位产品售价；

v 为单位产品变动成本。

公式由收入与成本相等推导求得，具体在项目评价时，还应考虑税金及行业基本利润率两个因素。

【例 5-1】 某地区拟建一项目生产 A 产品，据调查该产品的单位售价为每件 12 元，单位变动成本率为 50%，年固定成本为 42 万元，销售税率为 5%，行业基准的销售利润率为 10%，试确定该项目的保本规模。

解： 根据线性盈亏平衡分析法，结合行业基准的利润率，因此，该项目的保本规模为：

$$Q = \frac{420000}{12 - 12 \times 50\% - 12 \times 5\% - 12 \times 10\%} = 100000 \text{（件）}$$

该项目的保本规模为 100000 件。

二、非线性盈亏分析法

非线性盈亏分析法主要用来确定项目的合理生产规模区间和最佳生产规模。

非线性盈亏平衡分析法假设企业总收入和总成本与产量是非线性关系，通常设定为非线性二次曲线，如图 5-1 所示

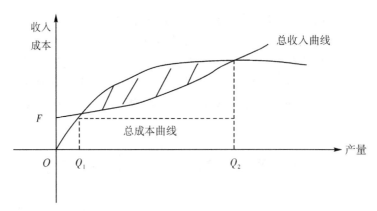

图 5-1　生产规模区间示意图

Q_1 和 Q_2 为两个保本产量，Q_1 和 Q_2 之间的生产规模为盈利区间。设总收入曲线函数为：

$$y_1 = P_1 Q + P_2 Q^2$$

设总成本曲线函数为：

$$y_2 = F + V_1 Q + V_2 Q^2$$

假设收入等于成本，求解一元二次方程，可得 Q_1 和 Q_2 为：

$$Q_1 = \frac{(P_1 - V_1) + \sqrt{(P_1 - V_1)^2 + 4(P_2 - V_2)F}}{2(P_2 - V_2)}$$

$$Q_2 = \frac{(P_1 - V_1) - \sqrt{(P_1 - V_1)^2 + 4(P_2 - V_2)F}}{2(P_2 - V_2)}$$

最佳生产规模利用非线性盈亏平衡分析中的盈利区间，运用数学中求导的方法，计算利润最大的生产规模即为最佳生产规模。其计算公式如下：

首先建立非线性盈利函数式：

$$R = y_1 - y_2 = (P_1 Q + P_2 Q^2) - (F + V_1 Q + V_2 Q^2)$$
$$= (P_2 - V_2) Q^2 + (P_1 - V_1) Q - F$$

运用数学中求极大值的方法，得到最佳生产规模的计算式：

$$\frac{dR}{dQ} = 2(P_2 - V_2) Q + (P_1 - V_1) = 0$$

$$Q = \frac{V_1 - P_1}{2(P_2 - V_2)}$$

【例 5-2】　某企业拟生产甲产品，据市场调查甲产品收入模型为 $1085Q + Q^2$，其成本函数为 $90000 + 85Q + 2Q^2$，试确定甲产品的合理生产规模和最佳生产规模。

解：收入成本与产量均是非线性关系，可用非线性盈亏平衡分析法计算。

第一步，计算合理生产规模区间：

收入 = 成本，即：

$$1085Q + Q^2 = 90000 + 85Q + 2Q^2 （吨）$$

则

$$Q_1 = 100 （吨）$$

$$Q_2 = 900 （吨）$$

第二步，计算最佳生产规模。

$$Q = \frac{1085 - 85}{2(2 - 1)} = 500 （吨）$$

该项目合理生产规模在 100 吨与 900 吨之间，最佳生产规模为 500 吨，该企业可以根据自身条件，选择在 500 吨左右拟建项目。

三、图形分析法

图形分析法主要根据生产规模与成本的关系，绘制成图。在分析某项目的生产规模时，首先要根据收集的资料，确立经济规模曲线，由此得出这类项目的最佳经济规模合理区间及成本变率。这里成本变率是指随着工厂生产规模的每一变化，单位产品成本变动的幅度，这是确定生产规模时必须考虑的一个重要参数，然后参考其他条件最终确定项目的经济规模。

【例 5-3】　某产品相关厂家的生产规模与单位成本情况见表 5-1。

表 5-1　生产规模与产品成本情况

生产规模（件）	单位产品成本（元/件）	成本变率（%）
500	60	446.76
1500	26.66	198.51
2750	18.18	135.36
3900	15.38	114.52
4900	14.29	106.40
5900	13.56	100.96
6700	13.43	100.00
7150	13.98	104.09
8200	16.52	124.08

解：将上表数据绘制成图 5-2。

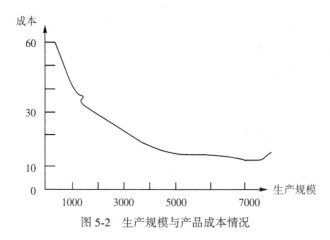

图 5-2　生产规模与产品成本情况

从表中或图中可以看出，当生产规模达到 6700 件时，单位产品成本最低，这个规模为最佳经济规模。同时生产规模在 5900～7150 件之间，单位生产成本接近最佳生产成本。所以该项目最低生产规模是 5900 件，最大生产规模是 7150 件。

第二节　多方案生产规模的确定方法

在项目评估时，我们会发现，有些评估报告提出了几种不同的生产规模方案，有些虽然只提出了一个评估方案，但并不是最佳方案，这就需要项目评估人员从中选择或推荐一个最佳方案。

常见的多方案生产规模比选方法有以下几种：

一、盈亏平衡点比较法

当以正常年份的利润水平作为项目评价的主要标准时，可采用盈亏平衡点比较法，分别求出各方案的盈亏平衡点，选择盈亏平衡点最低的方案作为最优方案。

【例 5-4】 有 A、B 两个方案生产甲产品，该产品的单位售价为 30 元/件，A 方案的年固定成本为 20000 元，单位变动成本 20 元/件，B 方案的年固定成本为 24000 元，单位变动成本 15 元/件，试选择较佳的生产规模方案。

解：第一步，计算两方案的盈亏平衡点：

$$Q_A = \frac{20000}{30 - 20} = 2000（件）$$

$$Q_B = \frac{24000}{30 - 15} = 1600（件）$$

第二步，绘图，确定最优方案：

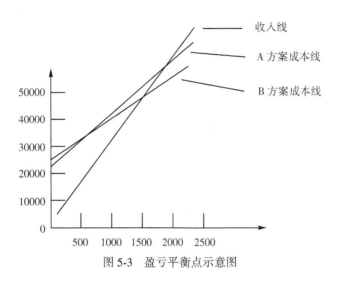

图 5-3　盈亏平衡点示意图

从图 5-3 可知，A 方案必须在产量大于 2000 件时才盈利，而 B 方案的产量只需 1600 件就可盈利了。当产量大于 1600 件时，B 方案的总利润高于 A 方案，所以 B 方案为最佳方案。

二、最小费用法

最小费用法是在选择和确定生产规模时，以最低的产品费用对应的生产规模作为最佳经济规模的方法。产品的费用包括生产成本、运输费用和投资成本等。

下面以单位产品费用为例说明最小费用法的运用。

【例 5-5】 某地区根据市场预测，每年需要某产品 48000 件，拟建项目生产规模为 16000 件，根据建设条件，提出了甲、乙、丙三个方案。三个方案的有关资料如表 5-2 所示，该项目的寿命期为 15 年，基准收益率 10%，试选择最佳的生产规模方案。

表 5-2　甲、乙、丙三方案成本费用表　　　　　　　　　　　　　单位：元

指标	甲方案	乙方案	丙方案
厂区的生产规模	16000(件/年)	24000(件/年)	48000(件/年)
总投资	4800000	4560000	4320000
单位产品生产成本	65.5	63	63
单位产品运输费用	5	6.5	8
单位产品售价	100	100	100
单位产品税金	5	5	5

解： 根据上述资料，可知三个方案的收入相等，应选择费用最小的方案为最佳方案。

$FC_{甲} =$ 单位产品生产成本 + 单位产品运费 + 单位产品投资

$$= 65.6 + 5 + \frac{4800000}{16000 \times 3}(A/P, 10\%, 15)$$

$$= 83.75(元)$$

$FC_{乙} =$ 单位产品生产成本 + 单位产品运费 + 单位产品投资

$$= 63 + 6.5 + \frac{4560000}{24000 \times 2}(A/P, 10\%, 15)$$

$$= 63 + 6.5 + 12.49 = 81.99(元)$$

$FC_{丙} =$ 单位产品生产成本 + 单位产品运费 + 单位产品投资

$$= 63 + 8 + \frac{4320000}{48000 \times 1}(A/P, 10\%, 15)$$

$$= 63 + 8 + 11.84 = 82.84(元)$$

乙方案的费用最小，乙方案为最佳方案。

第六章　项目建设生产条件评估

项目建设生产条件评估，实际上就是对项目实施的可能性做出判断，既要对项目建设的可能性做出评价，又要对建成投产后的生产条件进行评价。

项目的建设生产条件与项目的建设地点、建厂地址密切相关，一旦厂址确定下来，项目的大多数建设生产条件也就确定了。从这个意义上讲，项目建设生产条件评价，在很大程度上就是厂址方案的选择问题。

第一节　项目建设区域投资环境评价

区域投资环境评价就是对一定区域范围内，影响项目投资的各种政治、经济、金融、自然等因素进行系统综合的分析评价。区域投资环境评价的方法较多，下面分国内、国外就区域投资环境评价方法作简要说明。

一、国内区域投资环境评价方法

国内对区域投资环境评价方法主要有综合评价法和客观评价法。

（一）综合评价法

综合评价法就是根据目前投资环境的现实，综合国际投资环境评价因素，设置相应的评价指标，经计算比较，得出某区域投资环境优劣的评估结论。

其具体评价程序是：根据投资环境的内容，列出综合评估表；定量分析各影响要素；按照每个指标的重要程度确定权重；计算综合评价指标值。

【例 6-1】　依据 A 市有关的投资环境资料，评价 A 市的区域投资环境。

相关资料一：得分 > 80 分，为一类投资环境；

得分在 60~80 分之内，为二类投资环境；

得分 < 60 分，为三类投资环境。

相关资料二：该市财力得分 80 分，基础设施得分 62 分，文化技术水平综合得分 85 分，地方政府治理水平得分 75 分，资金筹措能力得分 70 分，综合经济效益得分 88 分。

解： 利用综合评价法进行评价。

第一步，列示投资环境影响因素，编制综合评价表：

表 6-1　A 市投资环境综合评价表

序号	指标	得分	权重	加权分值
1	财力	80	15%	12
2	基础设施	62	20%	12.4
3	文化技术水平	85	15%	12.75
4	地方政府治理水平	75	20%	15
5	资金筹措能力	70	15%	10.5
6	综合经济效益	88	15%	13.2
	合计	—	100%	75.85

第二步，根据各因素的重要程度，设置权重值；

第三步，计算综合评价指标值：

$$综合评价指标值 = 80×15\%+62×20\%+85×15\%+75×20\%$$
$$+70×15\%+88×15\% = 75.85(分)$$

第四步，综合评级。

该市的综合评价指标值为 75.85，在 60～80 分之间，该市的投资环境为二类地区。该市的基础设施、地方政府治理水平和资金筹措能力有待改善。

（二）客观评价法

客观评价法是对某一地区的投资环境进行直观的评价方法。客观评价有利于投资者对环境状况的全面了解。

客观评价既可采用文字描述，对投资环境进行直观评价，又可采用一系列量化指标进行分析。

常用的量化指标有：

（1）国际资本吸收率。其反映该国对国际资本的吸收能力，表明外资占该国资本的总体水平。

$$国际资本吸收率 = \frac{某国（或地区）吸收直接投资额}{同期国际资本输出总额}$$

（2）外商直接投资兑现率。它反映协议资金和实际吸收资金额之间的关系。

$$外商直接投资兑现率 = \frac{实际吸收外商直接投资总额}{协议吸收外商直接投资总额}$$

（3）国际资本平均投资回收期。它反映国际资本在投资地区的资金回收能力。

$$国际资本平均投资回收期 = (T_1 + T_2 + T_3 \cdots + T_n)/n$$

式中：T 为各个投资项目的投资回收期；

n 为投资项目个数。

（4）投资项目预期报酬率。它反映投资项目的预期盈利能力。

$$预期报酬率 = \frac{投资项目预期年利润}{项目投资}$$

（5）引进技术填补空白率。它反映引进技术的方向和水平。

$$引进技术填补空白率 = \frac{国内技术空白领域吸收投资额}{吸收直接投资总额}$$

（6）有害物质排放率。它反映外商投资项目对投资地区环境的影响程度。

$$有害物质排放率 = \frac{有害物质实际排放量}{投资地区允许的最大排放量}$$

在进行客观评价时，要尽量使文字描述与量化分析结合起来，准确地对投资地区的投资环境进行全面分析，从而做出正确的决策。

二、国际区域投资环境评价方法

美国在 20 世纪 60 年代开始大量对境外投资，于是投资界对境外投资环境出现了等级评分法、动态分析法、道氏评估法、"冷热"国比较法等评价方法。

（一）等级评分法

这个方法是 1969 年由美国经济学家罗伯特·斯托鲍夫提出的。他将一国投资环境的主要因素，按对投资重要性大小，确定具体评分等级，然后将分数加总，以此为依据，对该国投资环境进行总体评价。其具体评分标准见表 6-2。

表 6-2　投资环境等级评分表

序号	投资环境因素	评分
一	**资本抽回**	**0～12 分**
	无限制	12
	只有时间上的限制	8
	对资本有限制	6
	对资本和红利都有限制	4
	限制繁多	2
	禁止资本抽回	0
二	**外商股权**	**0～12 分**
	准许并欢迎全部外资股权	12
	准许全部外资股权但不欢迎	10
	准许外资占大部股权	8
	外资最多不得超过股权半数	6
	只准外资占小部分股权	4
	外资不得超过股权的三成	2
	不准外资控制任何股权	0

续表

序号	投资环境因素	评分
三	**对外商的歧视和管制程度**	**0~12分**
	外商与本国企业一视同仁	12
	对外商略有限制但无管制	10
	对外商有少许管制	8
	对外商有限制并有管制	6
	对外商有限制并严加管制	4
	对外商严格限制并严加管制	2
	对外商禁止投资	0
四	**货币稳定性**	**4~20分**
	完全自由兑换	20
	黑市与官价差距小于一成	18
	黑市与官价差距在一成至四成之间	14
	黑市与官价差距在四成至一倍之间	8
	黑市与官价差距在一倍以上	4
五	**政治稳定性**	**0~12分**
	长期稳定	12
	稳定但因人而治	10
	内部分裂但政府掌权	8
	国内外有强大的反对力量	4
	有政变和动荡的可能	2
	不稳定，政变和动荡极有可能	
六	**给予关税保护的意愿**	**2~8分**
	给予充分保护	8
	给予相当保护但以新工业为主	6
	给予少许保护但以新工业为主	4
	很少或不予保护	2
七	**当地资金的可供程度**	**0~10分**
	成熟的资本市场，有公开的证券交易所	10
	少许当地资本，有投机性的证券交易所	8
	当地资本有限，外来资本(世界银行贷款等)不多	6
	短期资本极其有限	4
	资本管制很严	2
	高度的资本外流	0

续表

序号	投资环境因素	评分
八	近五年的通货膨胀率	2~14分
	小于1%	14
	1%至3%	12
	3%至7%	10
	7%至10%	8
	10%至15%	6
	15%至35%	4
	35%以上	2
	总计:	8~100分

这种方法把定性因素定量化,而且等级划分标准非常详尽,便于操作。但是,它也有一定的缺陷:一是分值评定不科学,例如政治稳定性的最高分值为 12 分,而货币的稳定性却占了 20 分;二是有些重要因素如基础设施等没有考虑进去。

(二)动态分析法

这种方法的特点是把投资环境中较容易发生变化的因素(主要是政治局势和经济形势)集中起来,分析其变动趋势及其变化的可能性,以便确定这些变化在一定时期内(如投资项目的回收期内或赢利高峰期内)对投资活动带来的风险大小以及对投资效果可能带来的影响,并采取相应的对策。对变化的趋势一般分为有利的、不利的或中性的三种。可能性则以概率表示。由于趋势分析非常复杂,往往需要多方面的广泛信息,评估者看法也存在着差异,往往需要若干专家提出不同的方案,然后分析比较,以提高评估的准确性。

(三)道氏评估法

道氏评估法是美国道氏化学公司根据自己在海外的经历提出的。道氏公司认为,投资者在国外投资所面临的风险分为两类:其一是正常企业风险或称竞争风险。例如,自己的竞争对手也许会生产出一种性能更好或价格更低的产品。这类风险存在于任何基本稳定的企业环境之中,它们是商品经济运行的必然结果。其二是环境风险,即某些可以使企业所处环境本身发生变化的政治、经济及社会因素。这类因素往往会改变企业经营所遵循的规则和采取的方式,对投资者来说,这些变化的影响往往是不确定的,既可能是有利的,也可能是不利的。

据此,道氏公司把影响投资环境的诸因素按其形成的原因及作用范围的不同分为两部分:企业从事生产经营的业务条件和有可能引起这些条件变化的主要压力。这两部分又分别包括 40 项因素。在对这两部分的因素做出评估后,对投资项目进行比较,从中选出具有良好投资环境的投资项目。

道氏评估法的具体评估内容见表6-3。

表6-3　美国道氏公司对投资环境评估的主要内容

1. 企业业务条件	2. 引起变化的主要压力
(1)实际经济增长率	(1)国际收支结构及趋势
(2)能否获得当地资产	(2)被外界冲击时易受损害的程度
(3)价格控制	(3)经济增长相对于预期
(4)基础设施	(4)舆论界领袖观点的变化趋势
(5)利润汇出规定	(5)领导层的稳定性
(6)再投资自由	(6)与邻国的关系
(7)劳动力技术水平	(7)恐怖主义骚乱
(8)劳动力稳定性	(8)经济和社会进步的平衡
(9)投资刺激	(9)人口构成和人口趋势
(10)对外国人的态度	(10)对外国人和外国投资的态度
……	……
……	……
(40)	(40)
3. 有利因素和假设的汇总	4. 预测方案
对前两项进行评价后，从中挑出8~10个在某个国家的某个项目能获得成功的关键因素。(这些关键因素将成为不断查核的指数或继续作为评估的基础。)	提出4套项目预测方案： (1)未来的7年中，关键因素造成的"最可能"方案。 (2)如果情况比预测的好，会好多少？ (3)如果情况比预期的糟，会如何糟？ (4)使公司"遭难"的方案。

(四)"冷热"国比较法

这是对投资环境进行综合分析的一种比较简略的方法。具体做法是将投资环境的主要因素分为有利因素和不利因素两类。有利因素包括稳定的政局、很大的市场机会和达到先进水平的经济发展水平等；不利因素包括法律障碍、自然地理障碍和地缘文化障碍等。凡有利因素大而不利因素小的国家，归入"热国"一类。反之，归于"冷国"一类。处于两种情况中间的归于"温和"一类。

第二节　厂址方案评估方法

对投资项目的环境进行周密的分析之后，紧接着就要采用一定的方法确定项目的厂址。在实际工作中，要选择一个完美无缺的厂址是很困难的。通常的做法是：抓住特定项目中影响项目布局的主要因素，筛选出几个条件较优的方案，然后再进一步比较、论证，以确定相对最合理的方案，下面介绍几种常用的厂址方案比较法。

一、方案比较法

在确定了建厂地址的所需条件后，列出厂址方案比较表，选择两三个较为合适的具体厂址方案，计算出各方案的建设投资和经营费用，以最小费用法和追加投资回收期法进行最佳方案的选择。

【例6-2】 国家对30万辆汽车配套件项目的厂址方案评价。

资料一：A、B、C三市的建厂条件：国家主管部门邀请有关专家，根据三个城市提供的申请30万辆汽车发动机项目的申报材料，对三个城市的厂址、气候、交通运输、城市基础设施、技术、人才、融资能力等方面进行了分析比较，三市的有关资料如下：

(1)A市建厂条件。A市经济开发区是国家级经济开发区，可提供500亩土地，每亩地价10万元；A市开发区所在的厂址交通便利，有多条公路、铁路与全国相连，与甲港口仅距20公里，距新建成的某飞机场50公里；A市技术力量雄厚，发动机配套件的协作条件好，原有的某厂已经研制了491发动机，并且A市的柴油发动机铸造厂已经形成了年产1.8万吨的铸铁生产线，可以节省工程投资；A市提供的土地，地势平坦，地质条件好，地耐力20吨/米²；水、电、气等七通一平条件好；A市技术人才充足，技术能力强，生活福利设施条件好；政府大力支持，该项目可享受当地政府提供的所有优惠条件，银行信贷和融资能力较强。不利条件：天气较冷，采暖期长，基建投资将增加400万元，每年采暖费增加200万元。

(2)B市建厂条件。B市提供的厂址在B市的经济开发区，其是国家级经济开发区，厂址用地500亩，而且留有发展用地，厂址在京杭运河的西侧，土地价格为11万元/亩。B市的地理位置优越，交通方便。B市位于长江三角洲东部，北枕××江，西濒××湖，南接××省，东连××市，是××省一个较大的城市。B市距××市100公里，原材料配套件和成品通过B市开发区以北2公里的××线，可与全国铁路运输联通，B市有××高速公路和××国道和××市和××市相连，到××市和××港的距离为90公里，通过××港和××港可联通日本和世界各国海运业务。B市还可利用××运河沟通与××市、××市、××省等地的联系，通过××市××机场与国内外航空港取得联系。B市是我国重要的历史名城和风景游览城市，气候温和，交通方便，物产丰富，经济发达。随着B市经济的腾飞，职工收入高，生活富裕，该市各方面优越条件吸引着大量人才，劳动力资源丰富，且素质高，该市与××市某轿车厂合作，生产轿车配件，能为发动机项目提供优质的配件。B市有良好的生活福利设施，尤其是开发区集经贸、文化、旅游、商业于一体，并且已经建设了外商投资的高级公寓和别墅群，吸引着大量高素质的人才。开发区提供的厂区位置地势平坦，地耐力18~20吨/m²，七通一平和基础设施能满足项目的需要。市政府大力支持，能享受开发区制定的优惠政策，银行信贷和融资能力强。不利条件：无铁路专线直达，每天以卡车运送材料，每年增加运输成本200万元。

(3)C市建厂条件。C市提供的土地有500亩，每亩地价4万元；C市交通便利，离××市仅60公里，有两条铁路专线可直达厂区，又可利用长江便利的运输条件；该市汽车发动机配套条件好，汽车工业是该省的支柱产业；市开发区提供的厂址地势平坦，地质条件好，地耐力可达到18~20吨/米²，七通一平和基础设施条件能满足项目的需要；当地政府大力支持，可享受开发区制定的优惠政策，当地的福利设施条件好，农产品丰富。不利条件：该市无港口与国内外联系，专业技术人员较少，当地的银行信贷和融资能力较差，夏天炎热，持续高温时间长。

表6-4　A、B、C三市的厂址方案比较表

序号	项目	A市	B市	C市
1	建设费用	9948万元	10272万元	9629万元
1.1	土地价格	5000万元	5500万元	2000万元
1.2	地质(地耐力)	好	好	好，地基处理增加800万元
1.3	地形	矩形，较理想	矩形，较理想	多边形，较理想
1.4	拆迁及障碍	无	高压线移动	拆迁45户，付费225万元
1.5	供水	供水到红线	供水到红线	需供水管，新增90万元
1.6	排水	排入城市干管	排入城市干管	需建排水管，新增200万元
1.7	供电增容	848万元	1272万元	968万元
1.8	供热	增容900万元	增加1100万元	增加1050万元
1.9	通信	具备	具备	具备
1.10	自然条件	增采暖费400万元	良好	增加80万元
1.11	福利设施	良好	良好	增加600万元
1.12	工期	增加400万元	正常	增加200万元
1.13	公路	公路已通	公路已通	增加216万元
1.14	铁路	有铁路通过	无铁路通过	无铁路通过
1.15	引进设备运费	2400万元	2400万元	3000万元
2	年成本费用	8462万元	8769万元	9333万元
2.1	铁路增加费	无	180万元	无
2.2	国内配套运费	2000万元	1900万元	2660万元
2.3	进口设备运费	305万元	365万元	609万元
2.4	水	69万元	75万元	65万元
2.5	电	3500万元	4000万元	3750万元
2.6	蒸汽	2588万元	2249万元	2249万元
2.7	人文素质	良好	良好	良好

解：经过专家评审，一致认为，汽车发动机项目主要应考虑如下因素：配套件供应条件和国产化水平、劳动力的文化素质和技术水平、交通运输条件、建设场地的自然条件、当地的融资能力、地方政府的优惠政策。

经过综合评价，三个城市各有利弊，基本符合汽车发动机配件项目的生产条件。但从以下比较可知：A市的费用最低，为最佳方案。

根据有关资料，汽车配件项目的行业基准收益率为12%，项目的寿命期为12年，则，三个方案的总费用分别为：

$$P_{CA} = 9948 + 8462 \times (P/A，12\%，12) = 62362（万元）$$
$$P_{CB} = 10272 + 8769 \times (P/A，12\%，12) = 64587（万元）$$
$$P_{CC} = 9629 + 9333 \times (P/A，12\%，12) = 67438（万元）$$

二、评分优选法

这是一种较为实用的厂址方案比较方法，这种方法对大、中型项目尤其有用，它的比较步骤是：第一，在厂址方案比较表中列出主要指标；第二，将各指标按重要程度给予一定的权重；第三，将各对应指标的评价值与权重因子相乘计算指标评分总值，以得分最高者为最佳的厂址方案。

【例6-3】 某汽车发动机项目有甲、乙两个厂址方案可供选择，试采用评分优选法确定最优方案。

解：第一步，列出各方案应考虑的主要因素（表6-5）。

第二步，根据实际条件确定因素的评价值（表6-6）。

第三步，确定各因素的权重因子，计算各方案的评分总值（表6-7）。

表6-5 汽车发动机厂址方案比较表

序号	影响因素	甲方案	乙方案
1	厂址位置	开发区	工业区
2	可利用土地面积	35万平方米	18万平方米
3	可利用固定资产	6000万元	2000万元
4	可利用生产设施	14万平方米生产车间可利用	无可利用设施
5	交通运输条件	有铁路专线	有公路，无铁路专线
6	土方工程	回填土1万立方米	回填土7万立方米
7	投资额	1.5亿元	2.5亿元
8	消化引进技术	该市1980年代引进发动机样机，技术消化能力强	该市1980年代初引进该发动机样机，技术消化能力强

表 6-6　两方案指标值评定表

序号	影响因素	甲方案	乙方案
1	厂址位置	5	5
2	可利用土地面积	7	3
3	可利用固定资产	7.5	2.5
4	可利用生产设施	10	0
5	交通运输条件	8	2
6	土方工程	8.75	1.25
7	投资额	6.25	3.75
8	消化引进技术	5	5
	合计	57.5	22.5

表 6-7　两方案指标值评分表

序号	影响因素	权重	甲方案	乙方案
1	厂址位置	15%	0.75	0.75
2	可利用土地面积	15%	1.05	0.45
3	可利用固定资产	10%	0.75	0.25
4	可利用生产设施	10%	1.00	0
5	交通运输条件	5%	0.40	0.1
6	土方工程量	10%	0.875	0.125
7	投资额	15%	0.938	0.562
8	消化引进技术	20%	1.00	1.0
	加权分值合计	100%	6.763	3.237

从以上分析可知，甲方案的指标值 6.763，高于乙方案的指标值 3.237，应选择甲方案。

三、最小运费法

运输费用是指原材料、产品等的运输费用。这个方法将运输费用作为项目选址考虑的主要因素。

企业所需的原材料、燃料有不同供应地，产品也会销往不同地区，要寻找运距最短、运费最小的厂址方案，可采用物理中求重心的原理来确定，其计算公式可分两种情况：

一是：假设原料、燃料、产品的单位运费相同，其计算公式为：

$$\begin{cases} x_0 = \dfrac{\sum\limits_{i=1}^{n} Q_i X_i}{\sum\limits_{i=1}^{n} Q_i} \\[4mm] y_0 = \dfrac{\sum\limits_{i=1}^{n} Q_i Y_i}{\sum\limits_{i=1}^{n} Q_i} \end{cases}$$

式中：X_i 为 i 地的横坐标；

Y_i 为 i 地的纵坐标；

Q_i 为货物的重量。

若各种货物的单位运费不同，其计算公式为：

$$\begin{cases} X_0 = \dfrac{\sum\limits_{i=1}^{n} Q_i P_i X_i}{\sum Q_i P_i} \\[4mm] Y_0 = \dfrac{\sum Q_i P_i Y_i}{\sum\limits_{i=1}^{n} Q_i P_i} \end{cases}$$

式中：P_i 为 i 货物的单位运费；

其他符号含义同前。

【例6-4】 某项目经测算需要原料 1000 吨，燃料 2500 吨，生产产品 800 万吨，这些货物分别来自或销往 A、B、C 三地。各地距某中心城市的距离如图6-1所示。原料的运费为 0.02 元/吨·公里，燃料的运费为 0.015 元/吨·公里，产品的运费为 0.03 元/吨·公里，要求用最小运费法确定厂址方案。

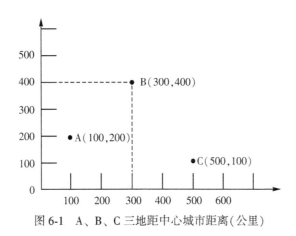

图6-1 A、B、C 三地距中心城市距离(公里)

解：可用求重心的原理，计算厂址的横坐标、纵坐标。

$$\begin{cases} X_0 = \dfrac{1000 \times 0.02 \times 100 + 2500 \times 0.015 \times 300 + 800 \times 0.03 \times 500}{1000 \times 0.02 + 2500 \times 0.015 + 800 \times 0.03} \\ \quad \approx 309.8(\text{公里}) \\ Y_0 = \dfrac{1000 \times 0.02 \times 200 + 2500 \times 0.015 \times 400 + 800 \times 0.03 \times 100}{1000 \times 0.02 + 2500 \times 0.015 + 800 \times 0.03} \\ \quad = 262.6(\text{公里}) \end{cases}$$

应该选在离某中心城市相距(309.8,262.6)公里的位置建厂较为合适,因此 B 地较合适。

但若遇到该位置是山坡或河流,应在距该点较近的城镇建厂较为合适。

四、线性规划法

这是将厂址选择问题,通过线性规划的形式表现出来,并根据问题的约束条件,从中找出问题的最优解。下面仅介绍 0-1 规划模型的运用。0-1 规划是线性规划的特殊情况,它的变量为 0 或 1,称 0-1 变量,0 表示厂址不选在此,1 表示选择在此建厂,这样就能用线性规划法选择合适的厂址方案。

这个方法的具体运用,将以下面的例子加以说明。

【例 6-5】　某企业初步选择了三个可能的建厂地址 M_1、M_2、M_3,该企业的产品将销往甲、乙、丙、丁四个城市。经调查在三个可能的厂址建厂,所需的投资及生产运输费用如表 6-8 所示,试为该企业选择最佳的厂址方案。

表 6-8　建厂投资费用资料　　　　　　　　　　　　　　单位:万元

费用		M_1	M_2	M_3
生产运输费用	甲	375	375	500
	乙	475	425	200
	丙	1000	925	925
	丁	50	350	200
投资	K_j	300	250	325

解:设选定的厂址选择变量为 $Y_j(j = 1,2,3)$。

第 j 提供 i 地需求的百分比为 $x_i y_j (i = 1、2、3、4,j = 1、2、3)$。项目投资希望总费用最小,所以可得:

$$\min X = 425x_{11} + 375x_{12} + 500x_{13} + 475x_{21} + 425x_{22} + 200x_{23}$$
$$+ 1000x_{31} + 925x_{32} + 925x_{33} + 50x_{41} + 350x_{42} +$$
$$300x_{43} + 300y_1 + 250y_2 + 325y_3$$

与此相关的约束条件为:

$$
\begin{cases}
x_{11} + x_{21} + x_{31} + x_{41} \leqslant 4y_1 \\
x_{12} + x_{22} + x_{32} + x_{42} \leqslant 4y_2 \\
x_{13} + x_{23} + x_{33} + x_{43} \leqslant 4y_3 \\
x_{11} + x_{12} + x_{13} = 1 \\
x_{21} + x_{22} + x_{23} = 1 \\
x_{31} + x_{32} + x_{33} = 1 \\
x_{41} + x_{42} + x_{43} = 1
\end{cases}
$$

上述模型求解的结果是：

$$x_{11} = 1；x_{23} = 1；x_{33} = 1；其余 x_{ij} = 0$$
$$y_1 = 1；y_2 = 0；y_3 = 1$$

也即厂址选在 M_1 和 M_3 两地建厂，并且根据费用最小原则，由 M_1 供应甲、丁两地，M_3 供应丙、乙两地。最小费用为：

$$\min X = 425 \times 1 + 200 \times 1 + 925 \times 1 + 50 \times 1 + 300 \times 1 + 325 \times 1 = 2225(万元)$$

第三节 建设生产条件评估

一、资源和原材料供应条件评估

资源和原材料是项目生产的基本保障，在很大程度上影响项目的布局、规模及产品成本。

（一）资源供应条件评估

项目所需的资源主要包括矿产资源、森林资源、农业资源等几类。

矿产资源的储量、分布、质量及埋藏条件在很大程度上影响着工业项目的规模、工艺方案、生产开采成本和效益。矿产资源虽然通过人们的努力可以发现它，但它是非再生资源，而且具有分布不均匀、非周期性等特点。因此，如何充分合理地利用矿产资源是项目评估关注的重点问题。

农业资源一般具有再生性、周期性、季节性特点，农业资源的数量多少取决于农业的发展水平。森林资源的生成特点介于上述两类资源之间，但本质上可进行人工栽培，具有周期性的特点。

在对自然资源的评估方面，应对以下几个方面进行评析：

可靠性研究。对矿产资源，应对矿产的储量、质量、可开采条件进行细致的研究，储量决定项目的规模，质量直接影响到开采利用价值和利用方式，开采条件影响到开采利用方式和利用价值。对农业资源、森林资源则应重点分析这些资源的质量、品种及数量，以保证生产所需。

经济性研究。一个项目在建成后的合理性标准就是其盈利水平高低。当收入一定时，成本越低，盈利水平就越高。因此，在资源的评估方面要分析资源的自身价格、开采价格对利润的影响。

合理性研究。一种资源有多种用途，究竟用于哪个项目，要从宏观的角度，即从资源综合利用的角度加以考察，进行合理性分析。资源的合理利用，首先要考虑国民经济的需要，并注意环境保护、生态平衡等社会效果，使资源得到合理利用与分配。其次要考虑我国矿床的特点，我国的综合矿床较多，要注意综合利用，提高矿产的回采率。

（二）原材料供应条件评估

对原材料的选择，除了进行可靠性、合理性分析之外，也要进行经济性研究，下面从经济的角度介绍原材料的评估选择方法。

对原材料的经济评估，可根据不同的要求，采用最小费用法、最大利润法、最强竞争能力法进行分析。

1. 最小费用法

最小费用法是在几种可以互相替代的原材料中选出最经济的原材料。

其计算公式是：

$$\Delta C_{AB} = \Delta P \cdot Q_B + \Delta Q \cdot P_B + \Delta Q \cdot \Delta P + \Delta V_{AB}$$

式中：ΔC_{AB} 为 A、B 两材料的单位产品总费用差异；

ΔP 为 A、B 材料的单位差异；

ΔQ 为 A、B 材料的用量差异；

P_B 为材料 B 的单价；

Q_B 为材料 B 的用量；

ΔV_{AB} 为工艺条件差异产生的 A、B 材料的生产费用差异。

这种方法通常是选择一种材料（例如 A）为基准，分别计算 ΔC_{AB}、ΔC_{AC}、ΔC_{AD}，计算结果最大者为最优。

【例 6-6】　某 A、B、C、D 四种材料，据调查都可以生产甲产品，其相关的资料如下表，试选择最佳的生产材料。

表 6-9　材料单位用量表

材料种类	材料单价（元）	材料用量（公斤/件）
A	10	2.0
B	8	2.1
C	11	1.8
D	6	2.5

解：据调查，生产甲产品最常用的材料为 A，现以 A 为基准计算费用之差。

$$\Delta C_{AB} = 2 \times 2.1 + (-0.1) \times 8 + 2 \times (-0.1) = 3.2（元）$$

$$\Delta C_{AC} = (-1) \times 1.8 + 0.2 \times 11 + (-1) \times 0.2 = 0.2（元）$$

$$\Delta C_{AD} = 4 \times 2.5 + (-0.5) \times 6 + 4 \times (-0.5) = 5（元）$$

从以上比较可知，ΔC_{AD} 最大，D 为较佳的材料，故选择 D 材料进行生产。

2. 最大利润法

最大利润法是比较因选择不同的材料而引起的产品价格和销量不同而产生的利润之差来评价材料优劣的方法。

其计算公式为：

$$\Delta P_{AB} = (P_A - C_A) Q_A - (P_B - C_B) Q_B$$

式中：ΔP_{AB} 为 A、B 材料的年利润之差；

P_A、P_B 为以 A、B 为材料生产产品的销售单价；

C_A、C_B 为以 A、B 为材料生产产品的单位费用；

Q_A、Q_B 为以 A、B 为材料生产产品的销量。

3. 最强竞争能力法

最强竞争能力法即以产品的竞争能力指标强弱进行材料选择的方法。

竞争能力指标的计算公式为：

$$J_{AB} = \frac{P_{AB}}{C_{AB}}$$

式中：J_{AB} 为选用 A、B 材料的竞争能力指数；

P_{AB} 为 A、B 两材料生产产品的主要使用性能指标比值的几何平均值；

C_{AB} 为选用 A、B 材料生产产品的年使用费之比。

【例 6-7】　某项目制造汽车发动机配件，有甲、乙两种材料可供选择，使用甲、乙两种材料生产汽车的相关资料见表 6-10。

表 6-10　使用甲、乙两材料生产汽车的主要指标

	指标	甲材料生产的汽车	乙材料生产的汽车
经济指标	售价(元)	40000	38500
	油耗(元/年)	4500	4000
	维修费(元/年)	2000	3500
	汽车寿命(年)	10	10
技术指标	车速(kg/h)	80	100
	载重(T)	6	4

解：根据计算可知：

$$C_A = 4500 + 2000 + \frac{40000}{10} = 10500 \ (元/年)$$

$$C_B = 4000 + 3500 + \frac{38500}{10} = 11350 \ (元/年)$$

$$C_{AB} = \frac{10500}{11350} = 0.925$$

$$P_{AB} = \sqrt{\frac{80}{100} \times \frac{6}{4}} = 1.095$$

$$J_{AB} = \frac{P_{AB}}{C_{AB}} = \frac{1.095}{0.925} = 1.18$$

计算结果表明，A 材料的竞争能力是 B 材料的 1.18 倍，所以应选择 A 材料。

二、燃料和公用设施供应条件评估

燃料和公用基础设施是现代工业发展不可缺少的重要条件。我国的能源紧张，基础设施建设相对薄弱。因此，在项目评估时，对其必须予以高度重视。

（一）燃料供应条件评估

在能源形势分析的基础上，选择适宜的燃料，在选择评估时应特别注意以下几点：

（1）对能源消耗大的项目，其燃料供应往往影响一个地区的能源供需平衡，评估时应予以足够重视。

（2）重视节能，搞好能源的综合利用。

（3）对所需的水、电、煤等进行种类、数量、质量、来源、运输方式的分析，同时还应注意"三废"治理及其对成本的影响。

（二）公用设施供应条件评估

公用设施主要是供电、供水、供气、运输及废水、废品处理设施。对公用设施的分析，一要评估项目对公用设施的配置及公用设施的消耗量，二要评估供应的来源问题。在可能的条件下，尽可能组织企业间协作，减少公用设施投入，提高投资运作效益。

第七章 技 术 评 估

技术评估在项目评价中占有重要地位，一般来说，分析项目的建设生产条件在于确定项目生存的外部条件，而进行技术评估就是确定项目生存的内部条件。项目的技术方案在一定程度上决定了项目的经济效益。

技术评估的内容主要包括工艺方案评估、设备评估和工程设计方案评估等内容。

第一节 工艺方案评估

生产工艺是生产某种产品所采用的工艺流程及制造方法。对于生产工艺的评估，应遵循"先进适用""经济合理""安全可靠"的基本原则，并采用适当的方法进行比较选择。

一、专家评分法

专家评分法是利用专家的经验和知识，通过专家评分使评价项目定量化，将多目标评价问题转化为单目标评价问题。

专家评分法的步骤是：首先，根据拟选工艺方案的具体情况选出评价项目，并对评价项目制定评价等级标准；其次，对各方案进行评分；最后，计算各方案的总分值，选择最优方案。

下面以加权评分法为例，说明专家评分法的计算过程。

【例 7-1】 某化工集团生产化工产品，有两个工艺方案可供选择；方案一：生产综合化工产品；方案二：生产纯化工产品。方案一的产品销量潜力巨大，但目前需增加若干设备；方案二的产品竞争能力可与同类企业相抗衡，只需利用现有设备即可生产。

要求采用专家评分法进行生产工艺方案选择。

解：第一步，确定各项评价项目的加权系数：

把评价项目分为四级，分别为：

非常重要　　16

重要　　　　8

较重要　　　4

一般　　　　2

第二步，按照工艺生产方案对两方案进行评分：

表 7-1 生产工艺方案评分计算表

评价项目	加权因子	方案一		方案二	
		评分值	加权分值	评分值	加权分值
产品的独创性	16	3	48	2	32
市场潜力	8	2	16	1	8
生产规模	2	2	4	4	8
盈利能力	8	3	24	2	16
合计			92		64

第三步，进行方案选择：

方案一的加权分值为 92，方案二的加权分值为 64，所以应选择方案一。

二、工艺成本比较法

工艺成本比较法，主要是借助本量利分析法，计算两工艺方案成本相等时的临界产量，然后根据实际市场需求与临界产量比较，做出最佳工艺方案的选择。下面以两个方案为例，说明其计算的原理。

各方案的工艺成本为：

$$C_1 = F_1 + V_1 Q$$
$$C_2 = F_2 + V_2 Q$$

式中：F 为固定成本；V 为可变成本。

则

$$Q_0 = \frac{F_2 - F_1}{V_1 - V_2}$$

判断的标准是：当市场实际需求量为 Q 时，$Q_0 > Q$，选择方案 1；$Q_0 = Q$，可任选一方案；$Q_0 < Q$，选择方案 2。

【例 7-2】 某拟建项目有甲、乙两种生产工艺方案。甲方案的工艺成本为年固定成本 8000 元，单位产品中可变工艺成本为 120 元/件；乙方案的工艺成本为年固定成本 20000 元，单位产品中可变工艺成本为 60 元/件。据市场预测该产品的市场需求量为 150 件，试选择可行的工艺方案。

解：甲方案的工艺成本为 $C_甲 = 8000 + 120Q$

乙方案的工艺成本为 $C_乙 = 20000 + 60Q$

则工艺成本相等时的临界产量为：

$$Q_0 = \frac{20000 - 8000}{120 - 60} = 200（件）$$

$Q_0 > 150$，应选择甲方案。

三、成本效益分析法

这种方法是根据不同方案的成本效益分析，选择成本低、效益高的工艺方案。

【例7-3】 某项目拟生产钢材,有平炉、转炉两种工艺,试为该项目做出相应的生产工艺选择。

解:首先进行两种工艺方案的成本分析:

根据已投产的国内大型炼钢集团的投资分析,转炉钢的成本明显低于平炉钢,见表7-2。

表7-2 平炉、转炉炼钢的投资成本情况

工厂\年份	平炉钢(元/吨)	转炉钢(元/吨)
武钢	70	52~56
宝钢		43~47
鞍钢	74	——
首钢		43~49
本钢		47~51
攀钢		49~51

从上述资料可以看出,总体来讲,平炉钢每吨投资成本较大,转炉钢的投资成本较小。

其次,进行两方案的效益分析:

从每炉钢的冶炼时间来看,转炉钢有很大的优越性。

表7-3 每炉钢的冶炼时间

年份	平炉	转炉
1982	7时25分	34分
1983	7时15分	34分
1984	7时	34分

从两种方案的冶炼时间来看,转炉钢的优越性也比较突出。

平炉钢的废品率为30%,而转炉钢的废品率为15%,所以从成本效益的角度分析,应选择转炉冶炼。

第二节 设备评估

设备与工艺是密不可分的。它与工艺方案评估具有同等重要的地位。常用的设备选择方法有以下几种:

一、购买何种设备的评估

购买何种设备，可采用寿命期费用比较法、费用效率比较法来进行设备比选。

(一)寿命期费用比较法

寿命期费用就是指设备每年的使用费折算为相当于初始投资费用的数额，加上最初投资费用得出的费用之和。从各种设备中选择寿命期费用最小的设备，为最优设备，其计算公式为：

$$LEC = CI + \sum_{T=1}^{n} \frac{(CO + CM + CS)^t}{(1 + i)^t}$$

式中：LEC 为设备寿命期费用；

CI 为初始投资成本；

CO 为每年设备操作费；

CM 为每年设备维修费；

CS 为每年设备间接费；

T 为设备寿命期；

i 为折现率。

【例 7-4】 某投资项目需采购一台数控机床，现有甲、乙机床厂制造商提供的机床可供选择，其效率相差无几，但成本不同，具体数据见表 7-4；

表 7-4 甲、乙机床厂提供的数控机床资料 单位：万元

可选择的机床	价格	使用年限	年使用费	折现率
甲机床厂	35	10	1.2	10%
乙机床厂	38	10	1.0	10%

解：两机床的寿命期费用为：

甲机床厂的寿命期费用 $= 35 + 1.2(P/A, 10\%, n)$

$= 42.37$(万元)

乙机床厂的寿命期费用 $= 38 + 1(P/A, 10\%, n)$

$= 44.14$(万元)

甲机床的寿命期费用最小，故应选择甲机床厂制造的机床。

(二)费用效率比较法

费用效率比较法是以设备系统效率与设备寿命期费用之比值，以这个比值大小来进行设备选用的方法。费用效率的计算公式为；

$$费用效率 = \frac{系统效率}{寿命期费用}$$

费用效率表示每一单位投资所获得的效益。在计算过程中,寿命期费用的确定较容易,而系统效率的确定较难。一般来说系统效率可用产量、收入等综合指标或灵活性、维修性、可靠性等单一指标两种方法来计算。

【例 7-5】 某拟建项目有三种设备可供选择,有关资料如下:

表 7-5 设备产量与费用资料

设备类型	日产量(件)	寿命期费用(万元)
A	115	430
B	135	450
C	155	485

解: 三种设备的产量和费用均不相同,用费用效率比较法进行比选。

$$A 设备的费用效率 = \frac{115}{430} = 0.27$$

$$B 设备的费用效率 = \frac{135}{450} = 0.3$$

$$C 设备的费用效率 = \frac{155}{485} = 0.32$$

C 设备的费用效率最高,应选择 C 设备。

但有些设备并不宜采用一个综合指标来衡量系统效率,这就需要选择几个单项功能指标,邀请有经验的专家、技术人员进行评价。该费用效率的计算有些复杂,其步骤如下:

(1)确定各单项功能要求及权重;

(2)计算各要素的权重值;

(3)汇总计算各设备方案的权重值,以此作为系统效率值。

【例 7-6】 某拟建项目有甲、乙、丙三种设备可供选择,各设备寿命期总费用分别为30 万元、32 万元、33 万元。其系统效率由生产率、安全性、维修性、环保性、耐用性、灵活性六项指标组成(表 7-6)。

解: 经有关专家和技术人员评分,得出各方案各要素的系统效率值。

计算结果为:

$$甲设备的费用效率 = \frac{8.75}{30} = 0.292$$

$$乙设备的费用效率 = \frac{9.10}{32} = 0.284$$

$$丙设备的费用效率 = \frac{8.80}{33} = 0.267$$

计算结果表明,甲设备的费用效率最高,故应选择甲设备。

表7-6 各设备的系统效率计算表

指标	权重	甲设备			乙设备			丙设备		
		效率	得分	权重值	效率	得分	权重值	效率	得分	权重值
生产率	30%	很高	10	3.00	较高	9	2.7	一般	8	2.4
安全性	15%	安全	10	1.50	较安全	9	1.35	安全	10	1.50
维修性	15%	一般	7	1.05	较好	9	1.35	好	10	1.50
环保性	10%	一般	7	0.70	好	9	0.90	很好	10	1.00
耐用性	20%	15 年	8	1.60	18 年	10	2.00	16 年	9	1.80
灵活性	10%	良好	9	0.90	较好	8	0.80	一般	6	0.60
指标	权重	甲设备			乙设备			丙设备		
		效率	得分	权重值	效率	得分	权重值	效率	得分	权重值
合计	100%		51	8.75		54	9.10		53	8.80

二、设备更新的评估

企业在日常工作中，面临着设备是否更新的问题(维持现状、扩大规模、何时更新等)，这就需要我们采用一定的方法进行评判。

(一)何时更新的评价

这种方法主要是决定更新的时机，当经济寿命期内的成本最低时，此时更新对企业较为有利。

【例7-7】 某企业购入的某设备，原值19200元，使用年限为8年。其残值第一年末为7000元，以后各年依次为6000元、5000元、4000元、3000元、2000元、800元、200元。假定第一年运行维修费为500元，以后逐年增加1000元，利率12%，要求确定该设备的更新时机。

解： 这种情况，往往以设备的经济寿命期来确定，经济寿命期是指年平均成本最低的时点。

设 C 代表设备的年平均成本，则：

$$C_1 = (19200 - 7000)(A/P, 12\%, 1) + 7000 \times 10\% + 500$$
$$= 15001.81$$
$$C_2 = (19200 - 6000)(A/P, 12\%, 2) + 6000 \times 10\% + 5000$$
$$+ 1000(P/F, 12\%, 2) \cdot (A/P, 12\%, 2)$$
$$= 9502.25(元)$$

以此类推：

$$C_3 = 7936.39 (元)$$
$$C_4 = 7128.24 (元)$$

$$C_5 = 7096.61 \,(元)$$
$$C_6 = 7178.82 \,(元)$$
$$C_7 = 7261.5 \,(元)$$

由此可见，第 5 年的年平均成本最低，所以，最佳更新时机是第 5 年末。

(二)如何更新的评价

1. 新旧设备寿命期相同的设备更新评价

这种情况可采用净现值指标，计算两方案的净现值之差来进行方案评价。

【例 7-8】　某企业原有一批汽车，是 4 年前购买的，原购买成本为 400000 元，估计尚可使用 6 年。假定期满无残值，已提折旧 160000 元，折余价值为 240000 元。使用这批汽车每年可获运输收入 595000 元，每年支付变动成本 455000 元。该公司为提高运输效率，准备另购一批新型汽车，约需 600000 元，估计新车可使用 6 年，期满无残值。购入新车时，旧车估价 145000 元，使用新车可增加运输收入 110000 元，同时节约变动成本 39000 元，假定折现率为 15%，试为企业做出相应的决策。

解： 第一步，计算新车、旧车的现金流量差额：

$$= (595000+110000) - (455000-39000) - (595000-455000)$$
$$= 289000-140000 = 149000 \,(元)$$

第二步，计算更新购买新车增加的净现值：

$$\Delta \mathrm{NPV} = 149000(P/A, 15\%, 6) - (600000 - 145000)$$
$$= 563816-455000 = 108816 \,(元)$$

上述计算表明，购买新车可增加净现值 108816 元，企业应购买新车。

2. 新旧设备寿命期不同的设备更新评价

这种情况下，必须采用年成本法或年等值法做出是否更新的决策。

【例 7-9】　某企业目前生产中正在使用的一台机床是 4 年前购进的，买价 20000 元，估计残值 800 元，预计还可使用 6 年，其年维修费 4800 元。若目前出售可作价 8000 元。现在市场上有一同类性能优良的新机床，售价 50000 元，预计使用 10 年，估计残值 3000 元，年维修费 2200 元。假定折现率为 12%，问企业现在是否需要更新设备？

解： 第一步，计算旧机床的年使用成本：

年使用成本 $= (8000 - 800)(A/P, 12\%, 6) + 800 \times 12\% + 4800 = 6647.4\,(元)$

第二步，计算新机床的年使用成本：

年使用成本 $= (50000-3000)(A/P, 12\%, 10) + 3000 \times 12\% + 2200 = 10878.58\,(元)$

上述计算结果表明，继续使用旧设备的年成本低于购买新设备的年成本，因此应继续使用旧设备。

(三)设备租、购的评价

企业既可通过租赁，也可通过购买取得固定资产的使用权，为了取得最佳的经济效益，企业应对租赁和购买设备两种方式进行评价，选择对企业有利的投资方式。

【例 7-10】　某企业需用一台某类型的机器，若企业购买，买价为 10000 元，可用 10

年，无残值，用直线法计提折旧。若向外租赁，每年需支付租金 2000 元，租期 10 年。折现率为 10%，企业所得税率 33%。试为企业做出相应的决策。

解：若购买，则其支出净现值为

$$10000 - 1000 \times 33\%(P/A, 10\%, 10) \approx 7972 \text{（元）}$$

若租赁，则其支出净现值 $= 2000 \times (P/A, 10\%, 10) - 2000 \times 33\% \times (P/A, 10\%, 10) \approx 8233$（元）

上述计算结果表明，该设备购买的支出净现值小于租赁支出的净现值，所以，企业应购买设备。

（四）设备是否引进的评价

目前，我国从国外引进技术、引进设备较为慎重。到底是使用国产设备，还是使用进口设备不能一概而论，应从设备的耐用性、维修性、生产效率等方面进行综合评价。

【例 7-11】 某项目拟生产某纺织品，有国产纺织机和进口纺织机两种方案可供选择，试根据表 7-7 的资料对该项目是否引进设备进行决策。

表 7-7 国产和进口纺织机的技术经济指标

指标 ＼ 设备	国产 1515 K 织机	进口 SM -93 织机
1. 产量	1.6 万米/年	4 万米/年
2. 寿命	12 年	12 年
3. 价格	1 万元	16 万元
4. 年能耗	0.12 万元	0.35 万元
5. 维修费	0.4 万元	0.05 万元
6. 停机损失费	1.2 万元	2.7 万元
7. 工资费	0.24 万元	0.12 万元
8. 原料损失费	0.1 万元	0.6 万元
9. 年产值	8 万元	27 万元

解：第一步，进行引进设备的必要性评价。

相关资料表明，国产纺织机可织幅宽 100 寸以内的布匹，但不能织造 40 支纱以上的高密织物。而且据市场调查，国产机型的纺织机，织速慢，控制不均匀，不能满足剑杆织机的要求，所以引进 SM -93 剑杆织机及相关的辅机是有必要的。

第二步，设备配套问题评价。

据调查，目前某某纺织二厂所用的后期整理设备与该项目的需要完全一致，若与该厂合作，设备配套问题可以解决。

第三步，设备的费用效率分析（设折现率为 12%）。

国产设备的寿命周期总费用 = 1+(0.12+0.4+1.2+0.24+0.1)$(P/A，12\%，12)$

= 13.76(万元)

进口设备的寿命周期总费用 = 16+(0.35+0.05+2.7+0.12+0.6)$(P/A，12\%，12)$

= 39.66(万元)

$$进口设备的费用效率 = \frac{27}{39.66} = 0.68$$

$$国产设备的费用效率 = \frac{8}{13.76} = 0.58$$

从上述比较可知，引进国产设备方案是可行的。

第三节 工程设计方案评估

工程设计方案评估，必需坚持"坚固耐用、技术先进、经济合理"的原则，对工程设计及工程实施方案进行分析评价。

对工程设计方案的评估主要包括对工程总体设计方案、建筑平立面设计方案、建筑结构等几个方面的评估。

一、工程总体设计方案评估

对工程设计的总体方案评估可采用"全寿命"费用分析法、价值工程系数分析法等。

(一)"全寿命"费用分析法

这是欧美国家常采用的方法。建筑物的"全寿命"费用是指建筑物在规划、设计、施工及使用期内发生的费用。用公式可表示为：

$$L = N + R$$

式中，L 为"全寿命"费用；

N 为一次性投资费用，包括土地购置、勘察设计、施工建设等费用；

R 为经常性费用，包括建筑物在寿命期内的操作管理费、设施和设备的修理更换费和功能使用费。

"全寿命"费用分析法就是运用总费用现值，计算各方案的建筑物在整个使用期内的费用现值之和，以总费用最小的方案为最佳方案。

"全寿命"费用分析法的计算步骤是：明确目标；提出方案；规定建筑物寿命期限；确定必须考虑的费用；确定评价方法；进行分析，提出评价结论。

【例 7-12】 某拟建项目的建筑物有甲、乙两个设计方案：甲方案的建筑总造价 500 万元，土地购置费 100 万元，年运转费 15 万元，部分设备每 20 年更新一次，需要 60 万元，其他设备 30 年更新一次，需用 80 万元。乙方案总造价 650 万元，土地购置费 100 万元，年运转费 12 万元，部分设备 20 年更新一次，需要 40 万元，其他设备 30 年更换一次，需 50 万元，要求用"全寿命"费用分析法比较两个方案的优劣。(利息率为 6%，建筑物的寿命为 60 年。)

解：根据上述资料，列表计算两方案的"全寿命"费用(表7-8)。

表 7-8 甲、乙两方案"全寿命"费用计算表

单位：万元

序号	项目	甲方案费用现值	乙方案费用现值
1	建筑物造价	500	650
2	土地购置费	100	100
3	20 年更新设备	60×(0.3118+0.0972)=24.54	40×(0.3118+0.0972)=16.36
4	30 年更新设备	80×0.1741=13.93	50×0.1741=8.71
5	年运转费用	15×16.161=242.42	12×16.161=193.93
6	费用总计	880.89	969

计算结果表明，甲方案"全寿命"费用为 880.89 万元，而乙方案为 969 万元，甲方案显得较为经济。

(二)价值工程系数分析法

价值工程以提高产品(工程)价值为中心，并把功能分析作为独特研究方法，将技术问题和经济问题结合起来，以价值工程系数大小作为工程设计方案选择的依据。

【例7-13】 某住宅工程有 A、B、C、D、E 五个设计方案，五个方案的相关资料如下：

表 7-9 五个方案的特征及造价资料

方案	主要特征	单方造价(元/m²)	成本系数
A	7 层混合结构，层高 3m，1 砖内外墙，预制桩基，外装修、室内设备较好	392	0.2342
B	7 层混合结构，层高 2.9m，1 砖外墙半砖非承重墙，条形基础，外装饰较好	298	0.1780
C	7 层混合结构，层高 3m，1 砖墙沉重桩基，外装一般，外设及内装修较好	370	0.2210
D	5 层混合结构，层高 3m，空心墙，满堂基础，装修及设备一般	302	0.1804
E	层高 3m，其他同 B	312	0.1864

解：第一步，求成本系数：

表中成本系数(C)= 某方案造价/各方案造价之和

$$C_A = 392/(392 + 298 + 370 + 302 + 312) = 0.2342$$

$$C_B = 298/(392 + 298 + 370 + 302 + 312) = 0.1780$$

C、D、E 方案成本系数计算方法同上，分别为 0.2210、0.1804、0.1864。

第二步，求功能评价系数：

按照功能重要程度，采用加权评分法，求功能评价系数（表 7-10）。

$$某方案的功能评价系数(C) = \frac{某方案评定总分}{各方案评定总分之和}$$

$$A 方案功能评价系数 = \frac{9.16487}{9.6487 + 9.1164 + 9.1022 + 8.486 + 9.0035} = 0.2225$$

其他类推。

表 7-10 各方案的功能评分

功能指标	权重系数	功能评分				
		A 方案	B 方案	C 方案	D 方案	E 方案
平面布置	0.3718	10	10	9	9	10
采光	0.1629	10	10	10	10	9
层高层数	0.0339	9	8	9	10	9
牢固耐用	0.1909	10	10	10	8	10
安全设施	0.0449	8	7	8	7	7
建筑造型	0.0327	10	8	9	7	8
室外装修	0.025	6	6	6	6	6
室内装饰	0.0633	10	6	8	6	6
环境设计	0.0364	9	8	9	8	8
技术参数	0.0142	8	10	8	6	4
施工便利	0.0154	8	8	7	6	4
设计难易	0.009	6	10	6	8	10
总分合计	1	9.6487	9.1164	9.1022	8.486	9.0035
功能评价系数		0.2225	0.2103	0.2099	0.1957	0.2077

第三步，求价值工程系数：

$$价值工程系数 = \frac{功能评价系数}{成本系数}$$

$$A 方案的价值工程系数 = \frac{0.2225}{0.2342} = 0.9500$$

$$B 方案的价值工程系数 = \frac{0.2103}{0.1780} = 1.1815$$

$$C 方案的价值工程系数 = \frac{0.2099}{0.221} = 0.9498$$

$$D 方案的价值工程系数 = \frac{0.1957}{0.1804} = 1.0848$$

$$E 方案的价值工程系数 = \frac{0.2077}{0.1864} = 1.1143$$

B 方案的价值工程系数最大，B 方案为最优方案。

二、建筑平立面设计方案评估

建筑平立面设计方案评估也要从技术性能和经济效果两方面综合起来加以评估。

【例 7-14】 某建筑物有两个平立面设计方案，有关资料如表 7-11 所示。

表 7-11 甲、乙设计方案资料

方案	建筑长度(m)	建筑宽度(m)	单套平均面积(m²)
甲	88	12	51
乙	80	10	48
基准值	75	11	48

解：甲方案分析：甲方案的宽度从标准宽 11 米增加到 12 米，每平方米有效面积造价降低 0.6%（由 100% 降到 99.4%）；因长度增加到 88 米，造价降低 0.5%（100%−99.5%）；建筑面积增加 3m²（51m²−48m²），造价降低 1.15%，因此，该方案的每平方米有效面积的造价为标准造价的 97.8%（100%×99.4%×99.5%×98.85%）。

乙方案分析：乙方案的宽度减少，而增加每平方米有效面积的造价 0.9%（100.9%−100%），长度由 75m 增加到 80m，每平方米有效面积的造价降低 0.2%（100%−99.8%），而住户每套面积不变，对造价无影响，因此乙方案造价是标准造价的 100.7%（100%×100.9%×99.8%）。

甲方案的单方造价低于乙方案，因此，甲方案为最佳方案。

（说明：长、宽、面积增减与造价的关系情况略）

三、建筑结构评估

建筑结构形式一般有砖混结构、钢筋混凝土结构、预应力钢筋混凝土结构、钢结构等。应根据适用、经济、美观的原则以及生产工艺的要求，选择合理的房屋建筑结构形式。

【例 7-15】 某项目为单元式住宅，一梯三户三个单元，六层高度，建筑面积 3950m²，有两种结构方案可供选择：

方案一，砖混结构，外墙为 1 砖墙，内做保温层，内墙为 1 砖墙，结构按 8 级抗震烈度设计，沿外墙、内墙、楼板处及基础处设圈梁，沿外墙的拐角及内外墙交接处设构造柱，现浇混凝土楼板。

方案二，内浇外砌结构，内墙厚度为 140mm，内纵墙为 160mm，选用 C20 钢筋混凝土，其他部位的做法与方案一相同。

试对两个方案进行评价。

解：本案例主要从三个方面进行评价：

（1）建筑面积对比：方案二的内墙减薄，增加了使用面积，具体数据见表 7-12

表 7-12 两方案建筑面积对比计算表

方案	建筑面积（m²）		使用面积（m²）		使用面积净增
	总面积	每套面积	总面积	每套面积	（m²）
一	3950	73.15	2804.5	51.94	79
二	3950	73.15	2883.5	53.40	

从表 7-11 可以看出，两方案的建筑面积，在使用功能不变的条件下，方案二比方案一的使用面积增加了 79m²，每套住宅增加了 1.46m²，增加率为 2.8%。

（2）建造成本对比：根据相应的工程预算定额取费标准，方案一的概算造价为 4108000 元；方案二的概算造价为 4273900 元，若按使用面积计算，方案一的单方造价为 1464.79 元，方案二的单方造价为 1482.19 元，高出方案一 17.4 元，高出 1.19%。

（3）综合评价：从上述两点分析，方案二的使用面积增加了 2.8%，而造价仅增加了 1.19%，应选择方案二。

四、投资项目实施进度评估

实施进度全面反映项目实施时期的各项工作内容，包括了项目从可行性研究报告、资金筹集、施工建设、生产准备各个工作阶段的时间和进度安排。为了统一规划、综合平衡，需要做出一个最佳的项目实施进度计划方案。

项目实施进度计划通常以线条图和网络图的形式编制，下面就网络图编制的项目实施进度计划进行评价。

【例 7-16】 某市宏达建筑公司与飞龙公司签订了一份建筑施工合同。宏达建筑公司根据发包方的要求，编制了施工网络计划图及时间计划表。要求根据该图找出关键线路，计算所需的工期为多少时间？

施工网络计划

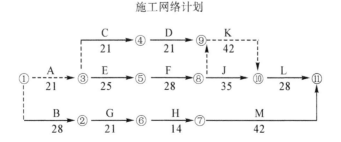

表 7-13 工作时间安排计划表

工序名称	A	B	C	D	E	F	G	H	J	K	L	M
施工时间(天)	21	28	21	21	25	28	21	14	35	42	28	42

解：该项目的关键线路是：

①$\xrightarrow{A}$③$\xrightarrow{E}$⑤$\xrightarrow{F}$⑧……⑨$\xrightarrow{K}$⑩$\xrightarrow{L}$⑪

该项目的施工工期为：

$$21+25+28+42+28=144(天)$$

第八章 投资及筹资方案评估

投资数额大小及筹资的形式、筹资成本高低对投资项目的经济效益有直接的影响。

第一节 投资估算与评估

投资项目总投资是指投资项目从立项准备开始到项目全部建成投产为止，所发生的全部投资费用。

一、项目总投资构成

项目总投资构成包括固定资产投资和流动资产投资两部分，具体构成如图 8-1 所示。

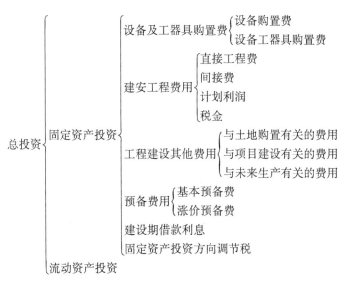

图 8-1 总投资构成要素

二、固定资产投资估算及评价

我国现行投资管理制度规定，固定资产投资包括工程费用、工程建设其他费用、预备费用、建设期借款利息和固定资产投资方向调节税五部分。工程费用包括建筑工程费用、设备及工器具购置费、安装工程费。

在不同阶段，由于掌握资料的详细程度不同，对投资估算的精确度要求不同，采用的估算方法也不同。一般来说，在项目建议书阶段，采用扩大指标估算法；在可行性研究和项目评估阶段，采用详细估算法。

(一) 扩大指标估算法

在项目建议书阶段，对投资估算的精确度要求偏差不超过±20%，可采用扩大指标估算法。常用的扩大指标估算法有以下几种：

1. 单位生产能力投资估算法

单位生产能力投资估算法是根据同类项目单位生产能力投资来估算拟建项目固定资产投资额的一种方法，其计算公式如下：

$$I_2 = Q_2 \left(\frac{I_1}{Q_1} \right) \cdot CF$$

式中：I_2 为拟建项目所需固定资产投资；I_1 为同类项目实际固定资产投资；Q_2 为拟建项目生产能力；Q_1 为同类项目实际生产能力；CF 为物价指数。

【例8-1】 某拟建项目生产 A 产品 50 万吨。据相关资料显示，该地区于 2020 年投产的同类项目的固定投资为 8000 万元，项目年产量为 40 万吨，$CF = 1.15\%$。试估算拟建项目的固定资产投资。

解：根据单位生产能力投资估算法，拟建项目的固定资产投资为：

$$I_2 = Q_2 \left(\frac{I_1}{Q_1} \right) \cdot CF = 50 \times \frac{8000}{40} \times 1.15 = 11500 \text{（万元）}$$

2. 生产能力指数法

生产能力指数又称0.6指数法，其计算公式为：

$$I_2 = (Q_2 / Q_1)^n \cdot I_1 \cdot CF$$

式中：n 为生产能力指数；

其他符号含义同前。

$n < 1$，一般情况下，当项目主要靠增大设备容量扩大生产规模时，取 $n = 0.6 \sim 0.8$；当项目主要靠增加设备数量扩大生产规模时，取 $n = 0.8 \sim 1.0$。

【例8-2】 某拟建项目年产乙烯装置 70 万吨，据调查，已建成有同类项目年产 30 万吨，投资额为 6000 万元，该类项目的生产能力指数 $n = 0.6$，$CF = 1.2$。试估算该项目的固定资产投资额。

解：$I_2 = I_1 \left(\frac{Q_2}{Q_1} \right)^n \cdot CF = 6000 \times \left(\frac{70}{30} \right)^{0.6} \times 1.2 = 11907 \text{（万元）}$

3. 比例估算法

比例估算法是根据已有的同类项目主要设备占整个项目固定资产投资总额的比例，估算拟建项目固定资产投资额的一种估算方法。其计算公式如下：

$$I = \frac{1}{K} \sum_{i=1}^{n} Q_i P_i$$

I 为拟建项目的固定资产投资额，K 为拟建项目设备费占固定资产投资的比例；n 为设备种类数，Q_i 为第 i 类设备的数量；P_i 为第 i 种设备的单价。

【例 8-3】 某拟建项目的设备种类、数量、单价见表 8-1。试估算拟建项目的固定资产投资。

表 8-1 设备数量价格表

项目	A 设备	B 设备	C 设备	D 设备
数量(台)	5	8	7	6
单价(万元)	20	18	19	17

(已知:同类项目设备费占固定资产投资的 50%)

解: $I = \dfrac{1}{50\%}(5 \times 20 + 8 \times 18 + 7 \times 19 + 6 \times 17) = 958(万元)$

4. 朗格系数法

这种方法以设备费为基础,乘以适当系数来推算项目的建设费用。其计算公式为:

$$D = C \cdot \left(1 + \sum K_i\right) \cdot K_c$$

式中:D 为总建设费用;

C 为主要设备费用;

K_i 为管线、仪表、建筑物等费用的估算系数;

K_c 为管理费、合同费、应急费的总估算系数。总建设费与设备费用之比为朗格系数。

【例 8-4】 某流体加工企业的设备费用为 10000 万元,依据该行业的典型经验系数(见表 8-2),估算该项目的总投资费用。

表 8-2 流体加工行业的典型经验数据

费用项目	系数 K
	K_i
主设备安装人工费	0.10~0.20
保温费	0.10~0.25
管线费(碳素钢)	0.5~1.00
基础	0.03~0.13
建筑物	0.07
构架	0.05
防火	0.06~0.10
电气	0.07~0.15
油漆粉刷	0.06~0.1

费用项目	系数 K
	K_c
日常管理费、合同费、利息	0.30
工程费	0.13
不可预见费	0.13

根据上述计算可得：

$$\sum K_i = 1.04 \sim 2.05$$

$$K_c = 1 + 0.3 + 0.13 + 0.13 = 1.56$$

依据朗格系数法计算公式：

$$D = 10000(1 + 1.04 \sim 2.05) \times 1.56 = 31824 \sim 47580(万元)$$

拟建项目的投资在 31824 万~47580 万元之间。

(二) 详细估算法

在可行性研究和项目评估阶段，对投资的估算精确度要求较高，偏差一般不超过 $\pm 10\%$，此时应采用详细估算法进行投资估算。

详细估算法将固定资产投资分为设备及工器具购置费、建安工程费、工程建设其他费用、预备费、建设期借款利息、固定资产投资方向调节税(目前方向调节税暂时停征)。

1. 设备及工器具购置费估算

设备及工器具购置费包括设备费和工器具购置费两项内容，工器具购置费往往以设备费为基数进行估算。

(1) 设备及工器具购置费

设备分国产设备和进口设备，设备的来源不同，费用构成也有差别。

A. 国产设备购置费估算

国产设备根据其制作方式不同，又包括标准设备和非标准设备两类。

标准设备的购置费包括设备的买价和国内运杂费构成。设备的买价以出厂价为基准或以现行市场价进行计算。

【例 8-5】　某拟建项目的国内设备买价为 5000 万元。该项目位于我国中部地区，根据相关的费率标准，运杂费率为 2.5%，工器具购置费率为 25%，试估算该项目的设备购置费。

解：设备及工器具购置费 = 设备买价 + 国内运杂费

$$= 5000(1 + 2.5\%)(1 + 25\%)$$

$$= 6406.25(万元)$$

该项目的设备及工器具购置费为 6406.25 万元。

非标准设备购置费的构成较为复杂。非标准设备是指国家尚无定型标准，各设备生产厂按一次订货，并根据具体的设计图纸制造的设备。其计价方法很多，如成本估价法、系列设备插入估价法、定额估价法等。

下面以成本估价法为例，说明非标准设备购置费的构成。

非标准设备的原价＝{[（材料费＋加工费＋辅助材料费）×（1＋专用工具费率）×（1＋废品损失率）＋外购配套件费]×（1＋包装费率）－外购配套件费}×（1＋利润率）＋增值税＋非标准设备设计费＋外购配套件费。

其中：

①材料费＝材料净重×（1＋加工损耗系数）×每吨材料综合价

②加工费＝设备总重量×单位重量加工费

③辅助材料费＝设备总重量×辅助材料费指标

④专用工具费＝（材料费＋加工费＋辅助材料费）×相应的百分比

⑤废品损失费＝（材料费＋加工费＋辅助材料费＋专用工具费）×相应百分比

⑥外购配套件费，根据设计规定的配套件数量价格加运杂费综合计算。

⑦包装费按①至⑥项之和乘以一定百分比计算。

⑧利润按①至⑤项加⑦项之和乘一定利润率计算。

⑨增值税＝当期销项税额－进项税额。

⑩非标准设备设计费：按国家规定的设计费收费标准计算。

B. 进口设备购置费估算

进口设备购置费也包括进口设备原价和运杂费两部分。

进口设备原价是进口设备的抵岸价，即抵达买方边境港口且交完关税的价格。进口设备抵岸价的构成如下：

进口设备抵岸价＝货价＋国外运费＋运输保险费＋银行财务费＋外贸手续费＋关税＋增值税＋消费税＋海关监管费＋车辆购置附加费

①货价，一般是装运港船上的交货价（FOB）。

按原币货价×外汇汇率折合为人民币计价。

②国外运费，从装运港到抵达港的运费。

国外运费＝设备重量×单位定价

或＝原币货价×运费费率

③运输保险费，由保险人与被保险人之间订立契约，按契约规定的保险费率计算。

$$运输保险费 = \frac{货价 + 国外运费}{1 - 保险费率} \times 保险费率$$

④银行财务费，一般指支付给银行的手续费。

银行财务费＝合同价×银行财务费率

⑤外贸手续费，外贸手续费率一般为 1.5%。

外贸手续费＝到岸价（CIF）×外贸手续费率。

⑥关税，海关对进口货物征收的一种税。

关税＝到岸价×进口关税税率

⑦增值税，对进口商品征收的一种税。

$$增值税=组成计税价格\times增值税率$$

$$组成计税价格=关税完税价格+关税+消费税$$

⑧消费税，对部分进口设备征收的一种税。

$$应纳消费税额=\frac{到岸价+关税}{1-消费税税率}\times消费税税率$$

⑨海关监管费，海关提供服务的手续费。

$$海关监管费=到岸价\times海关监管手续费率（0.3\%）$$

⑩车辆购置附加费。进口车辆需要缴纳的费用。

$$车辆购置附加费=（到岸价+关税+增值税+消费税）\times进口车辆购置附加费率$$

【例 8-6】 某拟建项目拟从美国东海岸某城市进口一批精密设备，设备的总重量为410 吨，FOB 为 55.43 万美元，美元与人民币的汇率为 1∶6.4，设备的运费为 529.8 美元/吨，运输保险费率为 0.27%，进口设备的关税税率为 10%，增值税率为 17%，银行财务费率为 0.6%，外贸手续费率为 1.5%，设备的运杂费率为 2.5%，试为该设备购置费进行估算。

解： 设备购置费的计算步骤如下：

①设备货价=离岸价×汇率

$$=55.43\times6.4=354.75（万元）$$

②国外运费=设备重量×单位运费×汇率

$$=410\times529.8\times6.4=139.02（万元）$$

③ 运输保险费 $=\dfrac{货价+国外运费}{1-保险费率}\times保险费率$

$$=\frac{354.75+139.02}{1-0.27\%}\times0.27\%$$

$$=1.34（万元）$$

④到岸价=设备货价+国外运费+运输保险费

$$=354.75+139.02+1.34=495.11（万元）$$

⑤银行财务费=合同货价×银行财务费率

$$=354.25\times0.6\%=2.13（万元）$$

⑥外贸手续费=到岸价×外贸手续率

$$=495.11\times1.5\%=7.43（万元）$$

⑦进口关税=到岸价×关税税率

$$=495.11\times10\%=49.51（万元）$$

⑧增值税=组成计税价格×增值税率

$$=（495.11+49.51）\times17\%=92.59（万元）$$

⑨进口设备抵岸价

$$=495.11+2.13+7.43+49.51+92.59$$

$$=646.77（万元）$$

⑩进口设备购置费=进口设备抵岸价(1+国内运杂费率)

$$= 646.77(1+2.5\%)$$
$$=662.94(万元)$$

经估算，该设备的购置费为 662.94 万元。

工器具购置费，工器具购置费是指为生产购置的工具、用具等，往往按设备购置费的一定比例估算。

2. 建安工程费

建安工程费主要包括建筑工程费和安装工程费。其中建筑工程费计算公式为：
$$建筑工程费=直接费+间接费+计划利润+税金$$
直接费包括人工费、材料费、施工机械使用费。
$$人工费=概算指标规定的工日数×地区工资标准$$
$$主要材料费=主要材料费×相应的地区材料预算单价$$
$$次要材料费=主要材料费×次要材料费占主材的百分比$$
$$施工机械使用费=机械台班用量×相应的地区机械台班单价$$
$$建筑工程概算价值=建筑面积×每平方米建筑面积概算单价$$

【例 8-7】 某拟建项目某车间工程建筑面积为 3500m²，据当地概算指标可查知，每 100m² 的工日数为 49.52，当地的日工资标准为 24 元，每 100m² 的主材料费为 3056 元，次材料费占主要材料的 18%，每 100m² 的机械使用费为 1070 元，间接费率为 15%，计划利润率为 7%，税率为 3.381%，试估算该厂房土建工程造价。

解：根据编制概算法，首先计算工程的直接费
$$直接费=人工费+材料费+施工机械使用费$$
$$100m²建筑的人工费=49.5×24=1188(元)$$
$$100m²建筑的材料费=主材费+次材费$$
$$=3056×(1+18\%)=3606(元)$$
$$100m²建筑的施工机械使用费=1070(元)$$
$$100m²建筑的直接费=1188+3606+1070=5864(元)$$
$$每100m²建筑的间接费=直接费×间接费率$$
$$=5864×15\%=879.6(元)$$
$$每100m²计划利润=直接费×7\%$$
$$=5864×7\%=410.5(元)$$
$$每100m²税金=(直接费+间接费+计划利润)×税率$$
$$=(5864+879.6+410.5)×3.381\%$$
$$=241.9(元)$$
$$该车间厂房建筑工程的概算造价=每平方米的造价×建筑面积$$
$$=\frac{(5864+879.6+410.5+241.9)}{100}×3500$$
$$=258860(元)$$

但是编制概算造价的方法只适用于拟建项目与概算指标规定的结构特征完全相同的工程。若拟建项目与指标规定的结构局部不同时，应采用修正概算法。这种方法的关键就是

要计算确定修正系数，以修正系数乘以类似工程预算价值即为新工程的概算价值。其计算公式为：

工资修正系数 M_1 =编制概算地区工资标准/类似工程所在地工资标准

材料价格修正系数 M_2 =编制概算材料预算单价/类似工程所在地材料单价

机械使用费修正系数 M_3 =编制概算地区台班单价/类似工程所在地台班单价

间接费修正系数 M_4 =编制概算地区间接费率/类似工程所在地

总修正系数

$$M = \sum_{i=1}^{n} G_i M_i$$

式中：

G_i 分别为类似工程工资、材料费、台班费、间接费占工程价值的比重；

M_i 分别为上述的 M_1、M_2、M_3、M_4。

【例8-8】　某新建项目与 A 工程类似，已知 A 工程的建筑面积为 2400m^2，预算造价为 156 万元，其中人工费占 10%，材料费占 65%，机械费占 10%，间接费占 15%，通过计算，工资修正系数为 1.02，材料费修正系数为 1.05，机械费修正系数为 1.01，间接费修正系数为 0.99，试估算该新建项目的工程价值。

解：总修正系数 = 10%×1.02+65%×1.05+10%×1.01+15%×0.99

= 1.034

新建工程项目的总造价 = 156×1.034 = 161.304(万元)

安装工程费主要根据设备费及设备的重量进行估算。

3. 工程建设其他费用

工程建设其他费用是指工程从筹建到交付使用，为保证工程建设顺利完成和交付使用所发生的各项费用，包括土地使用费，与工程建设有关的其他费用，与未来生产经营有关的费用。

这部分费用内容多，项目繁杂，在总投资中所占比重较大，在投资估算时，可根据各地区制定的费用定额分项计算。

4. 预备费

预备费包括基本预备费和涨价预备费。基本预备费主要是由于自然灾害造成的损失和设计、施工变更必须增加的工程费用。基本预备费按照工程费用和工程建设其他费用之和乘以基本预备费费率计算。在可行性研究阶段，基本预备费费率在 10%~15% 之间。

涨价预备费是为了预防材料、工资、设备涨价而预备的费用，其计算公式为：

$$P_f = I_t [(1+f)^t - 1]$$

式中：P_f 为涨价预备费；

I_t 为第 t 年的计划投资额(含工程费、工程建设其他费、基本预备费)；

f 为价格指数；

t 为建设投资的年份数。

【例8-9】　某拟建项目，静态投资为 25000 万元，建设期三年，第一年计划投资 20%，第二年投资 55%，第三年投资 25%，价格指数为 5%，试计算该项目的涨价预备费。

解：根据 $P_f = I_t[(1+f)^t - 1]$

$$第一年的 P_f = 25000 \times 20\% \times [(1+6\%)^1 - 1]$$
$$= 300(万元)$$
$$第二年的 P_f = 25000 \times 55\% \times [(1+6\%)^2 - 1]$$
$$= 1699.5(万元)$$
$$第三年的 P_f = 25000 \times 25\% \times [(1+6\%)^3 - 1]$$
$$= 1193.85(万元)$$

该项目涨价预备费为 3193.35 万元(300+1699.5+1193.85)。

在实际工作中，采用上述方法计算较多。这个方法简单且容易理解，但是这个方法假设投资在年初一次性投入，计算一年的涨价预备费。相对精确的计算方法是：假设投资是均衡发生，计算年中值，而且考虑评估前期年份的影响。

5. 建设期借款利息

建设期借款有国内借款、国外借款，国内外借款的建设期利息的计算方法为：

$$各年应计利息 = \left(年初借款本息合计 + \frac{本年借款额}{2}\right) \times 利率$$

同时国外借款还应考虑管理费、承诺费等财务费用。

【例 8-10】 某拟建项目向国内银行预计借款 8000 万元，第一年借入 20%，第二年借入 50%，第三年借入 30%，借款年利率为 10%。银行按季计息，试计算该项目的利息。

解：建设期借款利息=各年借款利息之和

$$各年借款利息 = \left(年初本息合计 + \frac{本年借款额}{2}\right) \times 有效利率$$

$$有效利率 = \left(1 + \frac{名义利率}{m}\right)^m - 1 = \left(1 + \frac{10\%}{4}\right)^4 - 1 = 10.38\%$$

$$第一年利息 = \left(0 + \frac{8000 \times 20\%}{2}\right) \times 10.38\% = 83.04(万元)$$

$$第二年利息 = \left(1600 + 83.04 + \frac{8000 \times 50\%}{2}\right) \times 10.38\% = 382.30(万元)$$

$$第三年利息 = \left(1600 + 4000 + 83.04 + 382.30 + \frac{8000 \times 30\%}{2}\right) \times 10.38\%$$
$$= 754.14(万元)$$

建设期利息为 1219.48 万元(83.04+382.30+754.14)。

第二节 流动资金估算

流动资金是保证项目投产后，能正常生产经营所需要的铺底周转资金。铺底周转资金是项目总投资的一个组成部分，这部分资金应该落实。

流动资金包括项目建成投产后为维持正常生产经营用于购买原材料、燃料、支付工资及其他生产经营费用等。在数量上应等于流动资产扣除流动负债的余额。其中流动资产主要包括货币资金(现金)、存货、应收账款,流动负债主要是应付及预收账款。

流动资金的估算方法主要有扩大指标估算法和分项详细估算法。

一、扩大指标估算法

扩大指标估算法,就是按照流动资金占某种基数的比率来估算流动资金。常用的基数有产品销售收入、固定资产投资、总成本费用等,究竟选择哪种基数依行业习惯而定,选择的比率可根据行业实际情况或实际经验确定。

(一)销售收入资金率估算法

$$流动资金 = 年销售收入 \times 销售收入资金率$$

【例8-11】 某项目投产后正常年份的产品销售收入为25000万元,据同类企业的经验,销售收入资金率为15%,试估算该项目的流动资金。

解:该项目的流动资金 = 25000×15% = 3750(万元)

(二)固定资产投资率估算法

其是依据流动资金占固定资产投资的百分比来估算流动资金。一般工业项目固定资产投资资金率为5%~12%,化工项目固定资产投资率为15%~20%。

$$流动资金 = 项目固定资产投资 \times 固定资产投资资金率$$

(三)总成本资金率法

成本是反映项目的物资消耗、生产管理水平和技术水平的综合指标。采掘项目经常用总成本资金率估算流动资金。

$$流动资金 = 年总成本 \times 总成本资金率$$

二、分项详细估算法

分项详细估算法比扩大指标估算法结果更为精确,在项目评估阶段应采用分项详细估算法估算流动资金。

分项详细估算法的计算公式如下:

$$流动资金 = 流动资产 - 流动负债$$
$$流动资产 = 现金 + 应收账款及预收账款 + 存货$$
$$流动负债 = 应付账款 + 预收账款$$

流动资产各项构成的估算公式如下:

1. 现金的估算

$$现金 = \frac{年工资及福利费 + 年其他费用}{周转次数}$$

$$年其他费用 = 总成本费用 - 物料消耗费 - 折旧摊销费 - 工资福利费$$

$$周转次数 = \frac{360}{现金最低周转天数}$$

2. 应收账款的估算

$$应收账款 = 年经营成本/周转次数$$

$$周转次数 = \frac{360}{应收账款最低周转天数}$$

3. 存货的估算

存货包括各种外购原材料、燃料、在产品、自制半成品和产成品等，在存货估算时，一般仅考虑外购原材料、燃料、在产品、产成品。

$$外购原材料、燃料 = \frac{年外购原材料、燃料费用}{周转次数}$$

$$周转次数 = \frac{360}{定额储备天数}$$

$$在产品 = \frac{年生产成本}{周转次数} \times 在产品成本系数$$

$$周转次数 = \frac{360}{在产品生产定额天数}$$

在产品成本系数一般为50%。

$$产成品 = \frac{年产品生产(经营)成本}{周转次数}$$

$$周转次数 = \frac{360}{产品库存定额天数}$$

流动负债的内容较多，在估算时，一般只估算应付账款。

$$应付账款 = \frac{年外购原材料、燃料、动力费}{周转次数}$$

$$周转次数 = \frac{360}{应付账款周转天数}$$

【例8-12】　某拟建项目年生产成本为16000万元；年外购原材料、燃料等为18000万元；全部职工人数为1500人，职工年工资及福利费均为18000元；年其他费用估算为4200万元。据相关企业的经验，原材料、燃料的定额储备天数为30天，产品生产天数为36天，产品储存定额天数为30天；应收账款的周转天数为25天，现金周转天数为10天，应付账款的周转天数为25天，试估算该项目的流动资金数额。

解：流动资金 = 流动资产 – 流动负债

$$流动资产 = 现金 + 应收账款 + 存货$$

$$现金 = \frac{工资及福利费 + 年其他费用}{周转次数}$$

$$= \frac{1.8 \times 1500 + 4200}{360/10} = 191.7（万元）$$

$$应收账款 = \frac{年生产(经营)成本}{周转次数} = \frac{16000}{360/150} = 1111.1（万元）$$

$$外购原材料、燃料、动力费 = \frac{年外购原材料、燃料、动力费}{周转次数} = \frac{18000}{360/3} = 1500（万元）$$

101

$$在产品 = \frac{年生产成本}{周转次数} \times 在产品成本系数$$

$$= \frac{16000}{360/30} = 1333.3(万元)$$

$$产成品 = \frac{年生产成本}{周转次数} = \frac{16000}{360/30} = 1333.3(万元)$$

$$应付账款 = \frac{年外购原材料、燃料、动力费}{周转次数} = \frac{18000}{360/25} = 1250（万元）$$

$$流动资金 = 191.7 + 1111.1 + 1500 + 800 + 1333.3 - 1250 = 3686.1（万元）$$

【例 8-13】 某项目拟生产甲产品，有关资料如下：

（1）项目建设进度

第一年完成投资计划 20%，第二年完成 55%，第三年完工，第四年投产，当年达产 70%，第五年达产 90%，第六年以后达产 100%。项目寿命期为 15 年。

（2）固定资产投资估算

本项目工程费用 42000 万元，工程建设其他费用 8000 万元，预备费 5000 万元。

（3）项目资金来源

本项目借款 35000 万元，其中外汇借款 3125 万美元(外汇牌价为 1:6.4)。人民币借款的利率为 12%(按季结算)，外汇借款的年利率为 8%(按年结息)，借款比例与项目进度一致。

（4）流动资金估算

项目年外购原材料、燃料、动力费估算为 18500 万元，年经营成本 22500 万元，存货估算为 6800 万元，年其他费用 900 万元，年工资及福利费 1100 万元。各项目流动资金最低周转天数为：应收、应付账款天数为 30 天，现金为 15 天。

要求：估算建设期借款利息，估算流动资金，估算项目总投资。

解： 第一步，估算建设期借款利息

$$人民币借款有效利率 = \left(1 + \frac{12\%}{4}\right)^4 - 1 = 12.55\%$$

$$每年借款利息 = \left(年初借款本息合计 + \frac{本年借款}{2}\right) \times 年有效利率$$

建设期利息计算见表 8-3。

表 8-3　建设期利息　　　　　　　　　　　　　单位：万元

项目		金额	第 1 年(20%)	第 2 年(55%)	第 3 年(25%)
人民币借款	本金	15000	3000	8250	3750
	利息	2892.06	188.25	917.81	1786
	本息合计	17892.06	3188.25	9167.81	5536

续表

项目		金额	第 1 年 (20%)	第 2 年 (55%)	第 3 年 (25%)
外币借款	本金	20000	4000	11000	5000
	利息	2407.42	160	772.8	1474.62
	本息合计	22407.42	4160	11772.8	6474.62

建设期利息 = 2892.06 + 2407.42 = 5299.48（万元）

第二步，流动资金估算

$$现金 = \frac{年工资福利费 + 年其他费用}{周转次数} = \frac{1100 + 900}{360/15} = 83.33（万元）$$

$$应收账款 = \frac{年生产经营成本}{应收账款周转次数} = \frac{22500}{360/30} = 18759（万元）$$

$$存货 = 6800（万元）$$

$$应付账款 = \frac{年外购原材料、燃料、动力费}{应付账款周转次数} = \frac{18500}{360/30}$$

$$= 1541.67（万元）$$

流动资金 = 现金 + 应收账款 + 存货 - 应付账款

$$= 83.33 + 1875 + 6800 - 1541.67$$

$$= 7216.66（万元）$$

第三步，项目总投资估算

项目总投资 = 固定资产投资 + 流动资金

固定资产投资 = 工程费用 + 工程建设其他费用 + 预备费 + 建设期利息

$$= 42000 + 8000 + 5000 + 5299.48$$

$$= 60299.48（万元）$$

项目总投资 = 固定资产投资 + 流动资金

$$= 60299.48 + 7216.66 = 675166.14（万元）$$

第三节　资金筹措方案分析与评估

投资项目筹资方案评估，是在确定项目投资估算总金额的基础上，对项目资金来源、筹资方案、资金结构、筹资风险及资金成本等方面的合理性和可靠性进行的分析论证。这里主要对资金结构、筹资风险、资金成本、筹资方案等进行分析评估。

一、资金结构分析评估

项目的资金结构包括各种筹资方式的结构比例关系，比如长期融资和短期融资、负债融资和权益融资、国内融资和国外融资的比例，但是最重要的是负债融资和权益融资的比例关系。通常情况下，投资项目的收益率高于借款利率时，可获得正向的财务杠杆效应，借款比率越高，投资者的收益率越高。

【例 8-14】　某拟建项目经测算，息税前投资利润率为 20%，该项目的所得税率为 25%，有两种筹资方案可供选择：方案一，负债权益比例为 1：1；方案二，负债权益比例为 2：1，当借款利率为 12% 时，试为该项目选择最佳的融资方案。

解：项目投资的目的是使投资者收益最大化，投资者收益这里我们选择资本金收益率来衡量。

$$资本金收益率 = \left[息税前利润率 + \frac{负债}{资本金} \times (息税前利润率 - 利率) \right] \times (1 - 所得税率)$$

$$方案一：资本金收益率 = \left[20\% + \frac{1}{1} \times (20\% - 12\%) \right] \times (1 - 25\%) = 21\%$$

$$方案二：资本金收益率 = \left[20\% + \frac{2}{1} \times (20\% - 12\%) \right] \times (1 - 25\%) = 27\%$$

方案二的资本金收益率最高，选择方案二。

二、筹资风险分析评估

项目筹资风险主要包括资金供应风险、利率风险、汇率风险、经营风险、财务风险等。

资金供应风险，是指可能出现资金供应无法落实，导致工期延长、原定投资目标难以实现等。因此必须选择可靠的资金来源，选择实力强、信誉好的投资者。

利率风险，是指利率变动，导致项目成本上升。因此必须合理安排融资结构，预测利率变动趋势，合理选择浮动利率和固定利率的比例结构，选择合适的利率调换措施。

汇率风险，是指汇率变动对项目造成的损失。因此需要预测汇率变动的趋势，完善进出口合同条款，采用衍生金融工具防范汇率风险。

这里我们主要对经营风险和财务风险进行量化分析。

(一) 经营风险评估

经营风险是指企业由于经营上的原因导致利润变动的风险。影响企业营业利润变动的因素主要有产品销量、产品价格、产品变动成本及固定成本。通常用经营杠杆系数（DOL）衡量经营风险的大小，其也被称为营业杠杆系数或营业杠杆程度，是指息税前利润（EBIT）的变动率相对于产销量变动率的比值。

$$DOL = 息税前利润变动率 / 产销量变动率$$
$$= (\Delta EBIT / EBIT) / (\Delta Q / Q)$$

DOL 为经营杠杆系数；

$\Delta EBIT$ 为息税前利润变动额；

EBIT 为息税前利润（销售收入 - 变动成本 - 固定成本）；

ΔQ 为产销量变动值；

Q 为销量。

为了便于计算，可将上式变换如下：

$$DOL = (销售收入-变动成本)/(销售收入-变动成本-固定成本)$$

其中，由于销售收入-变动成本-固定成本即为息税前利润（EBIT），因此又有：

$$DOL = (息税前利润+固定成本)/息税前利润 = (EBIT+F)/EBIT$$

为了反映经营杠杆的影响程度、估计经营杠杆利益的大小、评价经营风险的高低，必须测算经营杠杆系数。一般而言，经营杠杆系数越大，对经营杠杆利益的影响越强，经营风险也就越大。

【例 8-15】 某企业生产甲产品，年固定成本 50 万元，变动成本率为 50%，当企业的年销售额分别为 400 万元、200 万元、100 万元时，经营杠杆系数是多少？

解： DOL=（销售收入-变动成本）/（销售收入-变动成本-固定成本）

当销售额为 400 万元时，DOL=（400-400×50%）/（400-400×50%-50）=1.33

当销售额为 200 万元时，DOL=（200-200×50%）/（200-200×50%-50）=2

当销售额为 100 万元时，DOL=（100-100×50%）/（100-100×50%-50）=∞

随着收入降低，经营风险越来越大。

（二）财务风险分析

财务风险指企业因使用负债资金而产生的在未来收益不确定情况下由主权资本承担的附加风险。如果企业经营状况良好，使得企业投资收益率大于负债利息率，则获得财务杠杆正效应；如果企业经营状况不佳，使得企业投资收益率小于负债利息率，则获得财务杠杆负效应，甚至导致企业破产，这种不确定性就是企业运用负债所承担的财务风险。

企业财务风险的大小主要取决于财务杠杆系数的高低。一般情况下，财务杠杆系数越大，风险也越大。

财务杠杆系数的计算公式为：

财务杠杆系数=普通股每股收益变动率/息税前利润变动率

$$DFL = (\Delta EPS/EPS)/(\Delta EBIT/EBIT)$$

式中：DFL 为财务杠杆系数，ΔEPS 为普通股每股利润变动额，EPS 为变动前的普通股每股利润，$\Delta EBIT$ 为息税前利润变动额，EBIT 为变动前的息税利润。

为了便于计算，可将上式变换如下：

由
$$EPS = (EBIT-I)(1-T)/N$$

$$\Delta EPS = \Delta EBIT(1-T)/N$$

得
$$DFL = EBIT/(EBIT-I)$$

式中：I 为利息；T 为所得税税率；N 为流通在外普通股股数。

【例 8-16】 甲、乙、丙三公司经营业务相同，相关资料如表 8-4 所示：

表 8-4　甲、乙、丙三公司相关资料　　　　单位：万元

项目	甲	乙	丙
普通股本	2000	1500	1000
普通股数(万股)	20	15	10
债务(利率8%)	0	500	1000
资本总额	2000	2000	2000
息税前利润	200	200	200
债务利息	0	40	80

试计算甲、乙、丙三公司的财务杠杆系数，比较财务风险大小。

解：根据公式，DFL＝EBIT/(EBIT-I)

三家公司的财务杠杆系数分别计算如下：

$$DFL_甲 = \frac{200}{200-0} = 1$$

$$DFL_乙 = \frac{200}{200-40} = 1.25$$

$$DFL_丙 = \frac{200}{200-80} = 1.67$$

三家公司的财务杠杆系数依次为1、1.25、1.67，财务风险依次加大。

(三)总杠杆系数

总杠杆系数是指公司财务杠杆系数和经营杠杆系数的乘积，其直接反映了营业收入的变化对每股收益的影响程度，是衡量公司每股获利能力的尺度。

通过以上计算分析可知，经营杠杆是通过扩大销售，影响息税前盈余，而财务杠杆通过扩大息税前盈利影响每股收益。如果两种杠杆共同作用，那么销售额稍有变动就会使每股收益产生更大的变动，通常将这两种杠杆的连锁作用称为总杠杆作用。

经营杠杆与财务杠杆之间的这种相互关系，有利于管理层对经营风险与财务风险进行管理，即为了控制某一总杠杆系数，经营杠杆和财务杠杆可以有很多不同的组合。比如，经营杠杆系数较高的公司可以在较低的程度上使用财务杠杆；经营杠杆系数较低的公司可以在较高的程度上使用财务杠杆等。这有待公司在考虑各相关具体因素之后做出选择。

总杠杆的作用程度，用总杠杆系数(DTL)表示，它是经营杠杆系数和财务杠杆系数的乘积，计算公式为：

DTL＝DOL·DFL＝(EBIT+F)/EBIT×EBIT/(EBIT-I)＝(EBIT+F)/(EBIT-I)

【例8-17】 假设某公司的经营杠杆系数为2，财务杠杆系数为1.67，计算总杠杆系数。

解：总杠杆系数

DTL＝DOL·DFL＝2×1.67＝3.34

三、资金成本分析评估

资金成本是企业为了筹集和使用资金支付的代价，资金成本包括资金筹集费用和资金使用费用两部分。资金筹集费用通常一次性发生，包括印刷费、咨询费、发行手续费、公证费、担保费等，在计算资金成本时一次性扣除，而资金使用费是筹资企业经常性发生的费用，包括利息和利润等。

企业筹资的资金成本通常用资金成本率表示。它是年资金占用费与筹资净额之比。

$$资金成本率 = \frac{年资金占用费}{筹资总额 - 资金筹集费} \times (1 - 所得税率)$$

(一) 个别资金成本计算

个别资金成本是使用长期资金所造成的成本，包括长期借款成本、债券成本、租赁资金成本、普通股资金成本、优先股资金成本。

1. 长期借款成本

借款利息计入税前费用，可以起到抵税的作用。一次借款，分期还本付息的资金成本公式为：

$$K_i = \frac{I_t(1 - T)}{L(1 - F_i)}$$

式中：K_i 为长期借款资金成本；

I_t 为长期借款年利息；

T 为所得税率；

L 为长期借款本金；

F_i 为长期借款筹资费率。

【例 8-18】 某项目取得 5 年期借款 10000 万元，年利率 15%，每年付息一次，到期一次性还本，筹资费率为 0.5%，所得税率为 25%。该项目长期借款的成本为多少？

解： 长期借款资金成本为：

$$K_i = \frac{10000 \times 15\% \times (1 - 25\%)}{10000(1 - 0.5\%)} = 11.19\%$$

2. 债券成本

发行债券的成本主要包括债券利息和筹资费用，其计算公式为：

$$K_b = \frac{I_b(1 - T)}{B(1 - F_b)}$$

式中：K_b 为债券资金成本；

I_b 为债券年利息；

T 为所得税率；

B 为债务金额；

F_b 为债务筹资费率。

【例 8-19】 某项目拟发行面额为 5000 万元的 10 年期债券，票面利率为 10%，发行费率为 3%，所得税率为 25%，则该债券的资金成本为多少。

解： 债券的资金成本为：

$$K_b = \frac{5000 \times 10\% \times (1 - 25\%)}{5000 \times (1 - 3\%)} = 7.73\%$$

3. 普通股资金成本

普通股资金成本的计算方法有多种，常用的方法包括：股利增长模型法、资本资产定价模型法、税前债务成本加风险溢价法。

按照股利增长模型的思路计算，其计算公式为：

$$K_{nc} = \frac{D_c}{P_c(1 - F_c)} + G$$

式中：K_{nc} 为普通股资金成本；

D_c 为预期年股利额；

F_c 为股票筹资费率；

G 为普通股股利增长率。

【例 8-20】 某项目发行普通股，股票发行价为 18 元/股，每股预期股利为 2 元，股利增长率为 15%，发行费率为 5%，则该普通股的资金成本为多少？

解： 普通股的资金成本：

$$K_{nc} = \frac{2}{18(1 - 5\%)} + 15\% = 26.70\%$$

4. 优先股资金成本

优先股资金成本一般是固定的，双方按预先约定的股息率计算，其计算公式为：

$$K_P = \frac{D}{P_P(1 - F_P)}$$

式中：K_p 为优先股资金成本；

D 为优先股年股利；

P_p 为优先股面值；

F_p 为优先股手续费率。

【例 8-21】 某项目拟发行优先股，优先股面值为 100 元，发行手续费率 4%，优先股的年股利率为 9%，优先股的资金成本为多少？

解： 优先股的资金成本 $K_p = \dfrac{9\% \times 100}{100 \times (1 - 4\%)} = 9.38\%$

(二) 综合资金成本计算

由于资金的来源渠道众多，每种不同渠道的资金成本不同，项目筹资时，必然要对各种不同的筹资方式进行合理组合，在对项目资金成本分析评估时，应以综合资金成本高低来评价筹资方案的优劣，以综合资金成本最低者为最优。

综合资金成本的计算公式为：$K = \sum_{i=1}^{n} W_i K_i$

式中：K 为综合资金成本；

W_i 为第 i 种资金来源的资金成本占全部资金成本的比重；

K_i 为第 i 种资金来源的资金成本。

【例 8-22】　某项目拟筹资 15000 万元，其中长期借款 5000 万元，利率 10%，发行债券 4000 万元，利率 12%，发行普通股股票 5000 万元，发行价 5 元/股，预期每股股利 0.5 元，年股利增长率为 5%，发行优先股 1000 万元，优先股股利 10%，该项目的所得税率为 25%，试计算该项目的加权平均成本。

解：首先，计算个别资金成本：

$$K_i = 10\% \times (1 - 25\%) = 7.5\%$$

$$K_i = 12\% \times (1 - 25\%) = 9\%$$

$$K_{nc} = \frac{0.5}{5 \times (1 - 5\%)} + 10\% = 20.53\%$$

$$K_p = 10\%$$

其次，计算各种筹资方式的比重 W_i：

$$W_i(借款) = \frac{5000}{15000} = 33.33\%$$

$$W_b(债券) = \frac{4000}{15000} = 26.67\%$$

$$W_{nc}(普通股) = \frac{5000}{15000} = 33.33\%$$

$$W_p(优先股) = \frac{1000}{15000} = 6.67\%$$

最后，计算加权平均成本。

$$K = \sum_{i=1}^{n} W_i K_i = 33.33\% \times 7.5\% + 26.67\% \times 9\% + 33.33\% \times 20.53\% + 6.67\% \times 10\%$$
$$= 12.41\%$$

该方案的加权平均成本为 12.41%。

四、融资方案综合比选

项目融资方案的综合比选是指对融资方案的安全性、经济性、可靠性进行分析，通过比选，最终选择来源可靠、成本最低、收益最大、风险最低的方案。

不同的融资结构会给项目带来不同的经济后果。虽然负债资金具有双重作用，通过适当地利用负债，可以降低项目资金成本，但当项目负债比率太高时，也会带来较大的财务风险。所以，项目公司必须权衡财务风险和资金成本的关系，确定最佳融资结构。

所谓最佳融资结构是指在适度的财务风险条件下，使预期的加权平均资金成本率最低，同时使收益及项目价值最大的资金结构。确定项目的最佳融资结构，可以采用每股收益无差别点分析法和比较资金成本法，现主要阐述每股收益无差别点分析法。

每股收益无差别点分析法（EBIT-EPS 方法）是通过计算各备选方案的每股收益无差别

点，进行比较后选择最佳资本结构的融资方案。所谓每股收益无差别点，是指不同筹资方式下每股收益都相等时的息税前利润或业务量水平。

其计算公式为：

$$EPS_1(债务融资) = (EBIT-ID)(1-t)-P/ND \quad (1)$$

$$EPS_2(股票融资) = (EBIT-IE)(1-t)-P/NE \quad (2)$$

式中：$EPS_1 = EPS_2$

ID 为债务融资时总的利息费用；

IE 为股票融资时总的利息费用；

t 为所得税税率；

P 为优先股数量；

ND 为债券融资的数量；

NE 为股票融资的数量。

求出 $EPS_1 = EPS_2$ 时的销售额 PQ 或 EBIT。

融资结构方案决策原则：

当预期息税前利润或业务量水平在（等于）每股收益无差别点上，无论是采用债权或股权筹资方案，每股收益都是相等的。即 EBIT=EBIT＊，两方案筹资无差别。

当预期息税前利润或业务量水平大于每股收益无差别点时，应当选择财务杠杆效应较大的筹资方案。即当企业的 EBIT>EBIT＊时，利用债务融资较为有利。

预期息税前利润或业务量水平小于每股收益无差别点时，应当选择财务杠杆效应较小的筹资方案。即当企业的 EBIT<EBIT＊时，利用股票融资较为有利。

【例 8-23】 假设某公司目前有资金 75 万元（其中负债 10 万元，利率 8%；股票 20000 股），现因生产发展需要准备再筹集 25 万元资金，这些资金可以利用发行股票来筹集，也可以利用发行债券来筹集，相关资料见表 8-5。

表 8-5 融资方案资料 单位：元

项目	发行股票	发行债券
预计息税前盈余(EBIT)	200000	200000
利息	8000	28000
所得税率	50%	50%
股份数	30000	20000

要求：采用每股收益无差别点分析法确定融资方案，并说明原因。

解：$EPS_1(债务融资) = (EBIT-ID)(1-t)-P/ND = (EBIT-28000)(1-50\%)/20000$

$EPS_2(股票融资) = (EBIT-IE)(1-t)-P/NE = (EBIT-8000)(1-50\%)/30000$

$EPS_1 = EPS_2$

则无差别点的息税前利润 EBIT=68000 元。

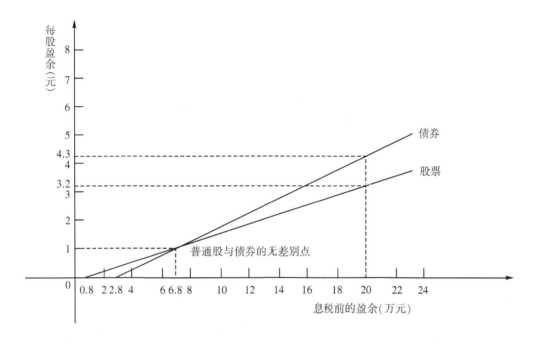

预计的息税前利润（200000 元）大于无差别点的息税前利润（68000 元），选择债务融资。

表 8-6　某公司不同资金结构下的每股盈余　　　　　　　　　　　　　　　单位：元

项目	发行股票	发行债券
预计息税前盈余（EBIT）	200 000	200 000
减：利息	8 000	2 8000
税前盈余	192 000	172 000
减：所得税（50%）	96 000	86 000
税后盈余	96 000	86 000
普通股股数	30 000	20 000
每股盈余（EPS）	3.2	4.3

如果选择发行股票融资，每股收益 3.2 元，采用发行债务融资，每股收益 4.3 元。所以该企业应选择债务融资。

第九章 基础财务数据预测与评估

经过对拟建项目的市场、环境、技术分析之后，还需要进一步分析项目在财务上和经济上的合理性，因而必须对项目费用、效益进行评价。财务费用和效益的准确性和可靠性对财务分析的结果影响极大，直接影响分析的结论。

财务费用与效益的估算应遵循"有无对比"的原则，反映行业特点，符合依据明确、价格合理、方法得当、表格清晰的要求。

财务费用与效益的估算应遵循现行的财务、会计、税收制度的规定。财务费用与效益的估算范围应体现费用效益对应一致的原则。

在进行成本、效益评价之前，需要收集和计算有关项目的投资、产品成本、销售收入、税金、利润及还本付息能力等一系列财务数据，将其作为项目财务和经济评价的基础和依据。

基础财务数据从项目评估的角度出发，采用与企业财务相一致的计算方法，对有关项目的财务数据和指标进行事先收集、测算、审查，并编制财务预测表。

基础财务数据的内容主要包括：

(1)投资费用。对建设期各年的投资支出和总投资进行预测，并以此为依据，对固定资产年折旧费、无形资产、递延资产摊销费进行计算。建设投资是项目费用的重要组成部分，是项目财务分析的基础数据，按概算法分类，建设投资由工程费用、工程建设其他费用和预备费三部分构成。其中工程费用又由建筑工程费、设备购置费和安装工程费构成；工程建设其他费用内容较多，且随行业和项目的不同而有所区别；预备费包括基本预备费和涨价预备费。

按形成资产来分类，建设投资由形成固定资产的费用、形成无形资产的费用、形成其他资产的费用和预备费四部分组成。固定资产费用系指项目投产时将直接形成固定资产的建设投资，包括工程费用和工程建设其他费用中按规定将形成固定资产的费用，后者被称为固定资产其他费用，主要包括建设单位管理费、可行性研究费、研究试验费、勘察设计费、环境影响评价费、场地准备及临时设施费、引进技术和引进设备其他费、工程保险费、联合试运转费、特殊设备安全监督检验费和市政公用设施建设及绿化费等。无形资产费用系指将直接形成无形资产的建设投资，主要是专利权、非专利技术、商标权、土地使用权和商誉等。其他资产费用系指建设投资中除形成固定资产和无形资产以外的部分费用，如生产准备及开办费等。

(2)成本费用。项目在建成投产后，应对项目寿命期各年的成本、费用进行预测，包括项目总成本费用、单位产品成本等。

(3)经营成本是财务现金流量分析中所使用的特定概念，作为项目现金流量表中运营期现金流出的主体部分，其应得到充分的重视。经营成本与融资方案无关，因此在完成建设投资和营业收入估算后，就可以估算经营成本，在项目融资前分析并提供数据。

(4)营业收入与税金。其指在项目的生产期内产品销售收入和销售税金及附加。

(5)某些项目还应按有关规定估算企业可能得到的补贴收入(仅包括与收益相关的补贴收入)。与资产相关的政府补助不在此处反映，与资产相关的政府补助是指企业取得的、用于购建或以其他方式形成长期资产的政府补助。与收益相关的补贴收入包括先征后返的增值税、按销量或工作量等依据国家规定的补助定额计算并按期给予的定额补贴，以及属于财政扶持而给予的其他形式的补贴等。补贴收入同营业收入一样，应列入利润与利润分配表、财务计划现金流量表和项目投资现金流量表与项目资本金现金流量表。

(6)利润。其指项目在投产后各年的利润及利润分配数据。

(7)还本付息。其指项目投产后，按国家规定预测归还贷款的资金来源，可用于归还银行贷款的本金和利息。

在进行基础财务数据预测后，需编制各种财务测算表，财务测算表一般包括以下四类：

(1)固定资产投资预测表、流动资金预测表、投资计划与资金筹资表。

(2)总成本费用预测表，单位产品成本预测表，原材料、动力成本预测表，固定资产折旧预测表，无形资产及递延资产摊销预测表。

(3)产品销售收入与税金预测表、利润预测表。

(4)还本付息预测表

这些表格数据之间相互联系和钩稽，形成系统、完整的财务数据，为以后的财务评价和经济评价提供依据。

第一节　成本费用预测评估

成本费用的构成较为复杂，按照不同的标准，可进行不同的分类。

按照费用的要素划分，可分为外购材料支出、外购燃料和动力支出、工资、职工福利费、折旧费、税金、利息支出、其他支出。

按照费用的经济用途划分，可分为计入产品成本的生产费用和不计入产品成本的期间费用。生产费用包括直接材料费、直接人工费、制造费用。期间费用包括管理费用、财务费用、销售费用。

按照费用与产量的关系划分，可分为变动费用和固定费用。

一、成本费用的估算

通常成本费用的估算方法有两种：一是按费用要素估算，二是按成本项目估算。

(一)按费用要素估算

总成本费用按费用要素估算，须分各要素计算每项成本，并编制"总成本费用估算表"。

（1）外购材料费=年产量×单位原材料消耗量×原材料单价

其中：年产量为项目历年的生产能力；

单位原材料消耗量，可依据同类企业产品生产的历史资料计算；

原材料单位按现行单价计算。

（2）外购燃料和动力费可比照外购材料的计算方法计算

（3）职工工资=年人均工资×职工总数

其中：年人均工资按生产工人和管理人员的年平均工资平均计算；

职工总数应为"全厂定员人数。

（4）职工福利费=工资总额×14%

（5）折旧费、维简费、摊销费

固定资产折旧费一般采用直线法计算，其计算公式为：

$$年折旧额=固定资产原值×年折旧率$$

$$年折旧率=\frac{1-预计净残值率}{折旧年限}$$

折旧年限可按项目寿命期计算，预计净残值率一般按原值的3%~5%估算。

维简费是煤炭、化工、林业等行业维持简单再生产的费用，从成本中计提。

$$维简费=产品产量×定额费用$$

摊销费是指无形资产及递延资产的摊销费

$$摊销费=\frac{无形资产(或递延资产)}{摊销年限}$$

（6）其他支出

其他支出是指除上述1~5项费用之外的，计入总成本的其余费用，如管理费用中的办公费、差旅费、招待费等，这些项目构成十分复杂，内容繁多，通常按1~5项费用总和的一定比例计算。

（7）利息支出

流动资金借款利息支出=生产期流动资金借款×流动资金借款年利率

（8）副产品回收

副产品回收是对总成本费用的冲减。

$$副产品回收=副产品产量×出厂单价$$

（9）总成本费用

总成本费用等于1~7项之和，扣减第8项。

（10）经营成本

经营成本=总成本费用-折旧费-维简费-摊销费-利息支出

上述估算结果列入"总成本费用估算表"。

（二）按成本项目估算

按成本项目估算总成本费用就要分别计算生产成本和期间费用。

1. 生产成本

生产成本包括直接材料费、直接人工费、制造费用。

(1)直接材料费=直接材料消耗量×材料单价

(2)直接人工费。主要是生产工人的工资及职工福利费。

直接人工费=(生产工人人数×人均年工资)×(1+14%)

(3)制造费用

折旧费=固定资产原值×年折旧率

维简费=产品产量×定额费用

工资及福利费=车间管理人员工资×(1+14%)

其他制造费用=上述各项费用之和×百分比

产品生产成本等于1~3项之和。

2.期间费用

期间费用包括管理费用、财务费用、销售费用。

管理费用=产品生产成本×百分比(3%)

财务费用=借款利息净额+汇兑损益+银行手续费

销售费用=销售收入×销售费率

(三)成本费用估算案例(以费用要素为例)

【例9-1】 某拟建项目生产甲产品,年设计生产能力50万吨。其他资料如下:

(1)预计第5年投产,达产80%,第6年达产90%,第7年起达到100%,项目生产期16年。

(2)原料、燃料、动力消耗情况见表9-1。

表9-1 原料、燃料、动力消耗资料表

项目	单位	单价	消耗定额
外购原材料			
A材料	M^3	0.2	400
B材料	公斤	2.00	300
C材料	公斤	1.500	60
外购燃料、动力			
煤	T	200	1
电	度	0.4	100
气	M^3	0.6	100

(3)工资及福利费:项目定员500人,人均年工资40000元,按工资总额的14%计提福利费。

(4)固定资产投资及相关情况:项目建设投资87903万元,项目建设期4年,建设期

115

利息为人民币借款利息 9850 万元,外币借款利息 1320 万美元,外汇牌价为 1∶6.4(美元∶人民币)。预计净残值率 5%,折旧年限为 16 年。固定资产形成率 98%。

(5)其他情况:其他支出(含销售费用),按 5% 的费率计算,项目流动资金共 6000 万元,其中借款占 80%,贷款利率为 12%。

要求:按费用要素估算总成本费用,并编制总成本费用估算表。

解: 第一步,按费用要素分项估算各项数据:

(1)外购原材料费 = 年生产能力×单位消耗量×单价。

$$达产 100\% 时,外购原材料费 = (0.2×400+2×300+15×60)×50$$
$$= 38500(万元)$$

$$达产 90\% 时,外购原材料费 = 38500×90\% = 34650(万元)$$

$$达产 80\% 时,外购原材料费 = 38500×80\% = 30800(万元)$$

(2)外购燃料、动力费 = 年生产能力×单位消耗量×单价

$$达产 100\% 时,外购燃料、动力费 = (200×1+0.4×100+0.6×100)×50 = 15000(万元)$$

$$达产 90\% 时,外购燃料、动力费 = 15000×90\% = 13500(万元)$$

$$达产 80\% 时,外购燃料、动力费 = 15000×80\% = 12000(万元)$$

(3)工资及福利费 = 40000×500×(1+14%) = 2280(万元)

(4)折旧费 = 固定资产原值×年折旧率

$$固定资产原值 = 87903×98\%+9850+1320×6.4 = 104200(万元)$$

$$年折旧率 = \frac{1-5\%}{16} = 5.9375\%$$

$$年折旧费 = 104200 × 5.9375\% ≈ 6187(万元)$$

(5)其他支出

$$达产 100\% 时,其他支出 = (38500+15000+2280+6187)×5\%$$
$$≈ 3098(万元)$$

$$达产 90\% 时,其他支出 = (34650+13500+2280+6187)×5\%$$
$$≈ 2831(万元)$$

$$达产 80\% 时,其他支出 = (30800+12000+2280+6187)×5\%$$
$$≈ 2563(万元)$$

(6)利息支出 = 6000×80%×12% = 576(万元)

(7)总成本费用

$$达产 100\% 时的总成本费用 = 1～6 项之和 = 65641(万元)$$

$$达产 90\% 时的总成本费用 = 60024(万元)$$

$$达产 80\% 时的总成本费用 = 54406(万元)$$

(8)经营成本 = 总成本费用-折旧费-利息支出

达产 100% 时的经营成本 = 65641-6187-576 = 58878(万元)

达产 90% 时的经营成本 = 60024-6187-576 = 53261(万元)

达产 80%时的经营成本＝54406－6187－576＝47643(万元)

第二步，编制总成本费用估算表。

表 9-2　总成本费用估算表　　　　　　　　　　单位：万元

序号	项目	生产期		
		第 5 年(80%)	第 6 年(90%)	第 7~20 年(100%)
1	外购原材料	30800	34650	38500
2	外购燃料、动力	12000	13500	15000
3	工资及福利费	2280	2280	2280
4	折旧费	6187	6187	6187
5	其他支出	2563	2831	3098
6	利息支出	576	576	576
7	总成本费用	54406	60024	65641
8	经营成本	47643	53261	58878

第二节　销售收入和销售税金的估算

一、销售收入估算

销售收入是项目投产后在一定时期内销售产品(或提供劳务)取得的收入。

销售收入按下列公式计算：

年销售收入＝年销售量×销售单价

年销售量＝项目设计生产能力×当年生产负荷

销售单价一般采用出厂价格，参考当期国际国内市场价格。

二、销售税金及附加的估算

销售税金及附加是指项目生产经营期内因销售产品而发生的营业税、消费税、资源税、城市建设维护税及教育费附加。增值税虽不计入产品销售税金及附加，但它是计算城市建设维护税和教育费附加的基础。这些税金须依照现行税法的规定进行计算。

(一)增值税

增值税是按产品价值增值额征收的一种税。增值额是指产品销售收入扣除外购原材料、辅助材料、燃料等价值后的剩余部分。增值税是价外税，既不进入成本费用，也不进入销售收入。

117

增值税税率一般为17%，但出口货物税率为零。

增值税的计算公式为：

$$应纳税额=销项税额-进项税额$$

$$销项税额=销售收入×销项税率$$

$$进项税额=外购原料、燃料、动力费×进项税率$$

（二）营业税

营业税是对我国境内从事交通运输、建筑业、金融保险、邮政、文化、娱乐服务等业务的单位和个人就营业收入征收的一种税。自2016年5月1日起，我国全面推行营改增试点，将建筑业、房地产业、金融业、生活服务业全部纳入营改增试点。原来缴纳营业税的改交增值税，增值税增加两档低税率即6%（现代服务业）和11%（交通运输业）。

（三）资源税

它是对我国境内开采原油、天然气、煤炭、其他非金属矿原矿、黑色金属矿原矿、有色金属原矿及生产盐的单位征收的一种税。

资源税的计算公式为：

$$应纳税额=课税数量×单位税额$$

（四）消费税

消费税的纳税义务人为我国境内生产、加工和进口某些消费品的单位和个人。消费税的计算方法有从价定率和从量定额两种。

从价定率的计算公式为：

$$应纳税额=应纳税消费品销售额×消费税税率$$

从量定额的计算公式为：

$$应纳税额=应纳税消费品销售量×单位税额$$

（五）城乡维护建设税及教育费附加

它是为了加强城乡的维护建设和发展教育事业，以主要流转税为基础征收的单个税种和附加费用。

$$城乡维护建设税=主要流转税×适用税率$$

$$教育费附加=主要流转税×适用教育费附加费率$$

三、销售收入和销售税金估算案例

【例9-2】 资料沿用例表9-1的数据，生产量与销量一致。其中第5~19年每年外销6万吨，其余为内销。产品内销单价2000元/吨，外销单价为400美元/吨，外汇牌价为1：6.4。该项目增值税的税率为17%，城建税税率为7%，教育费附加税率为2%，出口部分免税。

要求：依据资料估算项目的销售收入和产品销售税金，并编制"产品销售收入与税金估算表"。

解：第一步，计算各年的产品销售收入：

$$外销收入 = 6×400×6.4 = 15360(万元)$$

内销收入。

$$达产80\%的第5年收入 = [50×80\%-6]×2000 = 68000(万元)$$

$$达产90\%的第5年收入 = [50×90\%-6]×2000 = 78000(万元)$$

$$第7~19年的收入 = (50-6)×2000 = 88000(万元)$$

$$第20年的收入 = 50×2000 = 100000(万元)$$

第二步，计算各年的产品销售税金及附加：

首先，计算应交增值税：

$$销项税额 = 内销收入×17\%$$

$$第5年销项税额 = 68000×17\% = 11560(万元)$$

$$第6年销项税额 = 78000×17\% = 13260(万元)$$

$$第7~19年销项税额 = 88000×17\% = 14960(万元)$$

$$第20年销项税额 = 100000×17\% = 17000(万元)$$

其次，计算进项税额：

各计算内销部分所购原材料、燃料、动力的进项税额。

$$第5年进项税额 = \frac{30800+12000}{40} × 34 × 17\% = 6185(万元)$$

$$第6年进项税额 = \frac{34650+13500}{45} × 39 × 17\% = 7094(万元)$$

$$第7~19年进项税额 = \frac{38500+15000}{50} × 44 × 17\% = 8004(万元)$$

$$第20年进项税额 = (38500+15000) × 17\% = 9095(万元)$$

再次，计算各年的应交增值税 = 销项税额 - 进项税额：

$$第5年应交增值税 = 11560-6185 = 5375(万元)$$

$$第6年应交增值税 = 13260-7094 = 6166(万元)$$

$$第7~19年应交增值税 = 14960-8004 = 6956(万元)$$

$$第20年应交增值税 = 17000-9095 = 7905(万元)$$

最后，计算产品销售税及附加：

$$第5年产品销售税金及附加 = 5375×9\% = 484(万元)$$

$$第6年产品销售税金及附加 = 6166×9\% = 555(万元)$$

$$第7~19年产品销售税金及附加 = 6956×9\% = 626(万元)$$

$$第20年产品销售税金及附加 = 7905×9\% = 711(万元)$$

第三步，编制"产品销售收入与税金估算表"（表9-3）。

表 9-3　产品销售收入与税金估算表　　　　　　　　　单位：万元

项目	年份			
	5	6	7~19	20
产品销售收入	83360	93360	103360	100000
产品销售税金及附加	484	555	626	711

第三节　利润及利润分配估算

一、利润及构成

利润是企业一定时期的经营成果，企业的利润总额由营业利润、投资净收益、营业外收支净额等部分组成。

在项目评估中，利润估算的内容主要是营业利润，投资净收益和营业外收支净额一般不予考虑。营业利润在工业企业就是销售利润。

年销售利润的计算公式为：

年销售利润＝年销售收入–年销售成本–年期间费用–年销售税金及附加
　　　　＝年销售收入–年销售税金及附加–总成本费用

二、利润分配预测

利润应按国家财务规定进行分配，企业利润总额按所得税法规定缴纳所得税。纳税后的利润应按下列顺序分配：

①支付违反规定的滞纳金和罚款；
②弥补以前年度亏损；
③提取法定公积金；
④提取公益金；
⑤向投资者分配利润。

三、利润及利润分配预测案例

【例 9-3】　基础资料仍沿用例 9-1、例 9-2 数据资料。该项目所得税率为 25%，按税后利润的 60% 用于分配，40% 用于还贷。要求：编制"利润预测表"。

解：第一步，计算利润总额：

第 5 年利润总额＝销售收入–总成本费用–销售税及附加
　　　　　　＝83360–54406–484＝28470（万元）
第 6 年利润总额＝93360–60024–555＝32781（万元）
第 7~19 年利润总额＝103360–65641–626＝37093（万元）
第 20 年利润总额＝100000–65641–711＝33648（万元）

第二步，计算应交所得税：

$$第 5 年所得税 = 利润总额 \times 25\% = 28470 \times 25\% = 7118(万元)$$

$$第 6 年所得税 = 32781 \times 25\% = 8195(万元)$$

$$第 7 \sim 19 年所得税 = 37093 \times 25\% = 9273(万元)$$

$$第 20 年所得税 = 33648 \times 25\% = 8412(万元)$$

第三步，计算可分配利润和还贷利润：

$$第 5 年企业可分配利润 = (利润总额 - 所得税) \times 60\%$$
$$= (28470 - 7118) \times 60\% = 12811(万元)$$

$$第 6 年企业可分配利润 = (32781 - 8195) \times 60\% = 14752(万元)$$

$$第 7 \sim 19 年企业可分配利润 = (37093 - 9273) \times 60\% = 16692(万元)$$

$$第 20 年企业可分配利润 = (33648 - 8412) \times 60\% = 15142(万元)$$

第四步，计算还贷利润(未分配利润)：

$$第 5 年未分配利润 = 税后利润 - 企业可分配利润$$
$$= 28470 - 7118 - 12811 = 8541(万元)$$

$$第 6 年未分配利润 = 32781 - 8195 - 14752 = 9834(万元)$$

$$第 7 \sim 19 年未分配利润 = 37093 - 9273 - 16692 = 11128(万元)$$

$$第 20 年未分配利润 = 33648 - 8412 - 15142 = 10094(万元)$$

第五步，编制利润预测表(表9-4)。

表 9-4　利润预测表　　　　　　　　　　　　　　　　单位：万元

序号	年份　　项目	5	6	7~19	20
1	销售收入	83360	93360	103360	100000
2	总成本费用	54406	60024	65641	65641
3	销售税金及附加	484	555	626	711
4	利润总额	28470	32781	37093	33648
5	所得税	7118	8195	9372	8412
6	税后利润	21352	24586	27721	25236
7	企业可分配利润	12811	14752	16692	15142
8	未分配利润	8541	9834	11029	10094

第四节　还本付息预测与评估

固定资产投资贷款还本付息预测主要是测算建设期利息和还本付息金额，以便计算借款偿还期，为项目的还本付息能力分析提供依据。

一、还本付息的资金来源

按现行制度规定，用于还款的资金来源主要有：

(1)利润：一般项目用于还贷的利润是未分配利润，即税后利润扣除企业可分配利润。

(2)固定资产折旧：在贷款偿还期中按规定新建项目和改扩建项目的固定资产折旧费可用于还贷。

(3)无形资产及递延资产摊销：无形资产、递延资产每年按规定摊销的金额也可用于还贷。

(4)其他：包括基建收入和可减免的销售税金。

二、贷款利息的计算

根据利息计算的规定，建设期和生产期的应计利息公式为：

$$建设期每年应计利息 = 年初借款本息累计 + \frac{本年借款}{2} \times 年有效利率$$

$$生产期每年应计利息 = 年初借款累计 \times 年有效利率$$

年初借款累计 = 上年末借款本息合计 − 上年还款资金来源（还款来源假设为年末）

三、贷款还本付息分析案例

【例 9-4】 基础数据仍沿用前案例，本项目建设期 4 年，人民币借款 45000 万元，借款年利率 10%，按季结息；外币借款 3750 万美元，借款利率 16%，按年结息，借款比例依次为第一年 15%，第二年 30%，第三年 40%，第四年 15%。要求：为项目编制还本付息预测表。

解：第一步，计算建设期利息：

$$人民币借款按季结息，则有效利率 = \left(1 + \frac{r}{n}\right)^n - 1$$

$$= \left(1 + \frac{10\%}{4}\right)^4 - 1 = 10.38\%$$

外币借款按年结息，则名义利率等于有效利率。

$$第一年：人民币借款利息 = \left(0 + \frac{45000 \times 15\%}{2}\right) \times 10.38\% = 350.33(万元)$$

$$外币借款利息 = \left(0 + \frac{3750 \times 6.4 \times 15\%}{2}\right) \times 16\% = 288(万元)$$

$$第二年：人民币借款利息 = \left(45000 \times 15\% + 350.33 + \frac{45000 \times 30\%}{2}\right) \times 10.38\%$$

$$= 1437.66(万元)$$

$$外币借款利息 = \left(3750 \times 6.4 \times 15\% + 288 + \frac{3750 \times 6.4 \times 30\%}{2}\right) \times 16\%$$

$$= 1198.08(万元)$$

第三年：人民币借款利息

$$= \left(45000 \times 45\% + 350.33 + 1437.66 + \frac{45000 \times 40\%}{2}\right) \times 10.38\%$$

$$= 3221.74(万元)$$

外币借款利息

$$= \left(3750 \times 6.4 \times 45\% + 288 + 1198.08 + \frac{3750 \times 6.4 \times 40\%}{2}\right) \times 16\%$$

$$= 2733.77(万元)$$

第四年：人民币借款利息

$$= \left(45000 \times 85\% + 350.33 + 1437.66 + 3221.74 + \frac{45000 \times 15\%}{2}\right) \times 10.38\%$$

$$= 4840.68(万元)$$

外币借款利息

$$= \left(3750 \times 6.4 \times 85\% + 288 + 1198.08 + 2733.77 + \frac{3750 \times 6.4 \times 15\%}{2}\right) \times 16\%$$

$$= 4227.18(万元)$$

第四年末人民币借款本息累计

$$= 45000 + 350.33 + 1437.66 + 3221.74 + 4840.68 = 54850.41(万元)$$

外币借款本息累计

$$= 24000 + 288 + 1198.08 + 2733.77 + 4227.18 = 32447.03(万元)$$

第二步，计算生产期各年利息：

首先计算各年的还款来源，本案例还款来源为未分配利润与计提的折旧费之和。还款顺序为先国外后国内，先高后低。本案例中应先归还外币借款。

第 5 年，还款来源 $= 8541 + 6187 = 14728(万元)$

第 6 年，还款来源 $= 9834 + 6187 = 16021(万元)$

第 7~19 年，还款来源 $= 11029 + 6187 = 17216(万元)$

第 20 年，还款来源 $= 10094 + 6187 = 16281(万元)$

其次计算各年的应计利息：

第 5 年，人民币借款利息 $= 54850.41 \times 10.38\% = 5693.47(万元)$

外币借款利息 $= 32447.03 \times 16\% = 5191.52(万元)$

第 6 年，人民币借款利息 $= (54850.41 + 5693.47) \times 10.38\%$

$$= 60543.88 \times 10.38\% = 6284.45(万元)$$

外币借款利息 $= (32447.03 + 5191.52 - 8541 - 6187) \times 16\%$

$$= 22910.53 \times 16\% = 3665.68(万元)$$

第 7 年：人民币借款利息 $= (60543.88 + 6284.45) \times 10.38\%$

$$= 66828.33 \times 10.38\% = 6936.78(万元)$$

第 7 年：外币借款利息 $= (22910.53 + 3665.68 - 9834 - 6187) \times 16\%$

$$=9955.21×16\%=1592.83(万元)$$

第 7 年末外币借款本息合计 11548.04 万元(9955.21+1592.83),还款来源为 17216 (11029+6187)万元。

第 7 年用于归还人民币借款的资金来源=17216-11548.04=5667.96(万元)

则第 7 年末人民币借款余额累计=66828.33+6936.78-5667.96=68097.15(万元)

第 8 年:人民币借款利息=68097.15×10.38%=7068.48(万元)

第 8 年末人民币借款本息累计=68097.15+7068.48-11029-6187=57949.63(万元)

第 9 年:人民币借款利息=57949.63×10.38%=6016.17(万元)

第 9 年末人民币借款本息累计=57949.63+6016.17-11029-6187=46749.8(万元)

第 10 年:人民币借款利息=46749.8×10.38%=4852.63(万元)

第 10 年末人民币借款本息累计=46749.8+4852.63-11029-6187=34386.43(万元)

第 11 年:人民币借款利息=34386.43×10.38%=3569.31(万元)

第 11 年末人民币借款本息累计=34386.43+3569.31-11029-6187=20739.74(万元)

第 12 年:人民币借款利息=20739.74×10.38%=2152.79(万元)

第 12 年末人民币借款本息累计=20739.73+2152.79-11029-6187=5676.52(万元)

第 13 年:人民币借款利息=5676.53×10.38%=589.22(万元)

第 13 年,还款来源 17216(11029+6187)大于借款本息 6265.75(5676.53+589.22),还款期满。

第三步,编制还本付息预测表,见表 9-5。

单位:万元

表9-5 还本付息预测表

序号	项目	1 外币	1 人民币	2 外币	2 人民币	3 外币	3 人民币	4 外币	4 人民币	5 外币	5 人民币	6 外币	6 人民币	7 外币	7 人民币	8 人民币	9 人民币	10 人民币	11 人民币	12 人民币	13 人民币
1	年初本息累计			3888	7100.33	12286.08	22037.99	24619.85	43259.73	32447.03	54850.41	22910.53	60543.88	9955.21	66828.33	68097.15	57949.63	46797.8	34386.43	20739.74	5676.52
2	本年借款	3600	6750	7200	13500	9600	18000	3600	6750												
3	本年应计利息	288	350.33	1198.08	1437.66	2733.77	3221.74	4227.18	4840.68	5191.52	5693.47	3665.68	6284.45	1597.83	6936.79	7068.48	6016.17	4852.63	3569.31	2152.79	589.22
4	本年还本付息	略	略	略	略									0							0
5	年末本息累计	3888	7100.33	12286.08	22037.99	24619.85	43259.73	32447.03	54850.41	22910.53	60543.88	9955.21	66828.33	0	68097.15	57949.63	46797.8	34386.43	20739.74	5676.52	0
6	还本付息来源									14728		16021		11553.04	5667.96	17216	17216	17216	172161	17216	17216
7	未分配利润									8541		9834		11029		11029	11029	11029	11029	11029	11029
8	折旧									6187		6187		519.04		6187	6187	6187	6187	6187	6287

表中:上年末贷款累计=下年初贷款累计

建设期末贷款累计=贷款本金+利息

生产期末贷款累计=年初贷款累计+本年应计利息-本年还本付息金额

第十章 财务效益评估

投资项目财务效益评估，是在财务效益与费用的估算以及编制财务辅助报表的基础上，编制财务报表，计算财务分析指标，考察和分析项目的盈利能力、偿债能力和财务生存能力，判断项目的财务可行性，明确项目对财务主体的价值以及对投资者的贡献，为投资决策、融资决策以及银行贷款提供依据。

项目类型的不同会影响财务分析内容的选择。经营性项目需要进行全面的财务分析。对于非经营性项目，财务分析主要分析项目的财务生存能力。

项目决策可分为投资决策和融资决策两个层次。投资决策重在考察项目净现金流的价值是否大于其投资成本，融资决策重在考察资金筹措方案能否满足要求。投资决策在先，融资决策在后。根据不同决策的需要，财务分析可分为融资前分析和融资后分析。财务分析一般宜先进行融资前分析，融资前分析是指在考虑融资方案前就可以开始进行的财务分析，即不考虑债务融资条件下进行的财务分析。在融资前分析结论满足要求的情况下，初步设定融资方案，再进行融资后分析，融资后分析是指以设定的融资方案为基础进行的财务分析。在项目的初期研究阶段，也可只进行融资前分析。融资前分析只进行盈利能力分析，并以项目投资折现现金流量分析为主，计算项目投资内部收益率和净现值指标，也可计算投资回收期指标(静态)。融资后分析主要是针对项目资本金折现现金流量和投资各方折现现金流量进行分析，既包括盈利能力分析，又包括偿债能力分析和财务生存能力分析等。

第一节 基本财务报表编制与评估

要进行财务评价，必须依据基本的财务报表进行分析，项目评价时应用的财务报表是资产负债表、损益表、现金流量表。

一、资产负债表的编制与评价

资产负债表是根据资产＝负债+所有者权益的会计恒等式编制的。资产负债表反映项目生产经营期间的全部财务状况，内容有：资产(包括流动资产，在建工程，固定资产净值和无形资产、递延资产等)、负债(包括流动负债和长期负债)、所有者权益(包括资本金，资本公积金、盈余公积金和未分配利润)。资产负债表主要用来分析项目的偿债能力。

二、损益表的编制与评价

损益表是反映项目生产期各年的利润及利润分配情况的重要财务报表。它综合反映了项目每年的盈利水平,可以用投资利润率、投资利税率和资本金利润率等静态指标反映。其可依据基础财务数据进行编制,具体编制方法见上一章中的利润预测表。

三、现金流量表的编制与评价

工程项目在一定时间内的费用支出称为现金流出,取得的收入称为现金流入,现金流出和现金流入统称为现金流量。一定时间内现金流入和流出之差称为净现金流量。依据项目各年的现金流量与净现金流量,编制现金流量表,其是项目评价的基本报表,也是评价项目投资经济效果的主要依据。

按照项目的投资计算基础和融资前后评价的要求不同,现金流量表分为项目投资现金流量表、项目资本金现金流量表、投资各方现金流量表、财务计划现金流量表。

项目投资现金流量表是在项目融资前分析中,在不考虑项目资金来源及其构成的前提下,假设项目全部投资均为自有资金作为计算基础,考察项目整个计算期内的现金流入和流出,用以计算项目投资财务内部收益率、项目投资财务净现值等评估指标,反映项目自身的盈利能力,考察项目的基本面和项目方案设计的合理性,作为项目初步投资决策与融资方案研究的依据,亦为项目不同投资方案的比选提供可比的同等基础。

新建项目的现金流量包括现金流入和现金流出。融资前财务分析的现金流量与融资方案无关。从该原则出发,融资前项目投资现金流量分析的现金流量主要包括建设投资、营业收入、经营成本、流动资金、营业税金及附加和所得税。为了体现与融资方案无关的要求,各项现金流量的估算都需要剔除利息的影响,所以采用经营成本作为现金流出。

表 10-1 项目投资现金流量表

序号	项目	合计	计算期					
			1	2	3	4	…	n
1	现金流入							
1.1	营业收入							
1.2	补贴收入							
1.3	回收固定资产余值							
1.4	回收流动资金							
2	现金流出							
2.1	建设投资							
2.2	流动资金							
2.3	经营成本							
2.4	营业税金及附加							
2.5	维持营运投资							
3	所得税前净现金流量							

续表

序号	项目	合计	计算期					
			1	2	3	4	…	n
4	累计所得税前净现金流量							
5	调整所得税							
6	所得税后净现金流量							
7	累计所得税后净现金流量							

计算指标：

项目投资内部收益率(%)(所得税前和所得税后)

项目财务净现值(i=基准收益率)(所得税前和所得税后)

项目投资回收期(所得税前和所得税后)

项目资本金现金流量表从投资者的角度出发，以投资者的出资额为计算基础，把借款本金偿还和利息支付作为现金流出，用以计算税后资本金内部收益率，考察项目投资者的获利水平。

投资各方现金流量表站在投资各方的角度，计算投资各方现金流入和现金流出，计算投资各方的财务内部收益率，考察投资各方的获利水平。

财务计划现金流量表用以考察项目计算期内各年的投资活动、融资活动和经营活动所产生的各项现金流入和流出，计算各项活动的净现金流量和累计盈余资金，据此分析项目计算期内是否有足够的净现金流量来维持项目的正常运营，衡量项目在融资后的财务基本生存能力。

下面以项目投资现金流量表为例说明现金流量表的编制。

【例 10-1】 数据源自第九章案例。根据第九章案例的计算结果可知：产品销售收入为各年的产品销售收入，回收固定资产余值为原值的5%(104200×5%＝5210)；回收流动资金为投入流动资金6000万(假设第5年末投入4000万，第6年末投入2000万)，其投资比例按投资进度计算(第一年投资15%，第二年30%，第三年40%，第四年15%)

表 10-2 项目投资现金流量表   单位：万元

序号	年份 项目	建设期				生产期			
		1	2	3	4	5	6	7~19	20
1	现金流入					83360	93360	103360	111210
1.1	销售收入					83360	93360	103360	10000
1.2	回收固定资产余值								5210
1.3	回收流动资金								6000
2	现金流出	13500	27000	36000	175000	57245	62011	68777	68001

续表

序号	年份\项目	建设期				生产期			
		1	2	3	4	5	6	7~19	20
2.1	固定资产投资	13500	27000	36000	13500				
2.2	流动资金投资				4000	2000			
2.3	经营成本					47643	53261	58878	58878
2.4	销售税金及附加					484	555	626	711
2.5	调整所得税					7118	8195	9273	8412
3	净现金流量	−13500	−27000	−36000	−17500	26115	31349	34583	43209
4	累计净现金流量	−13500	−40500	−76500	−94000	−67885	−36536	−1953	413043

说明：第 7 年累计净现金流量为−1953 万元，以后每年累计净现金流量为正。

第二节　财务盈利能力评估

财务盈利能力评估主要考核项目的投资获利水平，一般需要进行静态和动态指标计算。

一、静态指标计算分析

(一)投资利润率

投资利润率一般是指正常生产年份的年利润总额与项目总投资的比例，其计算公式为：

$$投资利润率 = \frac{年平均利润总额}{总投资} \times 100\%$$

当投资利润率大于或等于行业平均投资利润率时，项目在财务上是可行的。

(二)投资利税率

投资利税率是指正常生产年份的年利税总额与总投资的比例，其计算公式为：

$$投资利税率 = \frac{年平均利税总额}{总投资} \times 100\%$$

当投资利税率大于或等于基准投资利税率时，项目在财务上是可行的。

(三)资本金利润率

资本金利润率是税后利润与资本金的比例，其计算公式为：

$$资本金利润率 = \frac{年平均净利润总额}{资本金} \times 100\%$$

资本金利润率大于投资者最低的期望收益率时，项目在财务上是可行的。

【例 10-2】 仍以上章案例数据为基准：正常生产年份的利润总额为 37093 万元（第7~19 年利润），产品销售税金及附加为 626 万元，税后利润为（37093×25%）27721 万元；项目建设投资 87903 万元，流动资金投资 6000 万元，建设期利息 18297 万元，其中自有资金 40000 万元。要求计算投资利润率、投资利税率、资本金利润率。（该行业的基准利润率为 20%，基准利税率 25%，投资者最低的期望收益率为 30%）

解：项目总投资 = 建设投资 + 建设期利息 + 流动资金投资

$$= 87903 + 18297 + 6000 = 112200（万元）$$

$$投资利润率 = \frac{37093}{112200} \times 100\% = 33.06\% > 20\%$$

$$投资利税率 = \frac{37093 + 626}{112200} \times 100\% = 33.62\% > 25\%$$

$$资本金利润率 = \frac{27721}{40000} \times 100\% = 69.30\% > 30\%$$

由计算可知，项目在财务上是可行的。

二、动态指标计算分析

动态财务效益评价指标主要是财务净现值、财务净现值率、财务内部收益率。

（一）财务净现值

财务净现值是反映项目整个寿命期内总的盈利能力的动态评价指标。它是指项目按行业基准收益率（i_c），将各年的净现金流量折现到建设期初的现值之和。其计算公式为：

$$FNPV = \sum_{i=1}^{n} (C_I - C_O)^i (1 + i_c)^{-i}$$

式中：C_I 为现金流入量；

C_O 为现金流出量；

n 为计算期；

i_c 为行业基准收益率。

（二）财务净现值率

财务净现值率是项目净现值与全部投资现值之比率，其计算公式为：

$$FNPVR = \frac{FNPV}{I_p} \times 100\%$$

式中：I_p 为投资现值；

其他符号含义同财务净现值。

当财务净现值率大于 0 时，方案在财务上是可行的。

（三）财务内部收益率

财务内部收益率是在项目整个寿命期内，各年净现金流量现值累计等于零时的折现率，它反映项目所能获得的最大投资利润率，其计算公式为：

$$FNPR = i_1 + \frac{FNPV_1}{FNPV_1 + |FNPV_2|} \times (i_2 - i_1)$$

式中：i_1 为净现值趋近于零的正值时的折现率；

i_2 为净现值趋近于零的负值时的折现率；

$FNPV_1$ 为折现率为 i_1 时的净现值；

$FNPV_2$ 为折现率为 i_2 时的净现值。

【例 10-3】　根据上节编制的现金流量表计算项目的财务净现值、财务净现值率、内部收益率(假设 i_c 为 15%)。

解：第一步，计算财务净现值 FNPV：

$$FNPV = \sum_{i=1}^{n} \frac{(C_I - C_O)^i}{(1 + i_c)^i} = -13500(1 + 15\%)^{-1} - 27000(1 + 15\%)^{-2}$$
$$- 36000(1 + 15\%)^{-3} - 17500(1 + 15\%)^{-4} + 26115(1 + 15\%)^{-5}$$
$$+ 31349(1 + 15\%)^{-6} + 34583(1 + 15\%)^{-7}\cdots\cdots$$
$$+ 43209(1 + 15\%)^{-20}$$
$$= 46953.86 > 0$$

第二步，计算财务净现值率：

$$I_p = 13500(1 + 15\%)^{-1} + 27000(1 + 15\%)^{-2} + 36000(1 + 15\%)^{-3}$$
$$+ 17500(1 + 15\%)^{-4} + 2000(1 + 15\%)^{-5}$$
$$= 66690.2$$

$$FNPVR = \frac{FNPV}{I_p} = \frac{46953.86}{66690.2} = 0.704 > 0$$

第三步，计算财务内部收益率：

取 $i_1 = 24\%$，计算 $FNPV_1 = +669.2$(万元)

取 $i_2 = 25\%$，计算 $FNPV_2 = -2098.7$(万元)

$$FNPR = 24\% + \frac{669.2}{669.2 + 2098.7} \times (25\% - 24\%) = 24.24\% > 15\%$$

从以上分析可知，项目在财务上是可行的。

第三节　清偿能力分析评估

项目清偿能力分析评价，是在财务盈利能力分析的基础上，对资产负债表和现金流量表进行评估，计算项目收回投资本金的能力和偿债能力。

一、收回投资本金能力的分析评估

投资回收期是反映项目财务上投资本金回收能力的重要指标，它在一定程度上反映项目的静态盈利能力。它是指项目投产后所获得的净收益抵偿全部投资所需要的时间，通常以年表示，其计算公式为：

$$投资回收期 = \frac{累计净现金流量}{开始出现正值的年份} - 1 + \frac{|上年累计净现金流量|}{当年净现金流量}$$

【例 10-4】　根据表 10-2 计算项目的投资回收期。

$$本项目的投资回收期 = 8 - 1 + \frac{1953}{34583} = 7.06\ 年$$

若 7.06 年小于行业的基准投资回收期，则项目是可行的，否则是不可行的。

二、偿清能力分析评估

偿清能力分析评估主要通过借款偿还期、流动比率、速动比率、资产负债率指标来进行反映。

（一）借款偿还期

借款偿还期是指在国家财政规定及项目具体财务条件下，项目可用于还款的资金偿还贷款本息所需花费的时间，其计算公式为：

$$借款偿还期 = 借款偿还后开始出项盈余年份 - 开始借款年份 + \frac{当年应偿还借款额}{当年可用于还款的资金额}$$

【例 10-5】　根据第九章表 9-5，计算项目的借款偿还期。

解：该项目国内借款偿还期 $= 13 - 1 + \dfrac{5676.52 + 589.22}{17216} = 12.36(年)$

该项目国内借款的偿还期为 12.36 年。

（二）流动比率

流动比率是反映项目短期偿清能力的指标。

$$流动比率 = \frac{流动资产}{流动负债}$$

一般标准取 1.2~2.0 较为适宜。

（三）速动比率

速动比率是反映项目快速偿付流动负债能力的指标，取值标准一般为 1.0~1.2 较为合适。其计算公式为：

$$速动比率 = \frac{速动资产}{流动负债} = \frac{流动资产 - 存贷}{流动负债}$$

（四）资产负债率

资产负债率是总负债与总资产的比率，其计算公式为：

$$资产负债率 = \frac{负债总额}{资产总额} \times 100\%$$

【例 10-6】　某项目总投资 112000 万元，固定资产与流动资产的比例为 4：6，存贷为

31200 万元；项目总投资中长期借款 68400 万元，短期借款 10000 万元，计算项目的流动比率、速动比率、资产负债率指标。

解： 第一步，计算流动比率：

$$流动比率 = \frac{流动资产}{流动负债} = \frac{112000 \times 60\%}{10000} = 6.72$$

第二步，计算速动比率：

$$速动比率 = \frac{112000 \times 60\% - 31200}{10000} = 3.6$$

最后，计算资产负债率。

$$资产负债率 = \frac{68400 + 10000}{112000} = 70\%$$

（五）利息备付率

利息备付率也称已获利息倍数，是指项目在借款偿还期内各年可用于支付利息的息税前利润与当期应付利息费用的比值。

$$利息备付率（ICR）= 息税前利润/利息费用 \times 100\%$$
$$= （利润总额+利息费用）/利息费用 \times 100\%$$

正常情况下，ICR>1，表示企业有偿还利息的能力；ICR<1 时，表示企业没有足够的资金支付利息，偿债风险很大。

（六）偿债备付率

偿债备付率又称偿债覆盖率，是指项目在借款偿还期内，各年可用于还本付息的资金与当期应还本付息金额的比值。

$$DSCR = （EBITDA-Tax）/PD \times 100\%$$

式中 DSCR 为偿债备付率；

EBITDA 为息税前利润加折旧和摊销；

Tax 为企业所得税；

PD 为当期应还本付息金额（包括当期归还贷款本金额及计入成本费用的利息）。

【例 10-7】 仍以上章案例数据为基准：第 5 年利润总额 28470 万元，第 6 年利润总额 32781 万元，第 7 年正常生产年份的利润总额为 37093 万元；第 5 年利息费用 10884.99 万元（5693.47 人民币+5191.52 外币）；第 6 年利息费用 9950.13 万元（6284.45+3665.68），第 7 年利息费用 8529.61 万元（6936.78+1592.83），要求计算各年的利息备付率。

解： 第 5 年的利息备付率（ICR）=（28470+10884.99）/10884.99=3.62

第 6 年的利息备付率（ICR）=（32781+9950.13）/9950.13=4.29

第 7 年的利息备付率（ICR）=（37093+8529.61）/8529.61=5.35

备注：本案例每年还本付息金额按照规定由当年的未分配利润和计提的折旧归还，按照先高后低、先外后内的顺序归还。偿债备付率每年大致相同，等于 1。

第十一章 国民经济评估

在加强和完善宏观调控、建立社会主义市场经济体制的过程中，应重视建设项目的经济费用效益分析。在新的投资体制下，国家对项目的审批和核准重点放在项目的外部效果、公共性方面，经济费用效益分析强调从资源配置经济效率的角度分析项目的外部效果，通过费用效益分析及费用效果分析的方法判断建设项目的经济合理性，它是政府审批或核准项目的重要依据。

第一节 经济费用效益分析概述

一、经济费用效益分析的必要性

经济费用效益分析的理论基础是新古典经济学有关资源优化配置的理论。从经济学的角度看，经济活动的目的是通过配置稀缺经济资源用于生产产品和提供服务，尽可能地满足社会需要。当经济体系功能发挥正常，社会消费的价值达到最大时，就认为是取得了"经济效率"，达到了帕累托最优。

在现实经济中，一般依靠两种基本机制来实现这种目的：一是市场定价机制，通过此种机制，厂商对由市场供求水平决定的价格做出反应，并据此从事自利的经济活动；二是政府部门通过税收补贴、政府采购、货币转移支付，以及为企业运行制定法规等，进行资源配置的决策活动，从而影响社会资源的配置状况。

二、经济费用效益分析的项目范围

需要进行经济费用效益分析的项目包括：①自然垄断项目，如电力、电信、交通运输等行业的项目；②公共产品项目；③具有明显外部效果的项目；④对于涉及国家控制的战略性资源开发及涉及国家经济安全的项目。

从投资管理的角度看，现阶段需要进行经济费用效益分析的项目可以分为以下几类：①政府预算内投资（包括国债资金）的用于关系国家安全、国土开发和市场不能有效配置资源的公益性项目和公共基础设施建设项目、保护和改善生态环境项目、重大战略性资源开发项目；②政府各类专项建设基金投资的用于交通运输、农林水利等基础设施、基础产业建设项目；③利用国际金融组织和外国政府贷款，需要政府主权信用作为担保的建设项目；④法律、法规规定的其他政府性资金投资的建设项目；⑤企业投资建设的涉及国家经济安全、影响环境资源、可能出现垄断、涉及整体布局等公共性问题，需要政府核准的建设项目。

三、经济效益和费用的识别

在经济费用效益分析中，应尽可能全面识别建设项目的经济效益和费用，并需要注意以下几点：

其一，应对项目涉及的所有社会成员的有关费用和效益进行识别和计算，全面分析项目投资及运营活动耗用资源的真实价值，以及项目为社会成员福利的实际增加所做出的贡献。

(1)分析体现在项目实体本身的直接费用和效益，以及项目引起的其他组织、机构或个人发生的各种外部费用和效益。

(2)分析项目的近期影响，以及项目可能带来的中期、远期影响。

(3)分析与项目主要目标直接联系的直接费用和效益，以及各种间接费用和效益。

(4)分析具有物资载体的有形费用和效益，以及各种无形费用和效益。

其二，效益和费用的识别应遵循以下原则：

(1)增量分析的原则。项目经济费用效益分析应建立在增量效益和增量费用识别和计算的基础之上，不应考虑沉没成本和已实现的效益。应按照"有无对比"增量分析的原则，通过项目的实施效果与无项目情况下可能发生的情况进行对比分析，作为计算机会成本或增量效益的依据。

(2)考虑关联效果原则。应考虑项目投资可能产生的其他关联效应。

(3)以本国居民作为分析对象的原则。对于跨越国界，对本国之外的其他社会成员产生影响的项目，应重点分析其对本国公民新增的效益和费用。项目对本国以外的社会群体所产生的效果，应进行单独陈述。

(4)剔除转移支付的原则。转移支付代表购买力的转移行为，接受转移支付的一方所获得的效益与付出方所产生的费用相等，转移支付行为本身没有导致新增资源的产生。在经济费用效益分析中，税赋、补贴、借款和利息都属于转移支付。

一般在进行经济费用效益分析时，不得再计算转移支付这部分。

四、经济效益和经济费用的计算原则

投资所造成的经济费用或效益的计算，应在利益相关者分析的基础上，研究在特定的社会经济背景条件下相关利益主体获得的收益及付出的代价，计算项目相关的费用和效益。

(1)支付意愿原则。项目产出物的正面效果的计算应遵循支付意愿(WTP)原则，用于分析社会成员为项目所产出的效益愿意支付的价值。

(2)受偿意愿原则。项目产出物的负面效果的计算遵循接受补偿意愿(WTA)原则，用于分析社会成员为接受这种不利影响所愿意得到补偿的价值。

(3)机会成本原则。项目投入的经济费用的计算应遵循机会成本原则，用于分析项目所占用的所有资源的机会成本。机会成本应按资源所产生的最大效益进行计算。

(4)实际价值计算原则。项目经济费用效益分析应对所有费用和效益采用实际价格进

行计算，不考虑通货膨胀因素的影响，但应考虑相对价格的变动。

第二节 影子价格

经济费用效益分析中投入物或产出物使用的计算价格称为"影子价格"。影子价格是社会经济处于某种最优状态下时，能够反映社会劳动消耗、资源稀缺程度和对最终产品需求程度的价格。

国民经济评价中使用的影子价格，是指由国家有关部门统一测算后颁布的或评估人员测定的，独立于实际价格以外的，能够反映项目投入物和产出物真实社会价值的价格。

一、影子价格的类型

项目的投入物和产出物的类型可分为：外贸货物、非外贸货物、特殊投入物、资金、外汇等。

一种货物其生产或使用直接或间接影响国家进出口，则应列为外贸货物；非外贸货物是指生产或使用不影响国家进出口的货物，除了所谓"天然"的非外贸货物如建筑物、国内运输等基础设施外，还包括由于运费过高或国家政策限制不能进出口的货物。

特殊投入物一般指劳动力和土地的投入。

二、影子价格的确定原则

影子价格的测算在建设项目的经济费用效益分析中占有重要地位。考虑到我国仍然是发展中国家，整个经济体系还没有完成工业化过程，国际市场和国内市场的完全融合仍然需要一定时间等具体情况，因此将投入物和产出物区分为外贸货物和非外贸货物，并采用不同的思路确定其影子价格。

具有市场价格的货物或服务，其费用或效益的计算应遵循以下原则：

(1)若该货物或服务处于竞争性市场环境中，市场价格能够反映支付意愿或机会成本，应采用市场价格作为计算项目投入物或产出物影子价格的依据。

(2)如果项目的投入物或产出物的规模很大，项目的实施将足以影响其市场价格，导致"有项目"和"无项目"两种情况下市场价格不一致，在项目评价实践中，取两者的平均值作为测算影子价格的依据。

投入与产出的影子价格中流转税按下列原则处理：

(1)对于产出品，增加供给满足国内市场供应的，影子价格按支付意愿确定，含流转税；顶替原有市场供应的，影子价格按机会成本确定，不含流转税。

(2)对于投入品，用新增供应来满足项目的，影子价格按机会成本确定，不含流转税；挤占原有用户需求来满足项目的，影子价格按支付意愿确定，含流转税。

(3)在不能判别产出或投入是增加供给还是挤占(替代)原有供给的情况下，可简化处理为：产出的影子价格一般包含实际缴纳流转税，投入的影子价格一般不含实际缴纳流转税。

136

三、外贸货物影子价格的计算与确定

国民经济评价中以口岸价格为基础来确定外贸货物的影子价格。

(一)项目产出物的影子价格(出厂价)

项目产出物作为外贸货物,包括直接出口、间接出口、替代进口三种类型。

直接出口产品的影子价格 $=FOB\times SER-(T_1+T_{r1})$

式中:FOB 为离岸价格;

SER 为影子汇率;

T_1 为港口至项目的运费;

T_{r1} 为港口至项目的贸易费。

【例 11-1】　某项目拟生产 A 产品,直接出口,出口离岸价为 300 美元/吨,现行市场汇率为 1:6.8,项目至出口港的铁路运距为 200 公里,现行运费为 0.05 元/吨公里,影子汇率换算系数为 1.08,铁路运费的影子价格换算系数为 1.84,贸易费率为 6%,要求计算直接出口的 A 产品的影子价格。

解:直接出口货物的影子价格=出口离岸价×影子汇率-项目至港口的运费、贸易费

$$=300\times6.8\times1.08-200\times0.05\times1.84-\frac{300\times6.8\times1.08-200\times0.05\times1.84}{1+6\%}\times6\%$$

$=2061$ 元/吨

间接出口货物的影子价格 $=FOB\times SER-(T_2+T_{r2})+(T_3+T_{r3})-(T_4+T_{r4})$

式中:T_2、T_{r2} 为供应商至港口的运费、贸易费;

T_3、T_{r3} 为供应商至客户的运费、贸易费;

T_4、T_{r4} 为项目至客户的运费、贸易费;

其他符号含义同前。

【例 11-2】　A 市某项目拟生产甲产品,供应 B 企业,项目上马前,甲产品由 C 企业供应,现 C 企业生产的甲产品运至上海港出口,出口离岸价 400 美元/吨。其他资料如下:A 至 B 的铁路运费为 8 元/吨。B 至 C 的公路运费为 10 元/吨,C 至上海的内河航运费 9 元/吨。铁路、公路、内河航运的影子价格换算系数分别为 1.84、1.26、2.00;现行汇率为 1:6.8,影子汇率换算系数为 1.08,贸易费率为 6%,要求计算 A 市拟建项目生产的甲产品的影子价格。

解:甲产品为间接出口产品。

甲产品的影子价格=离岸价×影子汇率-C 至上海港的运费贸易费+C 至 B 地的运费贸易费-项目至 B 地的运费贸易费

$$=\left[400\times6.8\times1.08-9\times2-\frac{400\times6.8\times1.08-9\times2}{1+6\%}\times6\%+10\times1.26\right.$$
$$\left.+\frac{400\times6.8\times1.08-9\times2}{1+6\%}\times6\%-8\times1.84\right]/(1+6\%)$$

$=2752$ 元/吨

甲产品的影子价格为 2752 元/吨。

替代进口产品的影子价格 $= \text{CIF} \times \text{SER} + (T_5 + T_{r5}) - (T_4 + T_{r4})$

式中：CIF 为到岸价格；

T_5、T_{r5} 为港口至用户的运费、贸易费；

T_4、T_{r4} 为项目至用户的运费、贸易费。

【例 11-3】 甲地某项目拟生产 B 产品，供应乙地的产品要求，项目拟建前所需产品由日本经大连港进口，进口到岸价为 500 美元/吨，大连至乙地的铁路运费为 12 元/吨，项目至乙地的铁路运费为 9 元/吨，汇率为 1：6.8，影子汇率换算系数为 1.08，铁路运费影子价格换算系数为 1.84，贸易费率为 6%，要求计算 B 产品的影子价格。

解： B 产品为替代进口产品。

$$
\begin{aligned}
\text{B 产品的影子价格} &= [(500 \times 6.8 \times 1.08 + 12 \times 1.84 + 500 \times 6.8 \times 1.08 \times 6\%) \\
&\quad - 9 \times 1.84] / (1 + 6\%) \\
&= 3269.7 (\text{元/吨})
\end{aligned}
$$

B 产品的影子价格为每吨 3269.7 元。

(二)项目投入物的影子价格(到厂价)

项目投入物作为外贸货物，包括直接进口、间接进口、减少出口三种，其计算公式分别是：

直接进口货物的影子价格 $= \text{CIF} \times \text{SER} + (T_1 + T_{r1})$

式中：T_1、T_{r1} 为项目至港口的运费、贸易费；

其他符号含义同前。

间接进口货物的影子价格 $= \text{CIF} \times \text{SER} + (T_5 + T_{r5}) - (T_3 + T_{r3}) + (T_6 + T_{r6})$

式中：T_6、T_{r6} 为供应商至项目的运费、贸易费；

其他符号含义同前。

减少出口货物的影子价格 $= \text{FOB} \times \text{SER} - (T_2 + T_{r2}) + (T_6 + T_{r6})$

式中符号含义同前。

四、非外贸货物影子价格的确定

非外贸货物影子价格按照下列原则和方法确定：供求均衡的，按市价定价；供不应求的，参照市价并依据变动趋势确定；无法判定的，按照上述价格中的较低者确定。

项目产出物不增加对内供应数量，只是使相应企业减产的，按减产企业的可变成本分解定价。

项目投入物通过原有企业挖潜增加供应的，按可变成本分解定价。

项目投入物通过增加投资扩大生产规模来满足拟建项目需要的，按全部成本分解定价。

项目投入物无法通过扩大生产规模增加供应的(减少原用户的供应量)，参照国内市场价格定价。

【例 11-4】 某项目拟以化工产品为原料进行生产。化工产品为非外贸货物，据调查生产该货物的固定资产价值为 1200 元/吨，占用流动资金 180 元/吨，固定资产形成率为95%，建筑费用占固定资产投资的 20%，建设期 2 年，各年的投资比例为 1∶1，生产期20 年。生产该化工产品的财务成本资料见表 11-1。

表 11-1 化工产品财务成本资料

单位：元

项目	单位	耗用量	金额
一、外购原料、燃料			
1. 原料 A	M^3	4.42	412.37
2. 原料 B	T	0.25	21.64
3. 燃料 C	T	1.40	65.82
4. 燃料 D	T	0.07	13.04
5. 电力		0.33	28.74
6. 其他			94.31
7. 铁路货运			59.24
8. 汽车货运			9.37
二、工资			39.62
三、职工福利费			4.19
四、折旧费			58.2
五、修理费			23.24
六、利息			7.24
七、其他支出			26.48
合计单位成本			863.5

要求：用成本分解法计算该化工产品的影子价格。

解： 按照成本分解法的步骤进行。

第一，对外购原料、燃料、动力等投入物的费用进行调整：

外购 A 材料为外贸货物，直接进口，到岸价为 61.03 美元/M^3，影子汇率为 6.8/美元，项目设在港口，贸易费率为 6%，A 材料费用调整为：

$$= 61.03 \times 4.42 \times 6.8 \times (1+6\%) = 1944.37(元)$$

外购 B 材料为非外贸货物，经过第二轮分解（过程略），B 材料费用调整为 8 元。

外购 C 材料为非外贸货物，影子价格为 74 元/吨，贸易费率 6%，则 C 燃料费用调整为 $74 \times 1.4 \times (1+6\%) = 109.82(元)$

外购 D 材料为外贸货物，D 燃料可出口，其费用调整为 $146.47 \times 6.8 \times 0.07 = 69.72$ 元。

第二，调整电力、运费的价格。

电力的影子价格为 0.2 元/吨，其影子成本费用为 $0.2 \times 0.33 \times 1000 = 66$ 元。

铁路货运的影子成本费用＝59.24×1.84＝109元。

汽车货运的影子成本费用＝9.37×1.26＝11.81(元)。

工资、福利和其他费用不调整。

第三，调整折旧费。

固定资产原值为1200元/吨，固定资产形成率为95%；

则固定资产投资为1200÷95%＝1263元/吨，建筑费用的影子价格换算为1.1，则固定资产投资调整为1263×(0.8+1.1×0.2)＝1288元。

建设期2年，各年投资比例为1∶1；社会折现率为8%，换算为生产期初的固定资产投资为：

$$I_f = \frac{1288}{2} \times (1 + 0.08) + \frac{1288}{2} = 1340(元)$$

则折旧费调整为1340×0.10185＝136.48。

第四，调整利息。

利息调整为180×0.08＝14.4(元)

最后，计算加总各货物成本的调整额，计算分解成本。分解成本为2657.44元。

计算结果见表11-2。

表11-2 某化工产品分解成本表 单位：元

项目	财务成本	分解成本
一、外购原料、燃料	704.53	2413.03
1. 原料A	412.37	1944.37
2. 原料B	21.64	8
3. 燃料C	65.82	109.82
4. 燃料D	13.04	69.72
5. 电力	28.74	66
6. 其他	94.31	94.31
7. 铁路货运	59.24	109
8. 汽车货运	9.37	11.81
二、工资	39.62	39.62
三、职工福利费	4.19	4.19
四、折旧费	58.20	136.48
五、修理费	23.24	23.24
六、利息	7.24	14.40
七、其他支出	26.48	26.48
八、合计	863.50	2657.44

这个分解成本作为化工产品的厂价，加上相应的运费、贸易费，即为该货物的影子价格。

五、土地的影子价格

项目使用了土地，国家为此付出了代价。若项目占用的土地是荒山野岭，其机会成本为零；若项目占用的是农业用地，其机会成本为农业净收益。国民经济评价中对土地费用的具体处理方式有两种：一种是计算占用土地的净收益现值之和，计入建设投资中；一种是将收益的现值换算为等值年效益，作为项目的每年费用。

【例 11-5】 某工业项目建设期 3 年，生产期 17 年，占用水稻田 2000 亩，占用前每亩平均产量为 0.5 吨，每吨收购价 800 元，出口离岸价为每吨 180 美元，社会折现率取 8%，水稻生产成本按收购价的 40% 计算，影子汇率为 6.8 元/美元，项目至港口的铁路运费为 20 元，铁路货运的影子价格换算系数为 1.84，贸易费率为 6%，计算项目占用土地的影子价格。

解： 第一步，计算水稻每吨的影子价格：

$$\frac{180 \times 6.8 - 20 \times 1.84}{1 + 6\%} = 1120(元 / 吨)$$

第二步，计算每吨水稻的净效益：

$$1120 - 800 \times 40\% = 800(元/吨)$$

最后，计算 20 年 2000 亩土地的净收益现值。

$$p = 800 \times 2000 \times 0.5 \left(\frac{P}{A}, \ 8\%, \ 20 \right) = 7854400(元)$$

项目占用土地的影子价格为 7854400 元。

第三节 国民经济评估

一、项目经济费用和效益数值的调整

费用效益调整的原则是调整不属于经济效益和费用的内容，剔除属于国民经济内部转移支付的部分；计算分析项目的外部效果；按投入物和产出物的影子价格与国家经济参数，对经济数据进行调整。

固定资产投资的调整：剔除属于转移支付的引进设备和材料的关税、增值税，并用影子价格对其进行相应调整；根据建筑工程消耗的人工、材料，通过建筑工程影子价格换算系数调整建筑费用，用土地的机会成本代替土地的实际占用费，剔除涨价预备费。

流动资金调整：调整由于流动资金估算基础变动引起的流动资金占用量的变动。

经营费用调整：先用货物的影子价格、影子工资等参数调整费用要素，然后再加总求得经营费用。

销售收入的调整：根据产出物的影子价格，重新计算销售收入。

二、国民经济评价指标

国民经济评价包括国民经济盈利能力和外汇效果分析，主要指标包括经济净现值、经济内部收益率、经济外汇净现值、经济汇换成本等。

（一）经济净现值

经济净现值反映项目对国民经济的净贡献的绝对指标，其表达公式为：

$$\mathrm{ENPV} = \sum_{t=1}^{m} (\mathrm{FI} - \mathrm{FO})_t (1 + i_s)^{-1}$$

式中：ENPV 为经济净现值；

FI、FO 分别为每年的经济现金流入、流出量；

i_s 为社会折现率。

（二）经济内部收益率

经济内部收益率是反映项目对国民经济净贡献的相对指标，其计算公式为：

$$\sum_{t=1}^{n} (\mathrm{FI} - \mathrm{FO})^t (1 + \mathrm{FIRR})^{-t} = 0$$

式中：FIRR 为经济内部收益率；

其他符号含义同上。

（三）经济外汇净现值

经济外汇净现值反映项目实施对国家外汇收支的净贡献。其计算公式为：

$$\mathrm{ENPV}_F = \sum (H - F)^t (1 + i_S)^{-t}$$

式中：H、F 为外汇流入、流出量，其他符号含义同前。

（四）经济换汇成本

产品出口时，应计算换汇成本，替代进口时，应计算节汇成本。其计算公式为：

$$\text{经济换汇成本} = \frac{\sum_{t=1}^{n} \mathrm{DR}_t (1 + i_s)^{-t}}{\sum_{t=1}^{n} (\mathrm{FI} - \mathrm{FO})(1 + i_s)^{-t}}$$

式中：DR 为出口产品消耗的国内资源，其他符号含义同前。

三、国民经济评价的运用

某化纤厂项目国民经济评价案例分析

1. 概述

某化纤厂是新建项目。该项目经济评价是在可行性研究完成了对市场需求预测，生产规模，工艺技术方案，原材料、燃料及动力的供应，建厂条件和厂址方案，公用工程和辅助设施，环境保护，工厂组织和劳动定员以及项目实施规划诸方面进行研究论证和多方案比较，确定了最佳方案的基础上进行的。

项目生产国内外市场均较紧俏的 M 产品。这种产品是纺织品不可缺少的原料，国内市场供不应求，每年需要一定数量的进口。项目投产后可以替代进口，主要技术和设备拟从国外引进。

厂址位于城市近郊，占用农田 250 亩。靠近铁路、公路、码头，交通运输方便。靠近原料、燃料产地，水、电供应可靠。项目主要设施有主要生产车间、辅助生产设施、公用工程以及有关的生产管理、生活福利等设施等。

2. 基础数据

(1) 生产规模和产品方案

生产规模为年产 2.3 万吨 M 产品。产品方案为棉型及毛型两种，以棉型为主。

(2) 实施进度

项目拟用 3 年时间建成，第四年投产，当年生产负荷达到设计生产能力的 70%，第五年达到 90%，第六年达到 100%。生产期 15 年。

(3) 固定资产投资估算及资金来源

A. 固定资产投资估算

①固定资产投资估算及依据。建设投资估算是依据国家颁发的《纺织工业工程建设概预算编制办法及规定》进行编制的。引进设备参照外商报价。国内投资考虑了涨价因素，即将分年投资额按年递增率 6% 计算到建设期末。建设投资估算额为 42542 万元，其中外币为 3454 万美元。外汇按国家外汇管理局公布的外汇牌价 1 美元 = 5.48 元人民币计算。

②固定资产投资方向调节税估算，按国家规定本项目投资方向调节税税率为 5%，投资方向调节税估算为 2127 万元。

③建设期利息估算为 4319 万元，其中外汇为 469 万美元。

固定资产投资估算见表 11-5。

流动资金估算。流动资金估算，是按分项详细估算法进行估算，估算总额为 7084 万元。流动资金估算见表 11-6。

项目总投资为(固定资产建设投资+固定资产投资方向调节税+建设期利息+流动资金 = 42542+2127+4319+7084)56072 万元

B. 资金来源

项目自有资金(资本金)为 16000 万元，其余为借款，外汇全部通过中国银行向国外借款，年利率为 9%；人民币固定资产投资部分由中国建设银行贷款，年利率为 9.72%，流动资金的 70% 由中国工商银行贷款，年利率为 8.64%。

投资分年使用计划按第一年 20%，第二年 55%，第三年 25% 的比例分配。投资使用计划与资金筹措见表 11-7。

(4) 工资、福利费估算

全厂定员为 1140 人，工资及福利费按每人每年 2800 元估算，全年工资及福利费为 320 万元(其中福利费按工资总额的 14% 计取)。

3．财务评价

（1）年销售收入和年销售税金及附加估算

M 产品的产量为 2.3 万吨，产品销售价格是根据项目评价的定价原则，考虑该产品属国内外市场较紧俏产品，在一段时间内仍呈供不应求状态，经分析论证确定产品销售价格以近几年国内市场已实现的价格为基础，预测到生产期初的市场价格，每吨出厂价按15400 元计算，年销售收入估算值在正常年份为 35420 万元。年销售税金及附加按国家规定计取，产品缴纳增值税，增值税率为 14%，城市维护建设税按增值税的 7% 计取，教育费附加按增值税的 2% 计取。销售税金及附加的估算值在正常生产年份为 2689 万元。年销售收入和销售税金及附加的估算见表 11-8。

（2）产品成本估算

根据需要该项目分别做了单位生产成本和总成本费用估算表。总成本费用估算正常年为 23815 万元，其中经营成本正常年为 20454 万元。

单位成本估算见表 11-9，总成本费用估算见表 11-10。

成本估算说明如下：

与产品销售价格相对应，所有原材料、辅助材料及燃料动力价格均以近几年市场已实现的价格为基础，预测到生产期初的价格，特别对占比较大的原料 A 进行了分析论证，该种原料在市场上趋于供求均衡状态，并且在一段时期内均衡状态变化不大，所以采用的预测价格是现行市场价格，每吨到厂价按 5100 元计算。

固定资产折旧和无形资产及递延资产摊销计算。在固定资产投资中第二部分费用除土地费用进入固定资产原值外，其余费用均作为无形资产及递延资产。固定资产原值为46558 万元，按平均年限法计算折旧，折旧年限为 15 年，年折旧额为 2933 万元。固定资产折旧计算见表 11-11。

无形资产为 1700 万元，按 10 年摊销，年摊销为 170 万元。递延资产为 730 万元，按 5 年摊销，年摊销费为 146 万元。无形资产及递延资产摊销计算见表 11-12。

修理费计算。修理费按年折旧额的 50% 计取，每年 1467 万元。

借款利息计算。长期借款利息计算见表 11-10。生产经营期间应计利息和汇兑损失计入财务费用。流动资金借款利息计入财务费用，正常年应付利息 428 万元。

其他费用计算。其他费用是在制造费用、销售费用、管理费用中扣除工资及福利费、折旧费、摊销费、修理费后的费用。为简化计算，该费用按工资及福利费的一定比例计取，每年约为 867 万元。土地使用税每年为 70 万元。成本费用估算见表 11-10。

（3）利润总额及分配

利润总额正常年为 8916 万元。所得税按利润总额的 33% 计取，企业特种基金和盈余公积分别按税后利润的 25% 和 10% 计取。

（4）财务盈利能力分析

财务现金流量表（项目投资）（略）。所得税后经济内部收益率（FIRR）为 12.7%，财务净现值（i_c=12%时）为 676 万元，所得税前财务内部收益率为 17.72%，财务净现值（i_c=12%时）为 16309 万元。财务内部收益率均大于行业基准收益率，说明盈利能力满足了行业最低要求，财务净现值均大于零，该项目在财务上是可以接受的。

税后的投资回收期为9.26年(含建设期)，所得税前的投资回收期为7.8年(含建设期)，均小于行业基准投资回收期10.3年，这表明项目投资能按时收回。

根据现金流量表(资本金)(略)，项目资本金财务内部收益率为14.10%，可根据项目资本金现金流量表计算项目资本金内部收益率。

根据损益表和资产负债表计算以下指标：(略)

该项目投资利润率16%和投资利税率21%均大于行业平均利润和平均利税率，说明该项目对国家积累的贡献水平达到了本行业的平均水平。

清偿能力分析(略)。

不确定性分析(略)。

4. 国民经济评价

国民经济评价是在财务评价的基础上进行的，采用国家发布的参数，主要投入物和产出物的影子价格是按定价原则自行测算的。

(1)效益和费用范围的调整

转移支付的处理。以下3项费用均属国民经济内部转移支付，不作为项目的费用：

①该项目引进的设备、材料按国家规定缴纳的关税及增值税；

②固定资产投资方向调节税对国民经济来说，无实质性的费用支出；

③营业税金及附加和土地使用税。

关于间接效益和间接费用的计算。该项目引进先进的技术设备，通过技术培训、人才流动、技术推广和扩散，整个社会都将受益，这种效果在影子价格中没有得到反映，理应计为项目的间接效益，但由于计量困难，只作定性描述。

表 11-3 调整后分年投资计划　　　　　　　　　　单位：万元

项目	第一年	第二年	第三年	第四年
分年投资比例	20%	55%	25%	100%
固定资产投资	7262	19970	9077	36309

流动资金的调整。流动资金由7084万元调整为6263万元。国民经济评价投资调整计算见表11-15。

经营费用调整。根据投入影子价格的定价原则，对投入物中占比重较大的物品进行了调整。调整项目如下：

①外购原料A为非外贸货物，该种货物只要发挥现有项目生产能力就能满足供应，所以将其按可变成本进行分解，以确定原料A的影子价格。原料A的单位可变成本和调整后的耗用金额见表11-4。

145

表 11-4　原料 A 分解成本计算表(可变成本)

项目	单位	耗用量	财务成本(元)	分解成本(元)
原料 A	吨	1.283	3363	4036
原料 B	吨	0.19	304	560
原料 C	吨	0.21	53	53
其他			135	135
燃料、动力				
水	吨	157	63	63
电	度	665	121	145
煤	吨	2.2	308	293
可变成本合计				5285

调整说明和分解步骤如下:

A. 原料 A 为非外贸货物,在国内用途很广,属短线产品,经测算其影子价格换算系数为 1.2,调整费用为 4036 元。

B. 原料 B 为外贸货物,其到岸价为 470 美元/吨,影子汇率为 5.92 元/美元,贸易费用率 6%,用影子价格重新计算的该项费用为:

$$467 \times 5.92 \times 1.06 \times 0.19 = 560 \text{ 元}$$

C. 原料 C 考虑所占比重较小,不予调整,取其财务价格。

D. 外购电力。该地区电的影子价格查表得 0.281 元/度,用影子价格计算的电费为 $0.281 \times 665 = 145$ 元。

E. 外购燃料煤。该项目所在城市煤的影子价格(包含贸易费用)为 133.05 元/吨,用影子价格计算的燃料煤费用为 133.05 元/吨 × 2.2 吨 = 293 元。

F. 水和其他项目不予以调整。

以上各种单价包含了运输费用,难以单列,故不单作调整。

通过 A~E 各步计算,得到原料 A 的影子价格为 5285 元/吨,由于原料 A 直接销售,不经商贸部门,所以不考虑运费及贸易费用,列入表 11-4 中的影子价格就是 5285 元/吨。

原料 B 为外贸货物,到岸价为 447 美元/吨,由于项目地处港口,运费忽略不计,贸易费用率 6%,故用影子价格计算的费用为:

$$447 \times 5.92 \times 1.06 = 2805 \text{ 元/吨}。$$

原料 C 为非外贸货物,且为长线产品,经测算影子价格换算系数为 0.91,由此计算的费用为 $2400 \times 0.91 = 2184$ 元/吨。

电费按电力影子价格 0.2181 元/度进行调整。

外购燃料煤的调整。项目所用动力煤热值为 5000kcal/kg，且项目距供煤单位较近，故直接用项目所在城市煤的影子价格 13305 元/吨(含贸易费用)计算煤的费用。

其他各项不予调整。国民经济评价经营费用调整计算见表 11-16。

销售收入的调整。M 产品为外贸货物，这种产品在国内外市场均属紧俏产品。如果不建该项目，我国还需进口，根据外贸货物的定价原则，应按替代进口产品影子价格的确定方法确定产品的影子价格。具体用户难以确定时，可按到岸价计算，由于该项目难以确定具体用户，所以 M 产品的影子价格是按近几年进口的这种产品的到岸价，并考虑其变化趋势确定的，每吨的到岸价为 2300 美元，其计算公式为：

$$M 产品的影子价格 = 到岸价 \times 影子汇率 = 2300 \times 5.92 = 13616 元/吨$$

国民经济评价销售收入调整计算见表 11-17。

(2)国民经济盈利能力分析

根据以上调整后的基础数据，编制全部投资国民经济效益费用流量表(表 11-18)和国内投资国民经济效益费用流量表(表 11-19)，由经济效益费用流量表计算如下指标：

全部投资的经济内部收益率(EIRR)等于 15.63%，大于社会折现率 12%，说明项目是可以考虑接受的。

在社会折现率为 12%时，全部投资的经济净现值为 8192 万元，大于零，这说明国家为这个项目付出代价后，除得到符合社会折现率的社会盈余外，还可以得到 8192 万元现值的超额社会盈余，所以该项目是可以考虑接受的。

国内投资经济内部收益率为 18.09%，大于社会折现率 12%。

国内投资经济净现值(i_s = 12%)为 9355 万元，大于零。

(3)经济外汇流量分析

为进行外汇流量分析，计算外汇净现值和节汇成本指标，编制了生产替代进口产品国内资源流量表(表 11-20)和经济外汇流量表(表 11-21)，项目计算期内生产替代进口产品所投入的国内资源现值为 104135 万元，生产替代进口产品的经济外汇净现值为 19001 万美元。

经济节汇成本 5.5 元/美元(104135/19001)小于影子汇率 1 美元 = 5.92 元，说明该产品替代进口对国家是有利的。

(4)不确定性分析(略)

(5)评价结论

财务评价全部投资内部收益率为 17.72%，大于行业基准收益率 12%；投资回收期从建设期算起为 7.8 年，小于行业基准投资回收期 10.3 年；国内借款偿还期从建设期算起为 8.08 年，能满足借款条件。国民经济评价全部投资内部收益率为 15.63%，大于社会折现率 12%；全部投资的经济净现值为 8192 万元，大于零；经济节汇成本 5.5 元/美元，小于影子汇率 5.92 元/美元，从以上主要指标看，财务评价和国民经济评价效益均较好，而且生产的产品是国家急需的，所以项目是可以接受的

表 11-5 固定资产投资估算 单位：万元

序号	工程费用名称	估算价值						备注
		建筑工程	设备购置	安装工程	其他费用	总计	其中外汇(美元)	
	固定资产投资	3466	22331	8651	8094	42542	3454	
1	工程费用	3466	22331	8651		34448	2899	
1.1	主要生产项目	1031	17443	7320		25794	2899	
1.1.1	其中：外汇		2029	870				
1.1.2	辅助生产车间	383	1052	51		1486		
1.1.3	公用工程	449	2488	1017		3954		
1.1.4	环境保护工程	185	1100	225		1510		
1.1.5	在途运输	52	248			300		工程费用占固定资产投资的81%，其他费用占7%，预备费用占12%。
1.1.6	厂区服务性工程	262				262		
1.1.7	生活福利工程	1104				1104		
1.1.8	厂外工程			38		38		
1.2	其他费用				3042	3042	241	
	其中：土地费用				612	612		
	工程费用合计	3466	22331	8651	3042	37490		
1.3	预备费用				5052	5052	314	
1.3.1	基本费用				3749	3749	314	
1.3.2	涨价预备费				1303	1303		
2	固定资产投资方向调节税				2127	2127		
3	建设期利息				4319	4319	469	
	合计(1+2+3)	3466	22331	8651	14540	48988	3923	

单位：万元

表11-6 流动资金估算表

序号	项目 / 年份	最低周转天数	周转次数	投产期 4	投产期 5	6	7	8	9	10	11	达产期 12以后	13	14	15	16	17	18
1	流动资产			5997	7711	8567	8567	8567	8567	8567	8567	8567	8567	8567	8567	8567	8567	8567
1.1	应收账款	30	12	1194	1535	1705	1705	1705	1705	1705	1705	1705	1705	1705	1705	1705	1705	1705
1.2	存货	15	24	4769	6132	6813	6813	6813	68134	6813	6813	6813	6813	6813	6813	6813	6813	6813
1.3	现金			34	44	49	49	49	49	49	49	49	49	49	49	49	49	49
2	流动负债			1038	1335	1483	1483	1483	1483	1483	1483	1483	1483	1483	1483	1483	1483	1483
2.1	应付账款	30	12	1038	1335	1483	1483	1483	1483	1483	1483	1483	1483	1483	1483	1483	1483	1483
3	流动资金			4959	6376	7084	7084	7084	7084	7084	7084	7084	7084	7084	7084	7084	7084	7084

人民币单位:万元　外币单位:万美元

表11-7 投资使用计划与资金筹措表

序号	项目 / 年份	合计人民币	1 外币	1 折人民币	1 人民币	1 小计	2 外币	2 折人民币	2 人民币	2 小计	3 外币	3 折人民币	3 人民币	3 小计	4 人民币	4 小计	5 人民币	5 小计	6 人民币	6 小计
1	总投资	56072	722	3957	5263	9220	2050	11234	14717	25951	1151	6307	7510	13817	4959	4959	1417	1417	708	708
1.1	固定资产投资	44669	691	3787	5148	8935	1900	10412	14158	24570	863	4729	6435	11164						
	建设期利息	4319	31	170	115	285	150	822	559	1381	288	1578	1075	2653						
1.2	流动资金	7084													4959	4959	1417	1417	708	708
2	资金筹措	56072	722	3958	5263	9220	2050	11234	14717	25951	1151	6307	7510	13817	4959	4959	1417	1417	708	708
2.1	自有资金	16000			2775	2775			7631	7631			3469	3469	2125	2125				
	其中:流动资金																			
2.1.1	资本金	16000			2775	2775			7631	7631			3469	3469	2125	2125				
2.1.2	资本溢价																			
2.2	借款	40072	722	3958	2488	6445	2050	11234	7086	18320	1151	6307	4041	10348	2834	2834	1417	1417	708	708
2.2.1	长期借款	35113	722	3958	2488	6445	2050	11234	7086	18320	1151	6307	4041	10348						
	流动资金借款																			
2.2.2	短期借款	4959													2834	2834	1417	1417	708	708
	其他																			

149

表 11-8　销售收入和销售税金及附加估算表

序号	项目	单价		生产负荷70%	生产负荷90%	生产负荷100%
				万元	万元	万元
		外销（美元）	内销（元）	内销小计	内销小计	内销小计
1	销售收入		15400	24794	31878	35420
2	销售税金及附加			1881	2418	2689
2.1	应交增值税(14%)			1726	2219	2467
2.2	城市维护建设税(7%)			121	155	173
2.3	教育费附加(2%)			35	44	49

表 11-9　单位产品生产成本估算表　　　　　　　　　　　　　　　单位：万元

序号	项目	单位	消耗定额	单价	金额
1	原材料及辅料				
	A	吨	1.027	5100	5238
	B	吨	0.59	1600	944
	C	吨	0.79	230	181
	D	吨	0.14	2400	336
	E	吨	0.011	1400	15
	F	吨	0.87	153	133
	小计				6847
2	燃料及动力				892
	水	吨	174	0.6	104
	电	吨	2755	0.17	468
	煤	吨	1.83	175	320
3	工资及福利费				320
4	制造费用				972
5	副产品回收	吨			152
6	单位生产成本(1+2+3+4-5)				8879

表 11-10　总成本费用估算表

单位:万元

序号	项目	合计	投产期		达到设计能力生产期													
	年份		4	5	6	7	8	9	10	11	12	13	14	15	16	17	18
	生产负荷(%)		70	90	100	100	100	100	100	100	100	100	100	100	100	100	100
1	外购原材料	229921	11024	14173	15748	15748	15748	15748	15748	15748	15748	15748	15748	15748	15748	15748	15748
2	外购燃料、动力	29959	1436	1847	2052	2052	2052	2052	2052	2052	2052	2052	2052	2052	2052	2052	2052
3	工资及福利费	4800	320	320	320	320	320	320	320	320	320	320	320	320	320	320	320
4	修理费	22005	1467	1467	1467	1467	1476	1467	1467	1467	1467	1467	1467	1467	1467	1467	1467
5	折旧费	43995	2933	2933	2933	2933	2933	2933	2933	2933	2933	2933	2933	2933	2933	2933	2933
6	摊销费	2430	316	316	316	316	316	170	170	170	170	170					
7	财务费用(利息、汇兑损失)	20121	3794	3340	2781	2549	1939	1299	995	428	428	428		428	428	428	428
	其中:利息支出	18048	3503	3294	2587	2258	1684	1008	704	428	428	428	428	428	428	428	428
8	其他费用	13005	867	867	867	867	867	867	867	867	867	867	867	867	867	867	867
	其中:土地使用税	1050	70	70	70	70	70	70	70	70	70	70	70	70	70	70	70
9	总成本费用(1+2+3+4+5+6+7+8)	366236	22157	25263	26484	26252	25642	24856	24552	23985	23985	23985	23815	23815	23815	23815	23815
	其中:固定成本	86235	5903	5903	5903	5903	5903	5757	5757	5757	5757	5757	5787	5787	5787	5787	5787
	可变成本	280001	16254	19360	20581	20349	19739	19099	18795	18228	18228	18228	18228	18228	18228	18228	18228
10	经营成本(9−5−6−7)	301727	15405	18965	20745	20745	20745	20745	20745	20454	20454	20454	20454	20445	20454	20454	20454

表 11-11　固定资产折旧估算表

单位:万元

序号	项目	合计	折旧率(%)	投产期		达到设计能力生产期													
	年份			4	5	6	7	8	9	10	11	12	13	14	15	16	17	18
1	固定资产合计																	
1.1	原值	46558	6.3	2933	2933	2933	2933	2933	2933	2933	2933	2933	2933	2933	2933	2933	2933	2933
1.2	净值			43625	40692	37759	34826	31893	28960	26027	23094	20161	17228	14295	11362	8429	5496	2563

表 11-12 无形资产及递延资产摊销估算表　　　　　　　　单位：万元

序号	项目	摊销年限	原值	4	5	6	7	8	9	10	11	12	13
1	无形资产	10	1700										
1.1	摊销			170	170	170	170	170	170	170	170	170	170
1.2	净值			1530	1360	1190	1020	850	680	510	340	170	
2	递延资产	5	730										
2.1	摊销			146	146	146	146	146					
2.2	净值			584	438	292	146						
3	资产合计		2430										
3.1	摊销合计			316	316	316	316	316	170	170	170	170	170
3.2	净值合计			2114	1798	1482	1166	850	680	510	340	170	

表 11-13 借款还本付息计算表

单位:万元

序号	项目	利率(%)	建设期			投产期			达到设计能力生产期			
			1	2	3	4	5	6	7	8	9	10
1	外汇借款	9										
1.1	年初借款本息累计			3957	15191	24198	18427	15356	12285	9214	6143	3072
1.1.1	本金			3787	14199	18928	18427	15356	12285	9214	6143	3072
1.1.2	建设期利息			170	992	2570						
1.2	本年借款		3787	10421	4729							
1.3	本年应计利息		170	822	1578	1935	1658	1382	1106	829	553	276
1.4	本年偿还本金					3071	3071	3071	3071	3071	3071	3072
1.5	本年支付利息					1935	1658	1382	1106	829	553	276
2	人民币借款	9.72										
2.1	年初借款本息累计			2488	9574	13615	13057	10770	7453	4019	279	
2.1.1	本金			2373	8900	11866	13057	10770	7453	4019	279	
2.1.2	建设期利息			115	674	1749						
2.2	本年借款		2373	6527	2966							
2.3	本年应计利息		115	559	1075	1323	1269	1047	724	391	27	
2.4	本年偿还本金					588	2287	3317	3434	3740	279	
2.5	本年支付利息					1323	1269	1047	724	391	27	
3	偿还借款本金的资金来源											
3.1	利润					380	2109	3139	3256	3562	3429	3562
3.2	折旧费					2933	2933	2933	2933	2933	2933	3933
3.3	摊销费					316	316	316	316	316	170	170
3.4	偿还本金来源合计(3.1+3.2+3.3)					3629	5258	6388	6505	6811	6532	6665
3.4.1	偿还外汇本金					3071	3071	3071	3071	3071	3071	3072
3.4.2	偿还本金后余额					558	2287	3317	3434	3740	279	

表 11-14　主要产出物和投入物价格依据表

项目	单位	单价(元)	价格依据
投入物			
原料			
A	吨	5100	
B	吨	1600	
C	吨	230	以近几年国内市场已实现的价格为基础，预测到生产期初的价格
D	吨	2400	
E	吨	1400	
F	吨	154	
产出物			
M 产品	吨	15400	

表 11-15 国民经济评价投资调整计算表

人民币单位:万元 外币单位:万美元

序号	项目	财务评价				国民经济评价				国民经济评价比财务经济评价增减( )
		合计	其中			合计	其中			
			外币	外币折人民币	人民币		其中外币	外币折人民币	人民币	
1	固定资产投资	42542	3454	18929	23613	36309	3454	20448	15861	-6233
1.1	建筑工程	3466			3466	3813			3813	347
1.2	设备	22331	2029	11119	11212	18848	2029	12012	6836	-3483
1.2.1	进口设备	16497	2029	11119	5378	13014	2029	12012	1002	-3483
1.2.2	国产设备	5834			5834	5834			5834	0
1.3	安装工程	8651	870	4768	3883	7440	870	5150	2290	-1211
1.3.1	进口材料及费用	6833	870	4768	2065	5622	870	5150	472	-1211
1.3.2	国产部分材料及费用	1818			1818	1818			1818	
1.4	其他费用	3042		1321	1721	2907	241	1427	1480	-135
	其中:土地费用	612	241		612	350			350	1262
1.5	基本预备费	3749	314	1721	2028	3301	314	1859	1442	-448
1.6	涨价预备费	1303			1303					-1303
2	投资方向调节税	2127			2127					-2127
3	建设期利息	4319		2570	1749					-4319
4.	流动资金	7084	469		7084	6263			6263	-821
	合计	56072	3923	21499	34573	42572	3454	20448	22124	-1350

表11-16 国民经济评价经营费用调整计算表

序号	产品名称	单位	年消耗量	财务评价（万元）				国民经济评价（万元）			
				单价（元）	达产70%	达产90%	达产100%	单价（元）	达产70%	达产90%	达产100%
1	外购原材料等										
	A	吨	23621	5100	8431	10840	12045	5285	8738	11234	12483
	B	吨	13570	1600	1519	1953	2171	2805	2664	4325	3806
	C	吨	18170	230	291	375	417	230	291	375	417
	D	吨	3220	2400	540	694	772	2184	481	634	708
	E	吨	252	1400	24	31	35	1400	24	31	35
	F	吨	20000	154	215	277	308	154	215	377	308
	小计				11024	14173	15748		12413	15976	17757
2	外购燃料及动力										
	水	吨	400000	0.6	168	216	240	0.6	168	216	240
	电	吨	63380000	0.17	753	969	1077	0.2181	967	1243	1382
	煤	吨	42000	175	514	661	735	133.05	389	501	557
	小计				1436	1847	2052		1525	1961	2179
3	工资及福利费				320	320	320		320	320	320
	修理费				1467	1467	1467		1467	1467	1467
4	财务费用（汇兑损失）				291	291	291				
5	其他费用				867	867	867		797	797	797
6	其中：土地使用税				70	70	70				
	经营费用合计				15405	18965	204745		16522	20521	22520

表 11-17　国民经济评价销售收入调整计算表

产品名称	年销售量(吨)	单价(元)	达产70%(第4年)		达产90%(第5年)		达产100%(第6~18年)	
			内销收入(万美元)	外销收入(万美元)	内销收入(万美元)	外销收入(万美元)	内销收入(万美元)	外销收入(万美元)
财务评价 M 产品	23000	15400	24794	24974	31878	31878	35420	35420
经济评价 M 产品	23000	13616	21921	21921	28185	28185	31317	31317

表 11-18　国民经济效益费用流量表(项目投资)

单位：万元

序号	项目	建设期			投产期		达到设计能力生产期												
	年份	1	2	3	4	5	6	7	8	9	10	11	12	13	14	15	16	17	18
	生产负荷(%)				70	90	100	100	100	100	100	100	100	100	100	100	100	100	100
1	效益流量																		
1.1	销售收入				21921	28185	31317	31317	31317	31317	31317	31317	31317	31317	31317	31317	31317	31317	31317
1.2	回收固定余值																		1634
1.3	回收流动资金																		6263
1.4	项目间接效益																		
	效益合计				21921	28185	31317	31317	31317	31317	31317	31317	31317	31317	31317	31317	31317	31317	39214
2	费用流量																		
2.1	固定资产投资	7262	19970	9077															
2.2	流动资金				4384	1253	626												
2.3	经营费用				16522	20521	22520	22520	22520	22520	22520	22520	22520	22520	22520	22520	22520	22520	22520
2.4	项目间接费用																		
	费用合计	7262	19970	9077	20906	21774	23146	22520	22520	22520	22520	22520	22520	22520	22520	22520	22520	22520	22520
3	净效益流量	-7262	-19970	-9077	1015	6411	8171	8797	8797	8797	8797	8797	8797	8797	8797	8797	8797	8797	16694

计算指标：

经济净现值($i_s=12\%$) 8192万元

经济内部收益率 15.62%

表11-19 国民经济效益费用流量表(国内投资)

单位:万元

序号	项目	建设期 1	2	3	投产期 4	5	达到设计能力生产期 6	7	8	9	10	11	12	13	14	15	16	17	18
	生产负荷(%)				70	90	100	100	100	100	100	100	100	100	100	100	100	100	100
1	效益流量																		
1.1	销售收入				21921	28185	31317	31317	31317	31317	31317	31317	31317	31317	31317	31317	31317	31317	31317
1.2	回收固定资产余值																		1634
1.3	回收流动资金																		6263
1.4	项目间接效益																		
	效益合计				21921	28185	31317	31317	31317	31317	31317	31317	31317	31317	31317	31317	31317	31317	39214
2	费用流量																		
2.1	固定资产中国内资金	3172	8724	3965															
2.2	流动资金中国内资金				4384	1253	626												
2.3	经营费用				16522	20521	22520	22520	22520	22520	22520	22520	22520	22520	22520	22520	22520	22520	22520
2.4	流至国外的资金				5408	5109	4811	4513	4214	3915	3616								
2.4.1	国外借款本金偿还				3318	3318	3318	3318	3318	3380	3318								
2.4.2	国外借款利息支付				2090	1791	1493	1195	896	597	298								
2.4.3	其他																		
2.5	项目间接费用																		
	费用合计	3172	8724	3965	26314	26883	27957	27033	26734	26435	26136	22520	22520	22520	22520	22520	22520	22520	22520
3	净效益流量	-3172	-8724	-3965	-4393	1302	3360	4284	4583	4882	5181	8797	8797	8797	8797	8797	8797	8797	16694

计算指标:

国内投资经济净现值(i_s=12%) 9355 万元

国内投资经济内部收益率 18.09%

单位:万元

表 11-20 国内资源流量表

序号	项目 \ 年份	建设期 1	2	3	投产期 4	5	6	达到设计能力生产期 7	8	9	10	11	12	13	14	15	16	17	18
	生产负荷(%)				70	90	100	100	100	100	100	100	100	100	100	100	100	100	100
1	固定资产中国内资产	3172	8724	3965															
2	流动资金中国内资金				4384	1253	626												
3	经营费用中国内资金				14009	17290	18930	18930	18930	18930	18930	18930	18930	18930	18930	18930	18930	18930	18930
4	其他国内投入																		
5	国内资源流量合计	3172	8724	3965	18393	18543	19556	18930	18930	18930	18930	18930	18930	18930	18930	18930	18930	18930	18930

单位:万美元

表 11-21 经济外汇流量表

序号	项目 \ 年份	合计	建设期 1	2	3	投产期 4	5	6	达到设计能力生产期 7	8	9	10	11	12	13	14	15	16	17	18
	生产负荷(%)					70	90	100	100	100	100	100	100	100	100	100	100	100	100	100
1	外汇流入																			
1.1	产品替代进口进入	77234				3703	4761	5290	5290	5290	5290	5290	5290	5290	5290	5290	5290	5290	5290	5290
1.2	外汇借款	3454	691	1900	863															
1.3	其他外汇收入	0																		
	流入小计	80688	691	1900	863	3703	4761	5290	5290	5290	5290	5290	5290	5290	5290	5290	5290	5290	5290	5290
2	外汇流出																			
2.1	固定资产投资中外汇支出	3454	691	1900	863															

159

续表

序号	项目	合计	建设期			投产期		达到设计能力生产期												
	年份		1	2	3	4	5	6	7	8	9	10	11	12	13	14	15	16	17	18
	生产负荷(%)					70	90	100	100	100	100	100	100	100	100	100	100	100	100	100
2.2	进口原材料	8847				424	545	606	606	606	606	606	606	606	606	606	606	606	606	606
2.3	进口零部件	0																		
2.4	支付技术转让费	0																		
2.5	偿还外汇借款本金利息	5332				913	863	812	762	711	661	610								
2.6	其他外汇支出																			
	流出小计	17633	691	1900	863	1337	1408	1418	1368	1317	1267	1267	606	606	606	606	606	606	606	606
3	净外汇流量	63055	0	0	0	2366	3353	3872	3922	3973	4023	4074	4684	4684	4684	4684	4684	4684	4684	4684

计算指标:

经济外汇净现值($i_s=12\%$)19001万美元

经济节汇成本 5.5元/美元

第十二章 不确定性分析

投资项目的风险和不确定性是客观存在的，因为投资活动所处的环境、条件及相关因素是发展变化的，评价的方法和评价人员的主观偏好也存在一定的偏差。为了提高投资决策的可靠性，减少决策风险，就必须对投资项目的风险和不确定性进行分析和评价。

常用的风险和不确定性分析包括盈亏平衡分析、敏感性分析、概率分析。

第一节 盈亏平衡分析

所谓盈亏平衡分析就是根据建设项目正常年份的产品销量、固定成本、变动成本，研究建设项目产量、成本、利润之间关系的分析方法。盈亏平衡分析主要借助盈亏平衡点的大小，分析项目抗风险能力。

这里只介绍线性盈亏平衡分析。

一、线性盈亏平衡分析的基本原理

线性盈亏平衡分析包括了以下基本前提条件：产量等于销量；产量变化时，单位变动成本不变，总成本是产量的线性函数；销量变化时，销售单价不变，销售收入是销量的线性函数；产量在一定范围内固定成本不变；产品品种结构稳定。

线性盈亏平衡分析的基本公式是：

$$收入 = 成本$$
$$PQ = F + VQ$$

则，盈亏平衡时的产量(盈亏平衡点)

$$Q_0 = \frac{F}{P - V}$$

式中：P 为产品销售单价；

F 为年固定成本；

V 为单位产品变动成本。

【例 12-1】 某拟建项目生产一产品，设计生产能力为 2500 件，每件产品单价 40 元，单位变动成本为 20 元，年固定成本为 20000 元，计算项目的盈亏平衡点。

解： 盈亏平衡点

$$Q_0 = \frac{F}{P-V} = \frac{20000}{40-20} = 1000(件)$$

二、盈亏平衡分析的引申

从以上盈亏平衡分析的案例中，我们可以看出：影响盈亏的因素不仅有产量，还有产品销售单价、单位变动成本、固定成本。由此可以得出以下四个保本点的计算公式：

$$Q_0 = \frac{F}{P - V} \qquad P_0 = V + \frac{F}{Q}$$

$$V_0 = P - \frac{F}{Q} \qquad F_0 = (P - V)Q$$

【例 12-2】 根据例 1 的资料，计算盈亏平衡时的产量、销售单价、单位变动成本、固定成本。

解：根据上述公式：

$$Q_0 = \frac{20000}{40 - 20} = 1000(件)$$

$$P_0 = 20 + \frac{20000}{2500} = 28(元)$$

$$V_0 = 40 - \frac{20000}{2500} = 32(元)$$

$$F_0 = (40 - 20) \times 2500 = 50000(元)$$

三、盈亏平衡分析的运用

盈亏平衡分析在项目评价中，主要用于分析项目的抗风险能力，对项目的安全性做出判断，常用的方法有两种：

（一）绝对比较法（安全边际）

绝对比较法就是正常值减保本值，计算各因素允许升降的绝对数量，这个量称为"安全边际"。

例 12-1 中，产量允许下降 1500 件（2500-1000），产品销售单价允许下降 12 元（40-28），变动成本允许上升 12 元（32-20），固定成本允许上升 30000 元（50000-20000）。

如果超过了允许升降的幅度，项目就不安全，就要亏损。

（二）相对比较法（安全边际率）

相对比较法就是将安全边际与正常值相比，计算各因素允许升降的幅度，这个数量称为"安全边际率"。

安全边际率是一组衡量投资项目承受风险能力的定量指标，包括销量安全边际率、销售单价安全边际率、单位变动成本安全边际率和固定成本安全边际率。

在计算安全边际率时，将保本点的计算引用到计算过程中，就形成一组新的计算公式：

$$Q_R = \frac{PQ - VQ - F}{PQ - VQ}$$

$$P_R = \frac{PQ - VQ - F}{PQ}$$

$$V_R = \frac{PQ - VQ - F}{VQ}$$

$$F_R = \frac{PQ - VQ - F}{F}$$

式中，Q_R、P_R、V_R、F_R分别表示销量、销售单价、单位变动成本、固定成本的安全边际率。

【例 12-3】　某拟建项目设计生产能力为 3 万件，单位产品价格为 3000 元，固定成本为 3000 万元，单位变动成本为 1600 元，要求：分析项目各因素的抗风险能力强弱。

解：项目抗风险能力强弱的指标主要是安全边际率。

$$Q_R = \frac{3000 \times 3 - 1600 \times 3 - 3000}{3000 \times 3 - 1600 \times 3} = 28.57\%$$

$$P_R = \frac{3000 \times 3 - 1600 \times 3 - 3000}{3000 \times 3} = 13.33\%$$

$$V_R = \frac{3000 \times 3 - 1600 \times 3 - 3000}{1600 \times 3} = 25\%$$

$$F_0 = \frac{3000 \times 3 - 1600 \times 3 - 3000}{3000} = 40\%$$

从以上数据分析可知，销售单价的抗风险能力最弱，固定成本的抗风险能力最强。实际运用时，更多采用生产能力利用率等指标进行盈亏平衡分析。

第二节　敏感性分析

所谓敏感性分析，就是测定各种项目效益影响因素对项目效益的影响程度，进而预测项目风险、确定敏感性因素的一种方法。

一、敏感性分析的步骤

(1)确定分析指标。一般而言，在经济评价指标体系中的任何指标，都可以成为敏感性分析指标，最常用的敏感性分析指标主要有净现值、内部收益率、投资回收期。

(2)选定不确定因素，并设定其变化幅度。影响投资项目经济效果的因素较多，不可能也没必要面面俱到，一般选择那些对投资效果的影响较大、发生变化的可能性较大的因素作为不确定性因素。常设定的不确定性因素有：项目总投资、年经营成本、产品价格、产销量、项目寿命期、主要原材料价格、基准折现率等。

(3)计算各因素变动对分析指标的影响。

(4)绘制敏感性分析图，找出敏感性因素。

(5)结合确定性分析，选择可行的比选方案。根据敏感因素对经济效果评价指标的影响程度，结合确定性分析，寻找不敏感的方案。

二、敏感性分析方法

（1）根据项目特点，结合经验判断选择对项目效益影响较大且重要的不确定因素进行分析。经验表明，可对产出物价格、建设投资、主要投入物价格或可变成本、生产负荷、建设工期及汇率等不确定因素进行敏感性分析。

（2）敏感性分析一般是选择不确定因素变化的百分率（±5%、±10%、±15%、±20%等）来予以说明；对于不便用百分数表示的因素，例如建设工期，可采用延长一段时间表示，如延长一年。

（3）建设项目经济评价有一整套指标体系，敏感性分析可选定其中一个或几个主要指标进行分析，最基本的分析指标是内部收益率，根据项目的实际情况也可选择净现值或投资回收期评价指标，必要时可同时针对两个或两个以上的指标进行敏感性分析。

（4）敏感度系数指项目评价指标变化的百分率与不确定因素变化的百分率之比。敏感度系数高，表示项目效益对该不确定因素敏感程度高。计算公式如下：

敏感度系数（E）＝效益评价指标的变化幅度（%）/变量因素变化幅度（%）

（5）临界点是指不确定因素的变化使项目由可行变为不可行的临界数值，可采用不确定因素相对基本方案的变化率或其对应的具体数值表示。当该不确定因素为费用科目时，即为其增加的百分率；当其为效益科目时为降低的百分率。临界点也可用该百分率对应的具体数值表示。

当不确定因素的变化超过了临界点所表示的不确定因素的极限变化时，项目将由可行变为不可行。临界点的高低与计算临界点的指标的初始值有关。若选取基准收益率为计算临界点的指标，对于同一个项目，随着设定基准收益率的提高，临界点就会变低（即临界点表示的不确定因素的极限变化变小），而在一定的基准收益率下，临界点越低，说明该因素对项目评价指标影响越大，项目对该因素就越敏感。

（6）敏感性分析结果在项目决策分析中的应用。将敏感性分析的结果进行汇总，编制敏感性分析表（表12-1）、敏感度系数与临界点分析表（表12-2），并对分析结果进行文字说明，将不确定因素变化后计算的经济评价指标与基本方案评价指标进行对比分析，结合敏感度系数及临界点的计算结果，按不确定性因素的敏感程度进行排序，找出最敏感的因素，分析敏感因素可能造成的风险，并提出应对措施。当不确定因素的敏感度很高时，应进一步通过风险分析，判断其发生的可能性及对项目的影响程度。

表 12-1　敏感性分析表

变化因素 变化率	-20%	-10%	-5%	0	+5%	+10%	+20%
基准值							
产量							
产品价格							

续表

变化因素 变化率	−20%	−10%	−5%	0	+5%	+10%	+20%
建设投资							
原料价格							
……							

表 12-2　敏感度系数和临界点分析表

序号	不确定因素	变化幅度	内部收益率	敏感度系数	临界点	临界值
	基准值					
1	产量					
2	产品价格					
3	建设投资					
4	原料价格					
5	汇率					
6	……					

三、敏感性分析的应用

投资项目的敏感性分析分为单因素敏感性分析和多因素敏感性分析。

(一)单因素敏感性分析

单因素敏感性分析是计算单一因素对经济效果评价指标影响程度的方法。

【例 12-4】　某拟建项目计划投资 12000 万元，项目寿命期为 11 年，其销售收入、经营成本情况见表 12-3，项目基准折现率为 15%，试就净现值指标对项目进行敏感性分析。

解：(1)设定分析指标——财务净现值；

(2)选定项目总投资、销售收入、经营成本为不确定因素；

(3)设定三个因素的变化幅度为±10%，计算净现值(表 12-4)；

(4)绘制敏感性分析图，寻找敏感性因素(图 12-1)。

表 12-3　拟建项目基本数据表　　　　　　　　　单位：万元

年份	投资额	销售收入	经营成本	净现金流量
1	2000			−2000
2	6000			−6000

续表

年份	投资额	销售收入	经营成本	净现金流量
3	4000			−4000
4		16000	13000	3000
5		20000	16000	4000
6				
/		25000	20000	5000
14				

表 12-4 因素变动及净现值变动表　　　　　　　　单位：万元

项目	净现值
基准净现值	6659.4
总投资（+10%）	5768.82
销售收入（−10%）	−1180.38
经营成本（+10%）	+376.14

从图 12-1 可以看出，销售收入的变动对净现值的影响最大，当收入减少 10% 时，净现值为 −1180 万元，与横轴的交点为 −8.5%，销售收入为最敏感因素。其次为经营成本，最不敏感的是总投资。

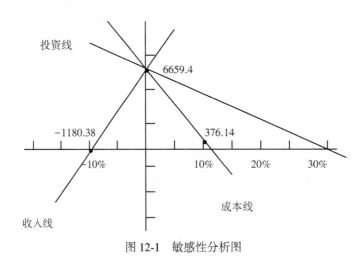

图 12-1　敏感性分析图

（二）多因素敏感性分析

多因素敏感性分析又称敏感面分析，它是研究两个或以上因素同时发生变化时对分析指标产生影响的敏感性分析方法。

敏感面分析的计算步骤为：先要设定某种经济效益指标为分析指标；选择两个最关键的因素为敏感面分析的分析变量；列出敏感面分析的不等式；编制敏感面分析图，分析两个最敏感因素变化的范围。

【例12-5】 某拟建项目，初始投资为2400万元，年销售收入2000万元，年经营成本为1400万元，项目寿命期12年，项目基准收益率为15%，经分析对项目影响最大的因素是投资额和销售收入，试用净现值指标对项目进行敏感面分析。

解： 设投资变化率为x，销售收入的变化率为y，则净现值$=-2400(1+x)+2000(1+y)(P/A、15\%、12)-1400(P/A、15\%、12)$

当净现值≥ 0时，则

$$852.36-2400x+10841.2y\geq 0$$

当$x=0$时

$y\leq -0.0786$

当$y=0$时

$x\leq 0.355$

当投资上升幅度在35.5%以内，销售收入下降幅度在7.86%以内时，投资项目是可行的。

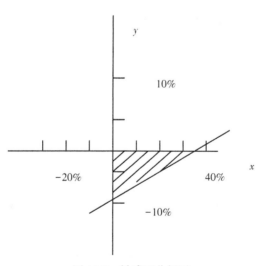

图12-2　敏感面分析图

第三节　概率分析

概率分析是运用概率方法研究计算各种不确定因素和风险的变动情况，确定其概率、期望值及标准偏差，进而估计出对项目经济效益影响程度的一种定量分析方法。

一、概率分析的计算过程

(1)选定项目效益指标作为分析对象，并根据这些指标确定不确定因素。
(2)估计每个不确定因素在其变动范围内可能出现的概率。
(3)计算不确定因素变量的最大期望值。
(4)计算期望值和标准偏差。
(5)计算综合期望值和标准偏差，确定在不确定因素的各种变化情况下项目的经济效益期望值以及获得此效益的可能性。

二、期望值计算

期望值是随机事件的各种变量与相应概率的加权平均值。不确定因素可能发生的各种不同的值为随机变量，其出现的可能性大小为随机变量的概率，期望值代表了不确定因素在实际中最可能出现的值。

根据概率分布计算的项目效益指标的期望值公式为：

$$E(X) = \sum_{i=1}^{n} X_i P_i$$

式中：X_i 为不确定因素出现的概率；

P_i 为不确定因素在不同概率下的效益指标值。

【例 12-6】 某项目建设期两年，生产期 12 年，在不确定因素的影响下，其投资、销售收入和经营成本资料如表 12-5、表 12-6、表 12-7 所示。

表 12-5 投资资料   单位：万元

年份	1		2	
发生的情况	A	B	C	D
概率	0.6	0.4	0.7	0.3
投资额	1000	1300	1400	1100

表 12-6 销售收入资料   单位：万元

年份	3~14		
发生的情况	A	B	C
概率	0.4	0.4	0.2
收入额	1800	2100	1650

表 12-7 经营成本资料　　　　　　　　　　　　　　　　单位：万元

年份	3~14		
发生的情况	A	B	C
概率	0.4	0.3	0.3
成本额	1400	1300	1600

要求：计算项目净现值的期望值（$i=15\%$）

解：第一步，计算各年净现金流量的期望值：

第 1 年：$-1000\times0.6-1300\times0.4=-1120$（万元）

第 2 年：$-1400\times0.7-1100\times0.3=-1310$（万元）

第 3~14 年：$(1800\times0.4+2100\times0.4+1650\times0.2)-(1400\times0.4+1300\times0.3+1600\times0.3)=460$

第二步，计算净现值的期望值：

$$E(NPV)=-1120(P/F,1,15\%)-1310(P/F,2,15\%)+460[(P/A,14,15\%)\\ -(P/A,2,15\%)]$$

$$=-22.78（万元）$$

由净现值的期望值可以看出，项目的风险较大。

第十三章 新建工业项目评价案例①

——某新建化工项目可行性研究报告评价

第一部分 总 论

第一节 项 目 简 况

一、项目规模年产

年产 2.3 万吨某化工产品

二、项目承办单位

××化工有限公司

三、项目拟建地点

本项目建设地址位于某某市工业园区朝阳大街以南，临江大道以西。

第二节 项目可行性研究报告评价的内容

第一，对项目提出的背景、必要性、产品的市场前景进行分析，对产品销售、市场发展趋势和需求量进行预测。

第二，对产品方案、生产工艺、技术水平进行论述，通过研究确定项目拟建规模，拟定合理工艺技术方案和设备选型。

第三，对项目的建设条件、厂址、原料供应、交通运输条件进行研究。

第四，对项目总图运输、生产工艺、公用工程等技术方案进行研究。

第五，对项目实施进度及劳动定员进行确定。

第六，进行项目投资估算；对项目的产品成本估算和经济效益分析，进行不确定性分析、风险性分析，提出财务评价结论。

第七，提出本项目的研究结论。

---

① 第十三章至第十五章案例部分为作者承接的项目课题报告。

第三节　评　价　结　论

本项目为××化工有限公司年产 2.3 万吨某化工产品项目，其建设符合国家产业政策和企业发展要求，产品市场前景广阔，技术条件成熟可靠，项目公用动力配套齐全，工程规划切实可行，环保、节能等措施落实，项目投资构成合理，经济效益较好。项目在技术和经济两方面均是可行的。

本项目拟在某某市工业园区征地 250 亩，形成年产 2.3 万吨某化工产品的生产能力。项目投产后，能够充分发挥企业技术、装备及人力资源优势，调整产品结构，促进企业健康、协调、可持续发展，也可促进当地经济发展，具有较好的经济和社会效益。综合以上分析，我们认为项目建设是必要的、可行的。

第二部分　项目申报单位情况

第一节　申报单位概况

××化工有限公司是由某某市新建的化工项目单位。项目经营范围：生产化工及其相关系列产品。

投资方简介：

新加坡某某有限公司于 20 世纪 80 年代成立，主要生产化学稳定剂和助剂等化工产品，在印度、马来西亚、南非、德国、澳大利亚等国家设有分公司，拥有雄厚的技术力量和广阔的国际市场。

某某化工有限公司是位于某某市的一家内资企业，主要生产化工产品，年销售额 1.2 亿元，出口创汇 400 万美元，企业拥有一支优秀的技术队伍。

第二节　申报单位具备的建设条件及优势

一、技术条件

本项目合资双方都有化工产品加工、销售的多年经验，技术力量雄厚。

二、生产条件

本项目产品属于化工产品加工，其生产工艺和技术均采用先进的生产工艺和技术，购置先进设备进行精细化工加工，同时积极参与国际市场竞争，增创外汇，促进了当地经济的发展，企业经济效益良好。

三、原料供应

本项目所需原料全部由中国内地供应。

四、厂区条件

(1)交通运输条件：南距某某市市区 20 公里，北距某某港 17 公里，区位优势明显。

(2)水资源条件：项目区内建有容量 2000 万立方米和 2500 万立方米的平原水库各一座，供水管道已覆盖全部规划区域，并经卫生部门检验，水质优良，可保证项目的用水需求。

(3)燃料动力条件：

供电：项目内有以 220kV 为主电源、110kV 为枢纽、35kV 为骨干、10kV 为分支的高自动化双回路供电网络，并建有年发电 2.1 亿度的热电厂一座，电力供应充足。

供热：项目区内的市燃气公司年产蒸汽 100 万吨，可满足开发区的生产和采暖要求。

(4)土地优势：项目园区总面积 250 平方公里，土地资源充足，开发条件优越。

五、政策扶持与政府支持条件

1. 符合国家产业政策

项目产业政策审批条目：《外商投资产业指导目录》"鼓励类"第三类第八条第十一款："催化剂、助剂及石油添加剂新产品、新技术，染(颜)料商品化加工技术，电子、造纸用高科技化学品，食品添加剂、饲料添加剂，皮革化学品，表面活性剂，水处理剂，胶粘剂，无机纤维、无机粉体填料生产。"

2. 市政府外商投资优惠政策

市政府对外商投资企业制定了地方政府奖励政策，提供建设用地优惠、行政事业性收费优惠等一系列的优惠政策。

第三部分　拟建项目情况

第一节　项目提出的背景

本项目产出的化工产品是科技含量高、投资回报高的化工项目，项目建设能带动当地许多相关的化工产品，应用领域很广，如农药、医药、日化、建材、塑料助剂、矿业化工等，项目产品是我国《外商投资产业指导目录》中的"鼓励类"项目。中国正在成为全球精细化工产品的最大潜在市场和主要需求增长国，正是在这种形势下，公司决定新建年产 2.3 万吨的某化工产品项目。

第二节　市场分析

20 世纪 90 年代之前，项目产品的生产技术和市场一直被发达国家控制，如法国 A 公司产量约 18000 吨/年，德国 B 公司产量约 14000 吨/年，美国 C 公司约 8000 吨/年。随着建材行业、农药、医药及相关行业的飞速发展，本项目的市场前景很好，其国际市场需求量很大，2004 年仅国内市场需求就有 40000 吨，据业内专家统计，近几年增长率为

15%左右，今后还将持续增长，具有良好的市场前景。

第三节　项目建设的必要性和可行性

一、项目建设的必要性

1. 符合国家产业政策

项目为《外商投资产业指导目录》"鼓励类"项目，发展前景看好。

2. 符合市场发展的需要

精细化工行业的技术含量高，产业附加值大。技术含量高是精细化工行业发展的重要标志之一。精细化工产品品种多，有技术含量高、产品利润率大等特点。尽管该行业的市场竞争比较激烈，但是该企业利用先进的技术，良好的市场关系，可迅速抢占市场。

二、项目建设可行性

1. 技术条件

××化工有限公司聚集了先进技术人员，拥有先进的生产工艺，这些为本项目的建设提供了技术保障。

2. 生产条件

本项目生产工艺和技术均采用先进的生产工艺和技术。购置先进的设备，进行产品的加工，积极参与国际市场竞争，企业的经济效益良好。

3. 原料供应

本项目所需原料全部由中国内地供应，供应有保证。

4. 交通运输条件

南距某某市市区 20 公里，北距某某港 17 公里，区位优势明显。

5. 水资源条件

项目区内建有容量 2000 万立方米和 2500 万立方米的平原水库各一座，供水管道已覆盖全部规划区域，水质优良，可保证项目的用水需求。

6. 燃料动力条件

供电：项目内有以 220kV 为主电源、110kV 为枢纽、35kV 为骨干、10kV 为分支的高自动化双回路供电网络，电力供应充足。

供热：项目区内的市燃气公司年产蒸汽 100 万吨，可满足开发区的生产和采暖要求。

7. 土地优势

项目园区总面积 250 平方公里，土地资源充足，开发条件优越。

综上所述，本项目具有工艺先进、技术成熟、产品质量高、生产成本低的优势。无论在规模、技术、价格还是销售等环节都具有一定的竞争力，市场前景非常广阔。因此，本项目的建设是必要的和可行的。

该企业利用合资双方的管理思想、管理文化、管理制度和管理程序，先进的工艺水平和广阔的市场销售渠道，将进一步拓展海外市场，争取最佳回报。

第四节 建设规模与产品方案

一、建设规模

年产某化工产品 2.3 万吨

二、质量标准

本项目产品质量达到我国国家标准和进口国质量标准。

第五节 技术和设备方案

一、工艺设计要求

(1)产品达到高收益、低消耗要求,生产工艺居同行业首位。
(2)产品质量稳定,达到国际领先水平。
(3)有效的环境保护措施,"三废"治理达到国家标准。
(4)消防设施按国家规定设计。
(5)对特殊设备和工种,设计中有明确界定。

二、主要设备方案

1. 选型原则
(1)根据产品生产工艺要求及工艺参数计算确定工艺设备的规格及数量。
(2)在满足工艺生产的前提下,优先选用先进、高性能的设备。
2. 设备选择分析
生产设备选用国内设备,并使装备水平在满足生产要求的前提下达到国内先进水平。
3. 主要生产设备选型(略)

第六节 配套的公用辅助工程

一、给排水工程

1. 供水
(1)本项目用水水源取自项目区内容量 2000 万立方米和 2500 万立方米的平原水库,水质经检测符合项目用水标准。园区供水管道已接入厂区外,本项目只需敷设管道接入即可。
(2)给水系统方案
厂区供水体系为生产、生活和消防共用一套给水系统,采用环状管网和枝状管网相结合的供水方式。

（3）供水工程

根据生产工艺要求，厂内用水分生产、生活、消防及其他用水。用水各户与厂内供水主管接好，即可满足生活、生产和消防用水要求。

2. 排水

排水系统采用雨污分流制排放，雨水排入厂区排水沟中。生产车间的生活用水和冲刷用水直接排入污水管网，其中粪便污水经化粪池处理后外排。生产工艺不产生污水。

二、供电

1. 电源状况及负荷等级

本项目由市政供电线路引线至厂内变电站，引至各生产车间配电所作为生产、生活电源。根据电气负荷等级划分规范要求，用电负荷等级均为二级。

2. 供电方案

本项目在厂区内新建一变配电站，厂区内其他建筑供电根据《工业与民用建筑设计规范》进行布置。

第七节　建筑工程

一、项目用地情况

本项目拟在某某市工业园区征地 250 亩。

二、主要建筑物

本项目主要建筑物包括生产车间、仓库、实验楼等。

三、总图运输

1. 总图布置

（1）概况

本项目拟建于某某市工业园区内，项目选址符合该市城市总体规划用地功能分区要求。该地块配套基础设备齐全，地势平坦，交通便捷，通信畅通，适宜本项目的建设。

（2）规划内容

为完成年产 2.3 万吨某精细化工产品目标，本项目拟新购置生产装置及新建车间、库房、实验楼等建构筑物。

（3）总平面布置

遵循布局紧凑、节约用地的原则，根据建设单位对厂区整体要求，在满足生产工艺和公用设施的前提下，罐区布置在厂区的东南角，生产区位于厂区的中部；在厂区布置仓储用房、车间等设施；在东北角布置实验楼。

（4）绿化

尊重自然、强化景观设计是本次绿化规划的主导思想，整个厂区的绿化规划强调自然与人工的和谐统一。

2. 道路布置

（1）布置原则

厂区道路布置原则上应满足企业运输、消防、管线布置、绿化等方面要求，满足交通便捷通畅的要求。

（2）运输

本项目原材、辅料由供应单位送到厂内，厂区内运输由管道运送，成品由专用运输车辆运输。

四、建筑工程

1. 建筑物

本项目实验楼等建筑采用砖混结构形式，车间、仓库等建筑采用框架结构，罐区采用钢筋混凝土基础。

2. 结构

（1）规范要求

依据《建筑结构荷载规范》《混凝土结构设计规范》《建筑地基基础设计规范》《砌体结构设计规范》予以设计规范。

（2）结构选型

本项目建筑结构采用砖混、框架及钢筋混凝土结构。

（3）砌体

项目建设中优先使用目前国家推广使用的墙体填充材料，杜绝黏土红砖的使用。

（4）基础

所有墙基础均采用钢筋混凝土基础，混凝土采用C30；柱子采用独立基础，混凝土采用C30；所有基础垫层均采用C15混凝土。

第八节　组织机构与人力资源配置

一、项目组织机构

××化工有限公司实行董事会领导下的总经理负责制。合营企业由投资双方组成董事会，董事会是合营企业的最高权力机构，决定本公司的一切重大事宜，董事长是合营企业的法定代表人。合营企业实行董事会领导下的总经理负责制，设总经理1人、副总经理2人，由甲方推荐。总经理负责公司的日常工作，执行董事会决议，副总经理协助总经理工作，并对总经理负责。

二、项目工作制度及定员

1. 工作制度

根据项目生产工艺要求和生产特点，全厂采用三班工作制，每班工作8小时，年生产天数300天。

2. 劳动定员

本着务实、高效、精干的原则，为满足项目生产经营和管理需要，保证项目顺利进行，本项目劳动定员400人，其中生产工人250人、技术人员50人、管理人员100人。

三、人员培训

项目实施前应对有关技术人员和操作人员集中进行操作、技术和安全培训，提高人员技能素质，以适应项目不断发展的需要。

第九节　项目实施计划与工程管理

本项目的建设期计划为3年，自本项目报告批复后立即着手施工前的准备工作。设计单位立即组织施工图设计，通过招标，选定施工队伍和材料供应厂家，在工程监理公司的监理下，保证工程进度，力求高速、优质地完成本项目的建设。

第四部分　项目效益与费用基础数据估算

第一节　投资估算、资金筹措及投资使用计划

一、固定资产投资估算

本项目固定资产采用概算指标估算法估算，估算额为82238万元，其中外汇为6908万美元。基本预备费按工程费用和其他费用合计的10%计算。涨价预备费以建筑工程费、设备及工器具购置费、安装工程费之和为计算基数，只计提人民币部分的费用，建设期内年平均价格变动率预计为6%。美元与人民币换算的汇率为1美元=6.8元人民币。固定资产投资估算结果见建设投资估算表(形成资产法)(表13-2，章后附表，后同)。

建设期利息根据资金来源及投资使用计划估算，估算值为6146万元，其中外汇为670.96万美元(表13-3)。

二、流动资金估算

本项目流动资金按分项详细估算法进行估算。估算总额为11960万元，详见流动资金估算表(表13-4)。

三、项目总投资

项目总投资=101640+6146+11960=119746(万元)

其中，外汇为6908万美元。项目总投资估算结果见表13-2。

四、资金筹措

本项目自有资金为44000万元，其余均为借款。外汇借款6908万美元，全部为国外

借款，年有效利率为 6.5%；人民币借款 15464 万元，均为国内借款，其中固定资产投资借款的有效年利率为 6.84%；流动资金借款的有效年利率为 4.875%（第一年借款 4024 万元，第二年借款 2092 万元，第三年借款 1044 万元）。

五、投资使用计划

按本项目实施进度规划，项目建设期为 3 年，3 年的投资分年使用比例为第一年 20%，第二年 55%，第三年 25%。流动资金从投产第一年起按生产负荷安排使用。本项目第四年投产，当年生产负荷为设计能力的 70%，第五年为 90%，第六年起达到 100%。

第二节　项目计算期、折旧及摊销费

一、项目计算期

根据项目实施进度规划，本项目建设期为 3 年；结合项目技术经济特点等因素，本项目生产期确定为 15 年，其中投产期 2 年，达产期 13 年。项目计算期为 18 年。投产期 2 年的达产比例依次为 70%、90%。

二、固定资产折旧费

本项目计入固定资产原值的费用包括：固定资产投资中的工程费用、预备费、建设期利息。固定资产原值合计为 101920 万元，按年限平均法计算折旧，其中房屋建筑物 41406 万元，折旧年限为 15 年，净残值率为 4%，年折旧额为 2650 万元；机器设备 53144 万元，折旧年限为 10 年，净残值率为 4%，年折旧额为 5102 万元；固定资产其他费用 7370 万元，净残值为 0，年折旧额为 1474 万元。详见固定资产折旧费估算表（表 13-10）。

三、无形资产和其他资产摊销费用

无形资产为 4406 万元，其他资产为 1460 万元。无形资产按 10 年摊销，年摊销费用为 441 万元；其他资产待摊费用按 5 年摊销，年摊销费为 292 万元。详见无形资产和其他资产摊销估算表（表 13-11）。

第三节　营业收入、营业税金及附加和增值税估算

（1）产品销售价格根据财务评价的定价原则确定。考虑到本项目产品属国内外市场较紧俏产品，在一段时间内仍处供不应求状态，经分析论证确定产品销售价格以近几年国内市场已出现的价格为基础，预测到生产期初的市场价格，每吨产品出厂价（不含增值税价）按 34000 元计算。正常生产年份的营业收入估算值为 78200 万元（不含增值税营业收入）。

（2）营业税金及附加按国家规定计取。城市维护建设税按增值税额的 7% 计取，教育费附加按增值税额的 3% 计取。正常生产年份的年营业税金及附加估算值为 639 万元；产

品缴纳增值税，增值税税率为 17%，增值税估计值为 6390 万元。

详见营业收入、营业税金及附加和增值税估算表(表 13-5)。

第四节 产品成本费用估算

本项目总成本费用估算见总成本费用估算表(生产要素法)(表 13-6)。其中：

所有的原材料、辅助材料及燃料动力价格均以近几年国内市场已出现的价格为基础，预测到生产期初的价格(到厂不含税价)，见表 13-7，表 13-8。

工资及福利费按全厂定员和人均月工资及福利费估算。全厂定员为 400 人，人均月工资为 3200 元，福利费按工资额的 14% 计取。据此年工资及福利费总额为 1752 万元，见表 13-9。

修理费按固定资产原值(不含建设期利息)的 3.28% 计取，每年为 3141 万元。

财务费用包括长期借款利息和流动资金借款利息。长期借款利息估算见表 13-3；流动资金借款利息按当年及以前年份流动资金借款合计乘以流动资金借款年有效利率计算，达产生产年份的年应计利息为 350 万元。

其他费用包括在制造费用、销售费用、管理费用中的扣除工资及福利费、折旧费、摊销费、修理费后的费用和土地使用税。为简化计算前者按工资及福利费总额的 1 倍计算，每年为 1751 万元，其中土地使用税每年为 140 万元。

第五节 利润及利润分配

(1)所得税的估算：所得税按利润总额的 25% 计算。

(2)利润分配及计算：外汇借款从投产第一年起按 8 年等额还本计算利息；人民币借款的偿还从投产第一年起按 4 年等额还本计算利息。可供分配利润还款后无余额的年份，可供分配利润全部计入未分配利润用于支付长期借款成本，不计取盈余公积金。其余年份先按可供分配利润的 10% 计取盈余公积金，然后视需要留出用于支付长期借款还本的金额计入未分配利润，最后将剩余部分作为应付利润分配给项目投资主体。

第六节 借款还本付息估算

本项目长期借款的还本付息估算见借款还本付息计划表(表 13-17)。累计到生产期初的利息转为借款本金，生产期应计利息计入财务费用，还本资金来源为折旧费、摊销费和未分配利润，其中：

外汇借款从投产第一年起按 8 年等额还本计算利息。表中外汇借款还本付息估算系折算为人民币列示。这是因为本项目产品用于替代进口且出售时全部收取人民币，项目没有外汇收入，故偿还外汇借款本息的外汇系按 1 美元兑 6.8 元人民币的比价购买的调剂外汇。

人民币借款的偿还从投产第一年起按 4 年等额还本计算利息。项目流动资金借款利息计入财务费用。

第五部分 项目经济效益评价

第一节 财务盈利能力分析

一、项目投资现金流量表(表 13-12)

从由该表计算得到的财务评价指标看:

(1)项目投资财务内部收益率(所得税前)为 19.99%,项目投资财务内部收益率(所得税后)为 16.54%,大于行业基准收益率(i_c=12%)。

(2)项目投资财务净现值(i_c=12%)(所得税前)为 52245 万元,项目投资财务净现值(i_c=12%)(所得税后)为 27724 万元,大于零,表明该项目赢利能力已满足了行业最低要求,在财务上是可行的。

(3)项目投资回收期(所得税前)为 7.24 年,项目投资回收期(所得税后)为 7.94 年,小于行业基准投资回收期 10 年,表明项目投资能够在规定时间内实现回收。

二、利润与利润分配表(表 13-14)

从由该表计算得到的财务评价指标看:

1. 项目总投资利润率

$$总投资利润率 = \frac{达产年息税前利润}{项目总投资} \times 100\%$$

$$= \frac{22018}{119746} \times 100\% = 18.39\%$$

结果表明项目投资利润率大于行业平均利润率,即项目单位投资赢利能力超过了行业平均水平。

2. 资本金净利润率

$$资本金净利润率 = \frac{达产年净利润}{项目资本金} \times 100\%$$

$$= \frac{12673}{44000} \times 100\% = 28.80\%$$

结果表明项目资本金投资利润率大于行业平均利润率,即项目资本金单位投资盈利能力超过了行业平均水平。

3. 项目资本金现金流量表(表 13-13)

由该表计算得到的财务评价指标看,资本金收益率为 24%,大于 12%,表明从投资者角度看该项目是可行的。

第二节　偿债能力分析

由利润与利润分配表（表13-14）、借款还本付息计划表（表13-17）和资产负债表（表13-16）可以计算出以下指标：

一、项目投产后，利息备付率大于2，偿债备付率大于1，能够满足借款银行对偿债能力的要求。

二、项目资产负债表中计算了反映项目各年财务风险程度和偿债能力的资产负债率、流动比率和速动比率指标，有助于投资者了解项目的偿债能力及风险。

第三节　不确定性分析

一、盈亏平衡分析

以项目正常年份（以第6年为例）的数据计算，以生产能力利用率表示的项目盈亏平衡点 BEP(%)为：

$$BEP = \frac{年固定成本}{(销售单价-单位变动成本-单位税金及附加)\times Q}$$

$$= \frac{20046}{78200-40614-639} = 54.25\%$$

生产能力利用率只要达到54.25%，就可盈利，表明项目具有很强的抗风险能力。

以销售单价表示的盈亏平衡点 BEP(元)为：

$$BEP = \frac{年固定成本}{销量} + 单位变动成本 + 单位产品税金$$

$$= \frac{20046}{2.3} + \frac{40614}{2.3} + \frac{639}{2.3} = 26651.74(元)$$

价格下降的幅度（34000-26651.74/34000）可达到21.6%，这表明项目有一定的抗风险能力。

二、敏感性分析

本项目分别就项目建设投资、经营成本、产品销售收入3个主要因素，对项目投资净现值（所得税前）进行单敏感性分析。取变化率为10%，计算结果见表13-1。

表13-1　项目财务敏感性分析

变动因素	变化率	净现值 （所得税前）（万元）	敏感度系数(%)
基准值	0	52245	

续表

变动因素	变化率	净现值 （所得税前）（万元）	敏感度系数（%）
建设投资	+10%	43272	-1.72
	-10%	61218	+1.72
经营成本	+10%	30344	-4.19
	-10%	74146	+4.19
产品销售收入	+10%	16279	+6.88
	-10%	43943	-6.88

由表 13-1 可知，各因素变化对项目全部投资所得税前财务内部收益率的影响程度不同，按敏感程度排序由大到小依次为：产品销售收入、经营成本、建设投资。另外，在 +10% 的变化范围内，所有所得税前的财务净现值都大于 0，表明该项目总体来看风险不大。

第四节　财务评价结论

由上述财务评价结果看，本项目财务内部收益率高于行业基准收益率，财务净现值大于零，投资回收期低于行业基准投资回收期，借款偿还能满足贷款机构要求，项目各年的财务状况也较好，而且风险不大。因此，从财务上讲本项目可以接受。

第五节　经济社会效果评价及结论

本项目实施后具有明显的社会效益。首先是可以解决当地就业，本项目可容纳 400 名职工就业，除部分管理和技术人员外，其余人员均从当地招聘，可以大大缓解当地的就业压力，为当地农民的增收创造有利条件；其次项目投产后，能够充分发挥企业技术、装备及人力资源优势，调整产品结构，促进企业健康、协调、可持续发展，同时也可促进当地经济发展。

一、综合评价

（1）本项目符合国家发改委颁布实施的《外商投资产业指导目录》（2004 年修订）"鼓励类"第八条第十一款，为国家支持类项目。

（2）本项目积极贯彻技术进步的方针，积极采用成熟的工艺，以保证产品的高质量和低成本。本项目选用设备均为高效的国产设备。

（3）总图布置方案中生产布置紧凑，工艺流程较短，运输路线通畅，有利于生产、消防及环境保护，各方面显得较为合理。

（4）项目完成后，每年可实现销售收入78200万元，缴纳增值税6390万元，税金及附加639万元，所得税6825万元，经济效益十分显著。

二、结论

（1）本项目符合国家产业政策。

（2）本项目属劳动密集型项目，符合我国国情。

（3）本项目通过环保措施符合环保要求。

（4）本项目技术工艺方案切实可行。

（5）本项目完成后，可提高地方经济水平和解决当地就业，社会效益显著。

三、建议

建议某某化工公司抓紧做好项目厂址定位、先进技术和设备选择、环保项目配套建设等工作，以利于项目顺利实施。

表 13-2 建设投资估算法（形成资产法）

人民币单位：万元，外币单位：万美元

序号	工程费用名称	估 算 价 值						比例（%）
		建筑工程费	设备购置费	安装工程费	其他费用	合计	其中外币	
1	固定资产投资	6932	53144	20938	1224	82238	5798	84%
1.1	工程费用	6932	53144	20938	0	81014	5798	
1.1.1	主要生产项目	2062	43368	18276		63706		
	其中：外汇		4058	1740		5798	5798	
1.1.2	辅助工程	766	2104	102		2972		
1.1.3	公用工程	898	4976	2034		7908		
1.1.4	环保工程	370	2200	450		3020		
1.1.5	总图运输	104	496			600		
1.1.6	服务性工程	524				524		
1.1.7	生活福利工程	2208				2208		
1.1.8	厂外工程			76		76		
1.2	固定资产其他费用				1224	1224		
1.2.1	土地费用				1224	1224		
2	无形资产费用				4406	4406	482	7%
3	其他资产费用				1460	1460		
3.1	长期待摊费用				1460	1460		

续表

序号	工程费用名称	估算价值						比例（%）
		建筑工程费	设备购置费	安装工程费	其他费用	合计	其中外币	
4	预备费				13536	13536	628	9%
4.1	基本预备费				8224	8224	628	
4.2	涨价预备费				5312	5312		
5	建设投资合计	6932	53144	20938	20626	101640	6908	
	比例（%）	7%	52%	21%	20%			100%

表 13-3 建设期利息估算表 单位：万元

序号	项目	合计	建设期		
			1	2	3
1	外币借款（6.5%）				
1.1	建设期利息	4562	305	1470	2787
1.1.1	期初借款余额		0	9700	37006
1.1.2	当期借款	46974	9395	25836	11743
1.1.3	当期应计利息	4562	305	1470	2787
1.1.4	期末借款余额		9700	37006	51536
1.2	其他融资费用				
1.3	小计	4562	305	1470	2787
2	人民币借款（6.84%）				
2.1	建设期利息	1584	106	510	968
2.1.1	期初借款余额		0	3199	12214
2.1.2	当期借款	15464	3093	8505	3866
2.1.3	当期应计利息	1584	106	510	968
2.1.4	期末借款余额		3199	12214	17048
2.2	其他融资费用				
2.3	小计	1584	106	510	968
3	合计	6146	411	1980	3755
3.1	建设期利息合计	6146	411	1980	3755
3.2	其他融资费用合计				

单位:万元

表13-4 流动资金估算表

序号	项目	最低周转天数	周转次数	投产期		达到设计能力生产期												
				4	5	6	7	8	9	10	11	12	13	14	15	16	17	18
1	流动资产			11194	13962	15344	15344	15344	15344	15344	15344	15344	15344	15344	15344	15344	15344	15344
1.1	应收账款	30	12	2922	3600	3938	3938	3938	3938	3938	3938	3938	3938	3938	3938	3938	3938	3938
1.2	存货	30	12	8068	10100	11114	11114	11114	11114	11114	11114	11114	11114	11114	11114	11114	11114	11114
1.2.1	外购原材料,燃料,动力	30	12	2370	3026	3384	3384	3384	3384	3384	3384	3384	3384	3384	3384	3384	3384	3384
1.2.2	在产品	30	12	2776	3454	3792	3792	3792	3792	3792	3792	3792	3792	3792	3792	3792	3792	3792
1.2.3	产成品	30	12	2922	3600	3938	3938	3938	3938	3938	3938	3938	3938	3938	3938	3938	3938	3938
1.3	现金	30	12	204	262	292	292	292	292	292	292	292	292	292	292	292	292	292
2	流动负债			2370	3046	3384	3384	3384	3384	3384	3384	3384	3384	3384	3384	3384	3384	3384
2.1	应付账款	30	12	2370	3046	3384	3384	3384	3384	3384	3384	3384	3384	3384	3384	3384	3384	3384
3	流动资金(1-2)			8824	10916	11960	11960	11960	11960	11960	11960	11960	11960	11960	11960	11960	11960	11960
4	流动资金增加额			8824	2092	1044												

单位:万元

表13-5 营业收入、营业税金附加和增值税估算表

序号	项目	合计	计算期			
			生产负荷70%(第4年)	生产负荷90%(第5年)	生产负荷100%(第6~18年)	
1	营业收入	1141720	54740	70380	78200	
1.1	产品销售收入	570860	54740	70380	78200	
	单价(不含税)		3.4	3.4	3.4	
	销售量	335800	16100	20700	23000	
	销项税额	194094	9306	11965	13294	
2	营业税金及附加	9340	448	575	639	
2.1	营业税					
2.2	消费税					
2.3	城市维护建设费	6540	314	402	448	
2.4	教育费附加	2800	134	173	192	
3	增值税	93297	4474	5751	6390	
	销项税额	194094	9306	11965	13294	
	进项税额	100798	4832	6214	6904	

表 13-6　总成本费用估算表（生产要素法）

单位：万元

序号	项目	合计	投产期 4(70%)	5(90%)	达到设计生产能力 6	7	8	9	10	11	12	13	14	15	16	17	18
1	外购原材料费	482558	23136	29746	33052	33052	33052	33052	33052	33052	33052	33052	33052	33052	33052	33052	33052
2	外购燃料及动力费	110406	5292	6806	7562	7562	7562	7562	7562	7562	7562	7562	7562	7562	7562	7562	7562
3	工资及福利费	26280	1752	1752	1752	1752	1751	1752	1752	1752	1752	1752	1752	1752	1752	1752	1752
4	修理费(0.0328)	47130	3142	3142	3142	3142	3142	3142	3142	3142	3142	3142	3142	3142	3142	3142	3142
5	其他费用	26280	1752	1752	1752	1752	1752	1752	1752	1752	1752	1752	1752	1752	1752	1752	1752
6	经营成本(1+2+3+4+5)	692654	35074	43198	47260	47260	47260	47260	47260	47260	47260	47260	47260	47260	47260	47260	47260
7	折旧费	98140	9226	9226	9226	9226	9226	7752	7752	7752	7752	7752					
8	摊销费	5866	732	732	732	732	732	441	441	441	441	441					
9	利息支出	23034	4712	4104	3446	2736	2024	1606	1188	768							
	长期借款利息	17990	4516	3806	3096	2386	1674	1256	838	418							
10	流动资金借款利息(0.04875)	5044	196	298	350	350	350	350	350	350	350	350	350	350	350	350	350
	总成本费用合计	819693	49744	57260	60664	59954	59242	57059	56641	56221	55803	55803	50260	50260	50260	50260	50260
	其中:可变成本	592966	28428	36552	40614	40614	40614	40614	40614	40614	40614	40614	40614	40614	40614	40614	40614
	固定成本	226727	21316	20708	20050	19340	18628	16445	16027	15607	15189	15189	9646	9646	9646	9646	9646

单位:万元

表 13-7 外购原材料费用估算表

序号	项目	合计	计算期		
			生产负荷 70%(第 4 年)	生产负荷 90%(第 5 年)	生产负荷 100%(第 6~18 年)
1	外购原材料费	482558	23136	29746	33052
1.1	原材料	482558	23136	29746	33052
	单价(不含税)		1.437	1.437	1.437
	数量	335800	16100	20700	23000
	进项税额	81024	2934	5056	5618
2	外购原材料费合计	482558	23136	29746	33052
3	外购原材料进项税额合计	81024	2934	5056	5618

单位:万元

表 13-8 外购燃料、动力费用估算表

序号	项目	合计	计算期		
			生产负荷 70%(第 4 年)	生产负荷 90%(第 5 年)	生产负荷 100%(第 6~18 年)
1	燃料费	86402	4142	5326	5918
1.1	燃料	262800	0.3288	0.3288	0.3288
	单价(不含税)		12600	16200	18000
	数量				
	进项税额	14688	704	906	1006
2	动力费				

续表

序号	项目	合计	计算期		
			生产负荷70%(第4年)	生产负荷90%(第5年)	生产负荷100%(第6~18年)
2.1	动力	24003	1150	1480	1644
	单价(不含税)		0.3288	0.3288	0.3288
	数量	13000	3500	4500	5000
	进项税额	4088	196	252	280
3	外购燃料及动力费用合计	110405	5292	6806	7562
4	外购燃料及动力进项税额合计	18776	900	1158	1286

表 13-9 工资及福利费估算表

单位:万元

序 号	项 目	人员及人均工资福利	合计(第4~18年)
1	工人,技术人员,管理人员		1536
	人数总计	400	
	其中:工人人数	250	
	技术人员	50	
	管理人员	100	
	人均年工资		3.84
	工资额	38400	1536
2	福利费	5376	216
	合 计	43776	1752

表 13-10 固定资产折旧费估算表

单位:万元

序号	项目		合计	投产期					达到设计生产能力										
				4	5	6	7	8	9	10	11	12	13	14	15	16	17	18
1	房屋,建筑物(0.04)	原值	41406	41406														
		当期折旧费		2650	2650	2650	2650	2650	2650	2650	2650	2650	2650	2650	2650	2650	2650	2650
		净值		38756	36106	33456	30806	28156	25506	22856	20206	17756	14906	12256	9606	6956	4306	1656
2	机器设备(0.04)	原值	53144	53144														
		当期折旧费		5102	5102	5102	5102	5102	5102	5102	5102	5102	5102					
		净值		48042	42940	37838	32736	27634	22532	17430	12328	7226	2124					
3	固定资产其他费用(0)	原值	7370	7370														
		当期折旧费		1474	1474	1474	1474	1474										
		净值		5896	4422	2948	1474	0										
4	合计	原值	101920	101920														
		本年折旧		9226	9226	9226	9226	9226	7752	7752	7752	7752	7752	2650	2650	2650	2650	2650
		净值		92694	83468	74242	65016	55790	48038	40288	32536	24784	17032	14382	11732	9082	6432	3782

单位:万元

表 13-11 无形资产和其他资产摊销估算表

序号	项目	合计	投产期				达到设计生产能力						
			4	5	6	7	8	9	10	11	12	13
1	无形资产(10年)											
	原值	4406										
	本年摊销费		440	440	440	440	441	441	441	441	441	441
	净值		3966	3526	3086	2646	2205	1764	1323	882	441	0
2	其他资产待摊费用(5年)											
	原值	1460										
	本年摊销费		292	292	292	292	292					
	净值		1168	876	584	292	0					
3	合计	5866										
	原值											
	本年摊销费		732	732	732	732	733	441	441	441	441	441
	净值		5134	4402	3670	2938	2205	1764	1323	882	441	0

单位:万元

表 13-12　项目投资现金流量表

序号	项目	合计	建设期 1	建设期 2	建设期 3	投产期 4	投产期 5	达到设计生产能力 6	7	8	9	10	11	12	13	14	15	16	17	18
1	现金流入	1775140				54740	70380	78200	78200	78200	78200	78200	78200	78200	80326	78200	78200	78200	78200	91816
1.1	营业收入	1141720				54740	70380	78200	78200	78200	78200	78200	78200	78200	78200	78200	78200	78200	78200	78200
1.2	补贴收入	0																		
1.3	回收固定资产余值	3782													2126					1656
1.4	回收流动资金	11960																		11960
2	现金流出		20328	55902	25410	44346	45865	48943	47899	47899	47899	47899	47899	47899	47899	47899	47899	47899	47899	47899
2.1	建设投资（不含建设期利息）	101640	20328	55902	25410															
2.2	流动资金	11960				8824	2092	1044												
2.3	经营成本	692652				35074	43198	47260	47260	47260	47260	47260	47260	47260	47260	47260	47260	47260	47260	47260
2.4	营业税金及附加	9330				448	575	639	639	639	639	639	639	639	639	639	639	639	639	639
2.5	维持运营投资	0																		
3	所得税前净现金流量（1-2）	342519	-20328	-55902	-25410	10394	24515	29257	30301	30301	30301	30301	30301	30301	32427	30301	30301	30301	30301	44556
4	累计所得税前净现金流量	342519	-20328	-76230	-101640	-91246	-66731	-37474	-7173	23128	53429	83730	114031	144332	176759	207060	237361	267662	297963	342519
5	调整所得税	83935				2315	4162	5086	5086	5086	5527	5527	5527	5527	5527	6913	6913	6913	6913	6913
6	所得税后净现金流量（3-5）	258584	-20328	-55902	-25410	8079	20353	24171	25215	25215	24774	24774	24774	24774	26900	23388	23388	23388	23388	37643
7	累计所得税后净现金流量	258584	-20328	-76230	-101640	-93561	-73208	-49037	-23822	1393	26167	50941	75715	100489	127389	150777	174165	197553	220941	258584

计算指标

项目财务内部收益率(%)（所得税前）	19.99%
项目财务内部收益率(%)（所得税后）	16.54%
项目财务净现值（所得税前）（$i_c=12\%$）	52245 万元
项目财务净现值（所得税后）（$i_c=12\%$）	27724 万元
投资回收期（年）（所得税前）	7.24 年
投资回收期（年）（所得税后）	7.94 年

单位:万元

表 13-13 项目资本金现金流量表

序号	项目	合计	建设期			投产期		达到设计生产能力												
			1	2	3	4	5	6	7	8	9	10	11	12	13	14	15	16	17	18
1	现金流入					54740	70380	78200	78200	78200	78200	78200	78200	78200	80326	78200	78200	78200	78200	91816
1.1	营业收入					54740	70380	78200	78200	78200	78200	78200	78200	78200	78200	78200	78200	78200	78200	78200
1.2	补贴收入																			
1.3	回收固定资产余值	3782													2126					1656
1.4	回收流动资金	11960																		11960
2	现金流出		7840	21569	9800	57075	61716	66274	65741	60946	61073	60758	60444	53689	53689	55074	55074	55074	55074	55074
2.1	项目资本金	44000	7840	21560	9800	4800														
2.2	借款本金偿还	68584				10704	10704	10704	10704	6442	6442	6442	6442							
2.3	借款利息支付	23233				4912	4103	3447	2736	2025	1606	1187	768	350	350	350	350	350	350	350
2.4	经营成本					35074	43198	47260	47260	47260	47260	47260	47260	47260	47260	47260	47260	47260	47260	47260
2.5	营业税金及附加	9330				448	575	639	639	639	639	639	639	639	639	639	639	639	639	639
2.6	所得税	44050				1137	3136	4224	4402	4580	5126	5230	5335	5440	5440	6825	6825	6825	6825	6825
2.7	维持营运投资	0																		
3	净现金流量(1-2)		-7840	-21560	-9800	-2335	8664	11926	12459	17254	17127	17442	17756	24511	26637	23126	23126	23126	23126	36742

计算指标

资本金财务内部收益率(%)	24%

表 13-14　利润与利润分配表

单位:万元

序号	项目	合计	投产期		达到设计生产能力													
			4	5	6	7	8	9	10	11	12	13	14	15	16	17	18
1	营业收入	1141720	54740	70380	78200	78200	78200	78200	78200	78200	78200	78200	78200	78200	78200	78200	78200
2	营业税金及附加	9330	448	575	639	639	639	639	639	639	639	639	639	639	639	639	639
3	总成本费用	819693	49744	57260	60664	59954	59242	57059	56641	56221	55803	55803	50260	50260	50260	50260	50260
4	补贴收入																	
5	利润总额(1-2-3+4)	312697	4548	12545	16897	17607	18319	20502	20920	21340	21758	21758	27301	27301	27301	27301	27301
6	弥补以前年度亏损																	
7	应纳税所得额(5-6)	312697	4548	12545	16897	17607	18319	20502	20920	21340	21758	21758	27301	27301	27301	27301	27301
8	所得税(0.25)	78175	1137	3136	4224	4402	4580	5126	5230	5335	5440	5440	6825	6825	6825	6825	6825
9	净利润(5-8)	234524	3411	9409	12673	13205	13739	15376	15690	16005	16318	16318	20476	20476	20476	20476	20476
10	期初未分配利润		0	746	1492	2238	2984	2984	2984	2984	12984	2984	2984	2984	2984	2984	2984
11	可供分配利润	234524	3411	9409	12673	13205	13739	15376	15690	16005	16318	16318	20476	20476	20476	20476	20476

续表

序号	项目	合计	投产期				达到设计生产能力										
			4	5	6	7	8	9	10	11	12	13	14	15	16	17	18
12	提取法定盈余公积金（10%）	23454	341	941	1267	1320	1374	1538	1569	1600	1632	1632	2048	2048	2048	2048	2048
13	可供投资者分配利润（11-12）	211070	3070	8468	11406	11885	12566	13838	14121	14405	14686	14686	18428	18428	18428	18428	18428
14	应付优先股股利																
15	提取任意盈余公积金																
16	应付普通股股利	208086	2324	7722	10660	11139	12566	13838	14121	14405	14686	14686	18428	18428	18428	18428	18428
17	各投资方利润分配																
18	未分配利润	2984	746	746	746	746	0	0	0	0	0	0	0	0	0	0	0
19	息税前利润（5+利息支出）		9260	16648	20343	20343	20343	22108	22018	22108	22108	22108	27651	27651	27651	27651	27651
20	息税折旧摊销前利润（19+折旧+摊销）		19218	26606	30301	30301	30301	30301	30301	30301	30301	30301	30301	30301	30301	30301	30301

表 13-15　财务计划现金流量运用表

单位:万元

序号	项目	合计	建设期			投产期						达到设计生产能力								
			1	2	3	4	5	6	7	8	9	10	11	12	13	14	15	16	17	18
1	经营活动净现金流量（1.1-1.2）					18080	23470	26077	25899	25721	25175	25171	24966	24861	24861	23476	23476	23476	23476	23476
1.1	现金流入					64046	82344	91494	91494	91494	91494	91494	91494	91494	91494	91494	91494	91494	91494	91494
1.1.1	营业收入					54740	70380	78200	78200	78200	78200	78200	78200	78200	78200	78200	78200	78200	78200	78200
1.1.2	增值税销项税额					9306	11964	13294	13294	13294	13294	13294	13294	13294	13294	13294	13294	13294	13294	13294
1.1.3	补贴收入																			
1.1.4	其他流入																			
1.2	现金流出					45966	58874	65417	65595	65773	66319	66323	66528	66633	66633	68018	68018	68018	68018	68018
1.2.1	经营成本					35074	43198	47260	47260	47260	47260	47260	47260	47260	47260	47260	47260	47260	47260	47260
1.2.2	增值税进项税额					4832	6214	6904	6904	6904	6904	6904	6904	6904	6904	6904	6904	6904	6904	6904
1.2.3	营业税金及附加					448	575	639	639	639	639	639	639	639	639	639	639	639	639	639
1.2.4	增值税					4475	5751	6390	6390	6390	6390	6390	6390	6390	6390	6390	6390	6390	6390	6390
1.2.5	所得税					1138	3136	4224	4402	4580	5126	5130	5335	5440	5440	6825	6825	6825	6825	6825
1.2.6	其他流出																			
2	投资活动净现金流量（2.1-2.2）	-119744	-20738	-57882	-29164	-8824	-2092	-1044												
2.1	现金流入																			
2.2	现金流出	119744	20738	57882	29164	8824	2092	1044												
2.2.1	建设投资（含建设期利息）	107784	20738	57882	29164															

序号	项目	合计	建设期			投产期				达到设计生产能力										
			1	2	3	4	5	6	7	8	9	10	11	12	13	14	15	16	17	18
2.2.2	维持营运投资																			
2.2.3	流动资金	11960				8824	2092	1044												
2.2.4	其他流出																			
3	筹资活动净现金流量(3.1-3.2)		20738	57882	29164	-8913	-20438	-23766	-24579	-20832	-21886	-21751	-21615	-15036	-18778	-18778	-18778	-18778	-18778	-18778
3.1	现金流入	119744	20738	57882	29164	8824	2092	1044												
3.1.1	项目资本金投入	44000	7840	21560	9800	4800														
3.1.2	建设投资借款(含建设期利息)	68584	12898	36322	19364															
3.1.3	流动资金借款	7160				4024	2092	1044												
3.1.4	债券																			
3.1.5	短期借款																			
3.1.6	其他流入																			
3.2	现金流出					17740	22530	24810	24579	20832	21886	21751	21615	15036	18778	18778	18778	18778	18778	18778
3.2.1	各种利息支出					4712	4104	3446	2736	2024	1606	1188	768	350	350	350	350	350	350	350
3.2.2	偿还债务本金					10704	10704	10704	10704	6442	6442	6442	6442							
3.2.3	应付利润					2324	7722	10660	11139	12366	13838	14121	14405	14686	18428	18428	18428	18428	18428	18428
3.2.4	其他流出																			
4	净现金流量(1+2+3)					341	941	1267	1320	4489	3289	3220	3351	2912	9824	4698	4698	4698	4698	4698
5	累计资金盈余					341	1282	2549	3869	5243	6781	8350	9950	11582	13214	15262	17310	19358	21406	23454

单位:万元

表 13-16 资产负债表

序号	项目	建设期			投产期							达到设计生产能力							
		1	2	3	4	5	6	7	8	9	10	11	12	13	14	15	16	17	18
1	资产	20738	78620	107784	109393	103112	95803	87165	82097	77193	71321	67478	69110	70742	72790	74838	76886	78934	80942
1.1	流动资产总额				10563	15242	17891	19211	24102	27391	29710	34060	43885	53710	58408	63106	68804	72502	77160
1.1.1	货币资金				575	1542	2839	4159	9050	12339	14658	19008	28833	38658	43356	48054	53752	57448	62108
1.1.2	应收账款				2922	3600	3938	3938	3938	3938	3938	3938	3938	3938	3938	3938	3938	3938	3938
1.1.3	预付账款																		
1.1.4	存货				8068	10100	11114	11114	11114	11114	11114	11114	11114	11114	11114	11114	11114	11114	11114
1.1.5	其他																		
1.2	在建工程	20738	78620	107784															
1.3	固定资产净值				92694	83468	74242	65016	55790	48038	40288	32536	24784	17032	14382	11732	9082	6432	3782
1.4	无形资产递延净值				5134	4402	3670	2938	2205	1764	1323	882	441						
2	负债及所有者权益	20738	78620	107784	109393	103112	95803	87165	82097	77193	71321	67478	69110	70742	72790	74838	76886	78934	80942
2.1	流动负债总额				2370	3046	3384	3384	3384	3384	3384	3384	3384	3384	3384	3384	3384	3384	3384
2.1.1	短期借款																		
2.1.2	应付账款				2370	3046	3384	3384	3384	3384	3384	3384	3384	3384	3384	3384	3384	3384	3384
2.1.3	预收账款																		
2.1.4	其他																		
2.2	建设投资借款	12898	49220	68584	57880	47176	36472	25768	19326	12884	6443								
2.3	流动资金借款				4026	6116	7160	7160	7160	7160	7160	7160	7160	7160	7160	7160	7160	7160	7160
2.4	负债小计(2.1+2.2+2.3)	12898	49220	68584	64276	56338	47016	36312	29870	23428	15987	10544	10544	10544	10544	10544	10544	10544	10544
2.5	所有者权益	7840	29400	39200	45087	46774	48787	50853	52227	53765	55334	56934	58566	60198	62246	64294	66342	68390	70438
2.5.1	资本金	7840	29400	39200	44000	44000	44000	44000	44000	44000	44000	44000	44000	44000	44000	44000	44000	44000	44000
2.5.2	资本公积金																		
2.5.3	累计盈余公积金				341	1282	2549	3869	5243	6781	8350	9950	11582	13214	15262	17310	19358	21406	23454
2.5.4	累计未分配利润				746	1492	2238	2984	2984	2984	2984	2984	2984	2984	2984	2984	2984	2984	2984

表13-17　借款还本付息计划表

单位:万元

序号	项目	合计	建设期			投产期				达到设计生产能力			
			1	2	3	4	5	6	7	8	9	10	11
1	外币借款(6.5%)												
1.1	期初借款余额		0	9700	37006	51536	45094	38652	32210	25768	19326	12884	6442
1.2	当期借款	46974	9394	25836	11744								
1.3	当期还本付息		306	1470	2786	9792	9373	8954	8536	8117	7698	7379	6861
	其中:还本	51536				6442	6442	6442	6442	6442	6442	6442	6442
	利息	19635	306	1470	2786	3350	2931	2512	2094	1675	1256	837	418
1.4	期末借款余额		9700	37006	51536	45094	38652	32210	25768	19326	12884	6442	0
2	人民币借款(6.84%)												
2.1	期初借款余额		0	3198	12214	17048	12786	8524	4262				
2.2	当期借款	15464	3093	8505	3866								
2.3	当期还本付息	21548	106	510	968	5428	5136	4846	4554				
	其中:还本	17048				4262	4262	4262	4262				
	利息	4300	106	310	968	1166	874	584	292				
2.4	期末借款余额		3198	12214	17048	12786	8524	4262	0				
3	借款合计	62438	12487	34341	15610								
3.1	期初借款余额		0	12898	49220	68584	57880	47176	36472	25768	19326	12884	6442
3.2	当期还本付息	92519	412	1980	4754	15220	14508	13800	13090	8117	7698	7280	6860
	其中:还本	68584				10704	10704	10704	10704	6442	6442	6442	6442
	利息	23935	412	1980	1877	4516	3805	3096	2386	1675	1256	837	418
3.3	期末借款余额		12898	49220	68584	57880	47176	36472	25768	19326	12884	6443	0
计算指标													
	利息备付率				1.97	4.06	5.91	7.44	10.05	13.77	18.64	28.80	63.35
	偿债备付率				1.26	1.83	2.19	2.31	2.73	3.73	3.93	4.16	4.41

第十四章　改扩建项目评价案例

一、改扩建项目

改建、扩建、技术改造、迁建、停产复建等项目都可以归入改扩建项目的范畴。改扩建项目的目的在于增加产品供给，开发新型产品，调整产品结构，提高技术水平，降低资源消耗，节省运行费用，提高产品质量，改善劳动条件，治理生产环境等。项目的效益与其目的有关，有些效益可以用目的直接体现，有些效益要通过间接途径来体现。

改扩建项目通过既有法人融资并承担债务偿还之责，以"增量"投资（费用），使用一部分"存量"资产与资源，带来"总量"效益。

二、分析改扩建项目要使用五种数据

(1)"有项目"，指既有企业进行投资活动后，在项目的经济寿命期内，在项目范围内可能发生的效益与费用量。"有项目"的费用量是时间序列的数据。

(2)"无项目"，指既有企业利用拟建项目范围内的部分或全部原有生产设施（资产），在项目计算期内可能发生的效益与费用量。"无项目"的费用量是时间序列的数据。

(3)"增量"，是"有项目"的费用量减"无项目"的费用量，是时间序列的数据。"有项目"的投资减"无项目"的投资是增量投资；"有项目"的效益减"无项目"的效益是增量效益，"有项目"的费用减"无项目"的费用是增量费用。

(4)"现状"数据，是项目实施前的资产与资源、效益与费用数据，也可称基本值，是一个时点数。"现状"数据对于比较"项目前"与"项目后"的效果有重要作用。现状数据也是预测"有项目"和"无项目"的基础。现状数据一般可用实施前一年的数据，当该年数据不具有代表性时，可选用有代表性年份的数据或近几年数据的平均值。其中，特别是对生产能力的估计，应慎重取值。

(5)"新增"数据，是项目实施过程各时点"有项目"的费用量与"现状"数据之差，也是时间序列的数据。新增建设投资包括建设投资和流动资金，还包括原有资产的改良支出、拆除、运输和重新安装费用。新增投资是改扩建项目筹措资金的依据。

"无项目"时的效益由"老产品"产生，费用为"老产品"投入；"有项目"时的效益一般由"新产品"与"老产品"共同产生；"有项目"时的费用包含为"新产品"的投入与为"老产品"的投入。"老产品"的效益与费用在"有项目"与"无项目"时可能有较大差异。

三、改扩建项目范围界定及分析

对于"整体改扩建"的项目，项目范围包括整个既有企业，除要使用既有企业的部分或全部原有资产、场地、设备外，还要另外新投入一部分资金进行扩建或技术改造。企业的投资主体、融资主体、还债主体、经营主体是统一的，项目的范围就是企业的范围。"整体改扩建项目"不仅要识别和估算与项目直接有关的费用和效益，还要识别和估算既有企业其余部分的费用和效益。

对于"局部改扩建"项目，项目范围只包括既有企业的一部分，只使用既有企业的一部分原有资产、资源、场地、设备，加上新投入的资金，形成改扩建项目；企业的投资主体、融资主体与还债主体仍然是一致的，但可能与经营主体分离。整个企业只有一部分包含在项目"范围内"，还有相当一部分在"企业内"但属于项目"范围外"。

在保证项目的费用与效益口径一致以及不影响分析结果的情况下，应尽可能缩小项目的范围，有可能的话，只包括与项目直接关联的财务费用与效益。

在界定了项目的范围后，就应当正确识别与估算项目范围内、外的费用与效益。改扩建项目在完成财务费用效益识别和估算以后，要进行融资分析、盈利能力分析、项目层次的偿债能力分析、企业层次的偿债能力分析以及生存能力分析。

案例

某机械产品项目评价案例分析

一、某机械公司现状分析

某机械产品总公司下设 A、B、C 三个分公司，总公司与 A、B 两个分公司均坐落在市区公司本部内，C 公司设在距公司本部 10 公里以外的新址。总公司董事长为法人代表，下属分公司实行利润中心责任制。利润中心责任制既要对成本负责又要对收入及利润负责。该公司实行的利润中心责任制是对税前利润负责，总公司按比例将利润目标分到各分公司。动力站只对成本负责，以内部价格向 A、B 两公司供应各种动力。

公司拥有职工 1200 人，资产总额 7636 万元，其中：流动资产 3633 万元，固定资产（原值）4000 万元，净值 2949 万元。注册资本 3329 万元，产品销售收入 8500 万元，利润总额 1358 万元。

公司财务状况和经营状况详见总公司财务报表（表 14-1、14-2、14-3）。资产负债率为 0.45，流动比率为 2.60，速动比率为 1.62。

表 14-1 资产负债表 单位：万元

资产	期末数	负债及所有者权益	期末数
流动资产		流动负债	
货币资金	1190	短期负债	451
交易性金融资产	10	应付票据	20
应收票据	90	应付账款	600

续表

资产	期末数	负债及所有者权益	期末数
应收账款	860	其他应付款	36
减：坏账准备	10	应付工资	100
应付账款净额	850	应付福利费	80
预付账款	50	未交税费	90
其他应收款	700	其他未交款	20
存货	1373	一年内到期的长期负债	
流动资产合计	3633		
长期资产		流动负债小计	1397
长期投资	100	长期负债	
固定资产		长期借款	2000
固定资产原值	4000	其中流动资金借款	800
减：累计折旧	1051		
固定资产净值	2949	负债合计	3397
在建工程	800	所有者权益	
固定资产合计	3749	实收资本	3329
无形资产及递延资产		盈余公积	137
无形资产（净值）	80	未分配利润	773
递延资产（净值）	74	所有者权益合计	4239
无形资产及递延资产合计	154		
资产总计	7636	权益总计	7636

表 14-2 利润及利润分配表　　　　　　　　单位：万元

序号	项目	金额
一	产品销售收入	8500
	减：产品销售成本	5400
	产品销售费用	150
	产品销售税金及附加	540
二	产品销售利润	2410
	加：其他业务利润	90

续表

序号	项目	金额
	减：管理费用	1000
	财务费用	202
三	营业利润	1298
	加：投资收益	60
	营业外收入	0
	减：营业外支出	0
四	利润总额	1358
	减：所得税费用	448
五	税后利润	910
	加：年初未分配利润	0
六	可供分配的利润	910
	减：提取盈余公积	137
七	未分配利润	773

表 14-3 流动资金变动表 单位：万元

流动资金来源和运用	金额	流动资金各项目的变动	金额
一、流动资金来源		一、流动资产本年增加数	
1. 本年利润	1358	1. 货币资金	200
加：不减少流动资金的费用和损失		2. 交易性金融资产	10
(1)固定资产折旧	280	3. 应收票据	70
(2)无形资产递延摊销	46	4. 应收账款净额	120
(3)固定资产盘亏(减盘盈)	−20	5. 预付账款	30
(4)清理固定资产损失(减收益)	−	6. 其他应收款	50
(5)其他不减少流动资金费用损失	20	7. 存货	350
小计	1684	9. 一年内到期长期债券投资	−
2. 其他来源		10. 待处理流动资产净损失	−10
(1)固定资产清理收入(减清理费)	10	11. 其他流动资产	−
(2)增加长期负债	600	流动资产净增加额	820
(3)收回长期投资			

流动资金来源和运用	金额	流动资金各项目的变动	金额
(4)对外投资转出固定资产		二、流动负债本年增加数	
(5)对外投资转出无形资产		1. 短期借款	−100
(6)资本净增加额	137	2. 应付票据	−10
小计	747	3. 应付账款	100
流动资金合计	2431	4. 预收账款	−10
二、流动资金运用		5. 其他应付款	30
1. 利润分配		6. 应付工资	7
(1)应交所得税	448	7. 应付福利费	20
(2)提取盈余公积金	137	8. 未交税金	10
(3)应付利润		9. 未付利润	100
小计	585	10. 其他未交款	14
2. 其他费用		11. 待扣税金	
(1)固定资产和在建工程净增加额	800	12. 一年内到期的长期负债	
(2)增加无形递延及其他资产	20	13. 其他流动负债	
(3)偿还长期负债	300		
(4)增加长期投资	67	流动负债净增加额	161
小计	1187		
流动资金运用合计	1772		
流动资金净增加额	659	三、流动资金净增加额	659

总公司改扩建规划方案的实施情况：

C 公司于 2017 年底建成投产，次年达到设计生产能力，完成固定资产投资 1500 万元，现有长期借款余额 600 万元。

B 公司于 2018 年开始改造，边生产边改造，在建工程 800 万元，预计次年完成改造工程，2020 年达到设计生产能力，长期借款余额 600 万元。

总公司本部和 A 公司于 2019 年初改扩建投资花费近 2000 万元，预计 2020 年底完成改扩建工程，2022 年达到设计生产能力。

公司改扩建规划实施后，产品销售收入超过亿元。

二、改扩建方案

从公司规划实施情况看，C 公司已建成投产，B 公司处于在建之中，本次改扩建的范围是总公司、动力站和 A 公司。

1. 改扩建的任务及目标

(1)总公司引进国外先进的管理技术,培训管理人才,实现全公司现代化管理和办公自动化,提高工作效率,使公司获得更大的经济效益。

(2)为节约能源改造锅炉房,为减少污染扩建废水处理站。

(3)A 公司两年以后淘汰的部分老产品,占现有产品产量的 20%。改扩建后第三年新产品生产能力达 80 台,第四年达到设计能力 100 台,产品产量变化的情况详见表 14-4。

表 14-4 A 公司产品产量 单位:台

序号	项目	改扩建前	改扩建期			生产经营期						
			1	2	3	4	5	6	7	8	9	10
1	改建前	100			80							
2	无项目	100	100	100		80	80	80	80	80	80	80
3	有项目											
3.1	老产品	100	100	100	80	80	80	80	80	80	80	80
3.2	新产品				80	100	100	100	100	100	100	100

2. 改扩建方案的主要内容

改造总公司办公大楼,改造面积 500 平方米,同时引进国外管理软件。动力站更新节能锅炉一台,增加废水处理设备一套。A 公司改扩建装配件车间,改扩建面积 2000 平方米,购买进口设备 1 台,国内设备 5 台;拆除旧厂房 2000 平方米,拆除不适用的设备 15 台。本次改扩建不增加职工。

三、改扩建项目范围的界定

从本项目改扩建方案看,改扩建所涉及的部门,有总公司、动力站和 A 公司,其效益与费用可以与整个公司效益与费用分开,因此,把改扩建项目的范围界定在这三部门,B 公司及 C 公司为改扩建项目范围之外。

四、计算期及计算年序

"有项目"与"无项目"两种情况下,效益和费用的计算范围,计算期应保持一致,具有可比性。

为使计算期保持一致,应以"有项目"的计算期为基准,对"无项目"的计算期进行调整。

一般情况下,可通过追加投资进行局部更新,来维持"无项目"时的生产经营,延长寿命期到与"有项目"的计算期相同,并在计算期末将固定资产余值回收。

在某些情况下,通过追加投资延长寿命期在技术上不可行或经济上明显不合理时,应使"无项目"的生产经营适时终止，其后各年的现金流量为零。

结合本项目的实际情况，"有项目"计算期确定为10年，其中改扩建期2年，生产经营期8年。"无项目"的计算期不作调整，能满足有无对比的需要，亦为10年。

关于计算期年序。在清偿能力分析中企业原有的效益和费用需要单独列出，在建设期（改扩建期）以前，另加一栏"建设起点"。在编制资产负债表时将建设期以前资产与负债填入该栏内。在盈利能力分析时，增量项目投资（或增量资本金）现金流量表，经过有无对比分析后，流入与流出均反映是增量数据，因此，这两张报表可以不设建设起点年栏目。

五、效益费用估算与财务评价

在改扩建项目范围与企业整体不一致的情况下，为了使投资估算、成本费用与销售收入的计算与财务分析具有连贯性和系统性，既比较直观又便于操作，此时我们完全可以打破先估算项目的效益与费用，然后进行盈利能力分析，再进行清偿能力分析的常规操作程序，可将财务评价的过程按盈利能力和清偿能力两大类别分别进行。具体操作过程如下：

第一部分：盈利能力分析

改扩建项目的盈利能力分析在项目范围内进行，分别对改扩建（即"有项目"）和不改扩建（即"无项目"）的工程方案估算效益与费用，然后计算增量效益和增量费用，再进行增量现金流量分析和增量投资利税分析，计算动态评价指标和静态评价指标。

（一）"有项目"建设项目总投资、新增投资与增量投资

1. 固定资产、无形资产及递延资产投资

（1）固定资产投资

①建筑工程费

A公司：装配件车间改扩建

　　　　　　　　　　　　　　　　　　2000平方米×1350元/平方米=270万元

室外工程改造	30万元（估）
小计	300万元
总部办公大楼改造	500平方米×1600元/平方米=80万元
动力站锅炉房改造	20万元（估）
合计	400万元

②设备购置费　　　　　　　　　　　　　　　　　　　　　　设备原价加运杂费

进口设备原价按离岸交货方式，应计算四费两税，即海外运费、海外保险费、银行手续费、外贸公司手续费、关税和增值税。

进口设备一台68.75万美元，美元与人民币兑换率为1：6.4。

货价为A	68.75万美元×6.4元/美元=440万元
海外运费B	440万元×5%=22万元
海外保费C	(A+B)×4.5‰=462万元×4.5‰=2万元
银行手续费D	A×8‰=440万元×8‰=4万元

外贸手续费 E	（A+B+C）×1.5%＝464 万元×1.5%＝7 万元
关税 F	（A+B+C）×31%＝464 万元×31%/2＝71.5 万元
增值税 G	（A+B+C+F）×税率＝607×17%/2＝51.5 万元

（根据国家规定技术改造项目关税和增值税可以减半。）

进口设备原价 A+B+C+D+E+F+G	440+22+2+4+7+71.5+51.5＝598 万元
进口设备国内运费	2 万元
进口设备购置费	598 万元+2 万元＝600 万元
A 公司：工艺设备(运杂费率5%)	200 万元×1.05＝210 万元
动力设备	19 万元×1.05＝20 万元
小计	230 万元
动力站(锅炉及配电设备)	47.6 万元×1.05＝50 万元
废水处理及配电设备	38 万元×1.05＝40 万元
小计	90 万元
合计	920 万元
③安装工程费(设备购置费乘以安装费率)	
工艺设备安装费	(210+68.75)×3.6%＝10 万元
(进口设备以 FOB 价作为计算基价)	
动力配线	30 万元
小计	40 万元
锅炉安装费及动力配线	10 万元(估)
废水处理设备安装费及动力配线	10 万元(估)
合计	60 万元
④工器具及生产用家具费	20 万元(估)
以上四项费用合计	1400 万元
⑤其他费用	
设计费按建筑工程费用的 1.5%计取	3 万元
前期工作按工程费用的 3.4%计取	47 万元
小计	50 万元
增容费	增容 375kVA×800 元/kVA＝30 万元
合计	80 万元
⑥预备费	
基本预备费(建筑工程按 15%计取)	400×15%＝60 万元
设备、安装及其他费用按 4.4%计取	1080×4.4%＝48 万元
合计	108 万元

在建设期内考虑涨价因素，并计算到建设期末。

进口设备是合同价，不考虑涨价因素。其余工程费用按分年用款计划，每年递增 6%。计算过程如表 14-5：

表 14-5 涨价预备费估算表 单位：万元

序号	年份	工程费分年用款额	上涨率	上涨金额
	第1年	500	6%	30
	第2年	300	$(1+6\%)^2-1=12.44\%$	37
	合计			67

（2）无形资产投资

技术转让费为 10.14 万美元，按规定应计算国外运费及保险费、银行手续费和外贸公司手续费，四项费用的综合系数为 1.079。

10.14 美元×6.4 元/美元×1.079＝70 万元

考虑 7%的基本预备费 70 万元×7%＝5 万元（近似值）

合计 75 万元

（3）递延资产投资 培训费 2000 元/人×50 人＝10 万元

建设单位管理费，标准为工程费×费率（费率由建设单位确定）

1400 万元×1.4%＝20 万元

考虑 6%的基本预备费，30 万元×6%＝2 万元（近似值）

合计 32 万元

2. 固定资产投资方向调节税（目前已停征）

《中华人民共和国固定资产投资方向调节税暂行条例》规定，按建筑工程实际完成投资的 10%纳税（含应分摊的基本预备及涨价预备费）。

表 14-6 固定资产投资方向调节税 单位：万元

序号	年份	建筑工程用款额（1）	基本预备费（2）	涨价预备费（3）	基价 (4)=(1)+(2)+(3)	方向税 (4)×10%
1	第1年	280	42	17	339	33
2	第2年	120	18	15	153	15
	合计					48

3. 建设期利息

长期借款 1000 万元，借款年利率 10.98%。

表 14-7 建设期利息估算表 单位：万元

序号	年份	分年借款额	累计借款额	借款利率	年利息
1	第1年	730	730	10.98%	80
2	第2年	270	1000	10.98%	110
	合计				190

4. 流动资金估算

流动资金为流动资产及流动负债。流动资产估算采用详细估算法。现以达产年(第4年)为例说明流动资金各项目数据的计算过程:

$$应收账款 = \frac{年经营成本}{周转次数} = \frac{3914}{6} = 652(万元)$$

$$现金 = \frac{工资及福利费}{周转次数} = \frac{559 + 593}{24} = 48(万元)$$

$$存货 = 外购原材料、燃料费 + 在产品费 + 产成品费 = 908(万元)$$

$$应付账款 = \frac{外购原料 + 外购燃料动力}{周转次数} = \frac{2420 + 293}{7.2} = 377(万元)$$

原有流动资金659万(见流动资金变动表)

$$流动资金增加额 = 流动资金 - 流动负债$$
$$= 652 + 908 + 48 - 377 - 659$$
$$= 572 万元$$

5. 利用原有资产

项目范围内的原有固定资产可分为"继续利用"和"不再利用"两部分。计算"有项目"投资时,原有资产无论其利用与否,均与新增投资一起计入投资费用,"不再利用"的资产如果变卖,其价值按变卖时间另行计入现金流入及资金来源栏目,不能冲减新增投资。"有项目"与"无项目"两种情况下,按效益和费用的计算范围要保持一致的原则,企业改扩建后,不再利用这部分资产,在企业不进行扩建时还会发挥效益,即使是闲置的资产也是原企业费用的一部分,而在"有项目"的情况下这部分资产虽不再利用,但它是由于有了改扩建项目才被淘汰的,这笔费用亦应为"有项目"的费用。"不再利用"的资产变卖的收入可以作为改扩建项目新增投资的来源之一,并冲减原有资产的账面值,但不能冲减新增固定资产的投资规模。在界定的改扩建范围内,原有固定资产原值1400万元,净值899万元,无形资产原值20万元,流动资金659万元。固定资产中可供利用的部分原值1280万元,净值830万元,不再利用部分原值120万元,净值69万元,拆除费5万元,变卖收入14万元,净收入9万元。

综上计算,改扩建项目范围内"有项目"建设项目总投资:

4651万元(按原值计)	4150万元(按净值计)
新增投资总投资	2572万元
其中:建设投资	1655万元
投资方向调节税	48万元
建设期利息	190万元
无形资产	75万元
递延资产	32万元
流动资产	572万元
原有资产价值	2079万元(按原值计)
	1578万元(按净值计)

(二)"无项目"建设总投资

"无项目"建设项目投资包括两部分,即不改扩建时需追加的投资和现有资产的价值。

根据预测,不改扩建,需环境治理、改造废水处理站追加投资 20 万元,用自有资金投入。原有固定资产原值 1400 万元,净值 899 万元,无形资产原值 20 万元,流动资金 659 万元。

(三)新增投资与增量投资

新增总投资 = "有项目"总投资 - 现有资产价值,即:

新增总投资 = (2572 万元 + 2079 万元) - 2079 万元 = 2572(万元)

增量固定资产投资、增量无形资产投资及增量递延资产投资分别为:

增量固定资产投资 = (1655 + 48 + 190 + 1400) - (20 + 1400) = 1873(万元)

这个数据用于计算增量投资利润率。

增量固定资产投资(不含建设期利息) = (1655 + 48 + 1400) - (20 + 1400)
= 1683(万元)

这个数据用于增量项目投资现金流量表。

增量无形资产投资 = (75 万元 + 20 万元) - 20 万元 = 75 万元

增量递延资产投资 = 32 万元 - 0 = 32 万元

增量流动资金 = "有项目"流动资金 - "无项目"流动资金
= 1231 万元 - 659 万元 = 572 万元

增量自有资金(不含建设期利息) = "有项目"自有资金 - "无项目"自有资金
= (1000 万元 + 172 万元 - 190 万元) - 20 万元
= 962 万元

这个数据用于增量(资本金)现金流量表。

(四)投资使用计划与资金筹措

改扩建项目的资金来于借款和自有资金。长期借款 1000 万元,借款年利率 10.98%,宽限期 2 年,五年内还清。自有资金 1000 万元,来源于企业的盈余资金,经资金来源与运用分析,公司有能力筹措这笔资金。项目需外汇约 60 万美元,均在外汇市场调剂解决。项目新增投资使用计划及资金筹措详见表 14-11(章后附表,后同)。

(五)总成本费用估算

分别计算"有项目"和"无项目"总成本费用、经营成本费用。总成本费用估算分别见表 14-12 和表 14-13。

1. 价格选用

投入物的价格以改扩建期初的价格为基础,首先考虑相对价格变化,然后考虑物价上涨因素,每年递增 6%,计算到建设期末,即第 1 年为 6%,第 2 年 $[(1+6\%)^2-1]$

为 12.4%。

2. 成本费用计算说明

（1）外购材料及燃料动力费

"有项目"与"无项目"逐年外购材料费估算见表 14-14、表 14-15。

"有项目"与"无项目"逐年外购燃料及动力费估算见表 14-16、表 14-17。

（2）工资福利费

该项费用按职工总数乘以年工资及福利费指标计算。"有项目"考虑了相对价格的增长后，再计算由于物价上涨造成的工资增加额。"无项目"时，由于公司效益逐年减少，年工资指标不变，但是仍需计算由于物价上涨造成工资的增加额。

"有项目"达产年工资及福利费 = 8550 元/人、年×550 人+471 万元×12.4%

= 471 万元+58 万元 = 529 万元

"无项目"第四年工资及福利费 = 7547 元/人、年×550 人+415 万元×12.4%

= 415 万元+51 万元 = 466 万元

"有项目"与"无项目"逐年工资及福利费估算分别见表 14-18 和表 14-19。

（3）修理费

按现行财务制度规定，修理费分别计入制造费或管理费中。由于该项费用占的比重较大，于是单独列项计算。估算方法按修理费占固定资产原值的提取率计算，提取率视项目的情况确定。

"有项目"与"无项目"逐年修理费估算分别见表 14-20 和表 14-21。

（4）固定资产折旧费

对于改扩建项目计提折旧费的基数，原则上执行新财务制度的规定。新财务制度在固定资产价值的构成中这样规定：将原有固定资产账面价值，减去改建、扩建中不再利用的固定资产价值，加上由于改建、扩建而增加的投资（价值）。

"有项目"固定资产投资 = 1654 万元+49 万元+190 万元+（1400 万元−120 万元）

= 3173 万元

根据新财务制度规定，建设工程交付使用前的固定资产不计提折旧。改扩建期限较短的项目，尽量在改扩建上不计提折旧，避免操作的复杂化。

固定资产折旧费估算见表 14-22。

固定资产折旧费估算表中，不仅包括改扩建项目范围内"有项目"和"无项目"的折旧费，而且把改扩建项目范围外的折旧费也借助该表列出，从而估算出公司改扩建后总量的年折旧费（为清偿能力分析提供数据）。

（5）无形资产与递延资产摊销

无形资产与递延资产摊销分别见表 14-23、表 14-24。

新增无形资产在项目建成后分五年摊销。

新增递延资产在项目建成后分两年摊销。

无形资产和递延资产摊销中包括了改扩建项目范围内的摊销额，而且把改扩建项目范围外摊销额也列入表中，从而估算公司改扩建后总量的年摊销费额（为清偿能力分析提供数据）。

（6）其他费用

"有项目"和"无项目"其他费用估算见表14-25、表14-26。项目评估为便于计算，将制造费用、管理费用和销售费用等作了适当的归并后，均列入其他费用中。

其他费用的估算，可以按费用项目逐项估算，也可以根据工时费用指标或工资费用指标估算，各行业视不同情况，自行确定费用指标。

（7）财务费用

财务费用包括长期借款和流动资金借款利息。

（六）销售收入、销售税金及附加

1. 产品价格

"有项目"和"无项目"中产品采用同一价格，新产品采用预测价格，这既考虑了相对价格变化，也考虑了物价上涨因素引起的价格变化，价格中含有销项税。

2. 销售收入

根据逐年产品产量和预测价格分别估算"有项目"和"无项目"销售收入、增量销售收入。

逐年增量销售收入="有项目"销售收入-"无项目"销售收入。

如：达产年年增量销售收入=4400万元-1200万元=3200万元。

3. 销售税金及附加

按新税制规定，增值税率为17%，城市维护建设税为增值税额的7%，教育费附加为增值税额的3%。

$$产品增值税应纳税额=销项税额-进项税额$$

$$销项税额=销售收入（即含税销售额）÷（1+税率）×税率$$

$$进项税额=外购原材料、燃料动力费÷（1+税率）×税率$$

根据以上公式分别估算"有项目"和"无项目"销售税金及附加、增量销售税额及附加。

如："有项目"达产年销售税金及附加估算

$$销项税=4400万元÷（1+17\%）×17\%=639万元$$

$$进项税=（2420万元+293万元）÷（1+17\%）×17\%=394万元$$

$$增值税额=销项税-进项税=639万元-394万元=245万元$$

如："无项目"第四年增值税额

$$销项税=1200万元÷（1+17\%）×17\%=174万元$$

$$进项税=（683万元+259万元）÷（1+17\%）×17\%=136万元$$

$$增值税额=销项税-进项税=174万元-136万元=38万元$$

$$城市维护建设税=增值税额×7\%$$

$$教育费附加=增值税额×3\%$$

计算结果见表14-27，即"有项目"和"无项目"、"增量"销售收入，销售税金及附加表。

(七)盈利能力分析

1. 增量利润总额与静态指标

根据表 14-13 等增量数据编制增量利润总额表,见表 14-28、表 14-29,两种格式报表在实际工作中可任选一种。

表 14-29 中,可以看出"有项目"和"无项目"利润总额为负值,这是由于在界定的改扩建范围内,只有 A 公司改扩建后可获直接收益,而总公司本部和动力站改扩建后增加了费用支出,并且包括 B 公司和 C 公司部分费用在内,这部分费用在计算增量费用时没有必要向 B、C 两公司分摊,因此,在改扩建的范围内费用大于收益,导致出现了负值,但是增量效益是正值。

2. 现金流量与动态评价指标

根据增量数据编制的增量全部投资和增量自有资金现金流量表见表 14-30、表 14-31、表 14-32、表 14-33、表 14-34。两种格式的报表,在实际工作中可任选一种。

表 14-33、表 14-34 中,"有项目"净现金流量是负值,这是由于改扩建项目范围内多计算了 B、C 公司应分摊部分费用,但是增量净现金流量是正值。

财务基准收益率为 12%。

财务内部收益率所得税后为 21.53%,所得税前为 28.77%,财务净现值(增量自有资金)为 1299 万元。

增量投资回收期指标没有什么实际意义,可以不计算。

从投资指标的计算结果可以看出改扩建项目的投资效益是好的,可行的。

第二部分:清偿能力分析

清偿能力分析依据损益表、资金来源与运用表、资产负债表对企业改扩建后整体的财务状况做出评价,分析企业对贷款的偿还能力。清偿能力分析要从改扩建项目范围内扩展至项目范围外,计算公司改扩建后的总量效益与总量费用。具体操作方法是很简单的。把项目范围内"有项目"的效益和费用与项目范围外的效益与费用对应相加,其中项目范围内数据来源于盈利能力分析,项目范围外的数据来源于盈利能力分析,项目范围外的数据由公司财务和计划部门提供。此外,反映公司改扩建后的财务状况的数据都是在现状数据基础上预测的,应把会计报表即损益表、财务状况变动表、资产负债表中的数据进行调整,填入项目评价报表建设起点年的相应栏目中。

1. 编制公司改扩建后总量数据报表

总量数据报表可称为辅助报表,为编制基本财务报表提供数据。

改扩建后公司流动资金总需要量见表 14-35;

改扩建范围外销售收入、销售税金及总成本费用见表 14-36;

改扩建后公司销售收入、销售税金及总成本见表 14-37;

公司总投资用款使用计划和资金筹措方案见表 14-38;

公司总借款还本付息分析表见表 14-39;

公司总量在建工程计划见表 14-40。

以上报表中所列改扩建项目范围外的数据，由公司财务部门和计划部门按评价人员的要求整理提供。

2. 编制损益表

将公司财会报表——损益表中会计科目按财务评价损益表的科目进行调整后填入建设起点年，然后根据表 14-37 编制损益表。

损益表中"其他业务利润及投资收益"栏为财务部门提供的预测值。"营业外净支出"栏填写改扩建后不再利用的固定资产按其原价扣除累计折旧、变价收入后的差额。即：120 万元−50 万＝70 万元，70 万元+5 万元(拆除费)−14 万元(变价收入)＝ 61 万元。这 61 万元实际是负值，应作为支出。

公司扩建后达产年(第四年)销售收入 12700 万元(其中改扩建项目销售收入 4400 万元)，实现销售税金 823 万元，利润总额 1736 万元，按 33%缴纳所得税为 573 万元，在可供分配的利润中提取 15%盈余公积金计 174 万元。

六、财务不确定性分析

1. 盈亏平衡分析

本项目盈亏平衡分析应对改扩建项目中 A 公司的盈亏平衡单独进行分析，然后再对总公司改扩建后盈亏进行平衡分析。对 A 公司作分析时，需要从"有项目"总成本费用的固定性费用中分解出来。由于"有项目"固定费用包括了总公司一部分费用，以此作盈亏分析不能说明问题。从"有项目"和各项费用表中分解出大约 700 万元，作为 A 公司的固定性费用。

$$BEP = \frac{700}{4400 - 200 - 2540} \times 100\% = 42\%$$

计算结果表明 A 公司达产能力为 42%，A 公司可以保本。

$$BEP = \frac{2900}{12700 - 823 - 730} \times 100\% = 63.4\%$$

总公司达产能力为 63.40%，总公司可以保本。

2. 敏感性分析

在项目计算期内，可能发生变化的因素有产品价格、经营成本和固定资产投资。各单因素变化正负 10%时对财务内部收益率影响的程度见表 14-8。

表 14-8 财务评价敏感性分析表

序号	项目	基本方案	销售收入		经营成本		投资	
			−10%	+10%	−10%	+10%	−10%	+10%
1	FIRR(%)	28.77	17.56	38.86	35.36	21.75	31.74	26.35
2	较基本方案增减(%)		−112.1	+10.09	+6.59	−7.00	+2.97	−2.42

计算结果表明，销售收入和经营成本变化对财务内部收益率影响较大，固定资产投资变化对财务内部收益率影响较小。允许销售收入降低的最大幅度约15.5%，经营成本提高的最大幅度约24%，变化幅度超过这个极限，项目将不可行。由于基本方案的收益率很高，项目抗风险的能力较强。

七、财务经济结论

综合分析，公司不进行改扩建，经济效益逐年减少。改扩建方案实施后，达产年获销售收入12700万元，获利1736万元，缴纳所得税573万元。增量项目投资财务内部收益率所得税后为21.53%万元，所得税前为28.77%，财务净现值（ic=12%）所得税后为1065万元，所得税前为1983万元；增量项目资本金财务内部收益率所得税后29.44%，财务净现值（ic=12%）为1299万元；借款偿还期5年（含建设期）。各项经济指标计算结果表明本项目财务效益是可行的，项目抗风险能力较强。

表14-9　固定资产、无形资产及递延资产投资估算表　　　单位：万元

项目	工程及费用名称	建筑工程费	设备购置费	安装工程费	工器具费	其他费用	合计	备注
	第一部分：工程费用							
1	A公司							
1.1	装配工房	300	830	40			1170	改扩建
2	公司总部							
2.1	办公大楼	8					80	改建
2.2	动力站							
2.2.1	锅炉房	20	50	10			80	改造
2.2.2	废水处理站		40	10			50	改造
3	工具器具及生产用家具费				20		20	
	小计	400	920	60	20		1400	
	第二部分：其他费用							
1	建设单位管理费					20	20	
2	前期工作及设计费					50	50	

续表

项目	工程及费用名称	价值					合计	备注
		建筑工程费	设备购置费	安装工程费	工器具费	其他费用		
3	增容费					30	30	
4	培训费					10	10	
5	技术转让费					70	70	
	小计					180	180	
	第三部分：预备费							
1	基本预备费					115	115	
2	涨价预备费					67	67	
	小计	182	182					
	第一至第三部分合计	400	920	60	20	362	1762	
1	固定资产投资方向调节税					48	28	
2	建设期利息					190	190	
	总计	400	920	60	20	600	2000	

单位:万元

表 14-10 改扩建范围内流动资金估算表

序号	项目	最短周转天数	最低周转天数	改扩建期				生产经营期		备注
				1	2	3	4	5~10		
	一、"有项目"流动资金									
1	流动资产									
1.1	应收账款			307	328	574	652	625×6		
1.2	存货			462	493	774	908	908×6		
1.2.1	原材料(含外购件)			134	142	332	403	403×6		
1.2.2	燃料			4	4	4	4	4×6		
1.2.3	在产品			171	183	247	284	284×6		
1.2.4	产成品	60	6	153	164	191	217	217×6		
1.3	现金			32	35	46	48	48×6		
	小计	60	6	801	856	1394	1608	1608×6		
2	流动负债	60	6							
2.1	应付账款	40/30	9/12	142	152	315	377	377×6		
3	流动资金	30/20	12/18	659	704	1079	1231	1231×6		
4	流动资金本年增加额	15	24	659	45	375	152			
5	流动资金借款额			461	493	755	862	862×6		
6	流动资金借款利息			51	54	83	95	95×6	借款年利率 10.98%	
	二、新增流动资金	50	7.2	0	45	420	572		"有项目"流动资金减现有流动资金	
	新增流动资金本年增加额			45	45	375	152			
	其中:借款				32	262	106			
	自有资金				13	113	46			
	三、"无项目"流动资金			659	659	659	659	659×6	"有项目"流动资金减"无项目"流动资金	
	四、增量流动资金			0	45	420	572	572×6		

表 14-11 新增投资使用计划与资金筹措表 单位：万元

序号	项目＼年份	改扩建期 1	改扩建期 2	生产经营期 3	生产经营期 4	合计	备注
	一、"有项目"流动资金						
1	新增总投资	1500	545	375	152	2572	
1.1	固定资产、无形资产及递延资产	1387	375			1762	
1.2	固定资产投资方向调节税	33	15			48	
1.3	建设期利息	80	110			190	
1.4	流动资金	0	45	375	152	572	
2	资金筹措	1500	545	375	152	2572	
2.1	借款	730	302	262	106	1400	
2.1.1	长期借款	730	270			1000	
	用于固定资产	730	270	0	0	1000	
2.1.2	流动资金借款	0	32	262	106	400	
2.2	自有资金	770	243	113	46	1172	
	其中：借款	770	230	0	0	1000	
	流动资金	0	13	113	46	172	
	二、"无项目"投资						
3	固定资产投资	20					
	三、增量投资						用于全部投资现金流量表（不包括建设利息）
4	增量固定资产投资	1400	390			1790	用于自有资金现金流量表（不包括建设期利息）
5	增量流动资金	0	45	375	152	572	
6	增量自有资金	670	133	113	46	962	

表 14-12 改扩建范围内"有项目"总成本及费用估算表

单位:万元

序号	成本及费用名称	改扩建期		生产经营期								合计
		1	2	3	4	5	6	7	8	9	10	
1	外购材料费	806	854	1989	2420	2420	2420	2420	2420	2420	2420	20589
	其中:外购半成品	530	530	1190	1445	1445	1445	1445	1445	1445	1445	12365
2	外购燃料及动力费	213	239	279	293	293	293	293	293	293	293	2782
3	工资及福利费用	440	466	529	529	529	529	529	529	529	529	5138
4	修理费	32	32	79	79	79	79	79	79	79	79	696
5	折旧费	62	62	196	196	196	196	196	196	196	196	1692
6	摊销	10	10	31	31	15	15	15	0	0	0	127
7	其他费用	348	375	566	593	593	593	593	593	593	593	5440
8	财务费用	51	54	194	172	133	95	95	95	95	95	1079
9	总成本及费用	1962	2092	3863	4313	4258	4220	4220	4220	4220	4220	37543
10	经营成本及费用(9-6-7-8)	1839	1966	3442	3914	3914	3914	3914	3914	3914	3914	34645
11	"无项目"经营成本及费用	1842	1969	1808	1808	1808	1808	1808	1808	1808	1808	18446
12	增量经营成本及费用(10-11)	-3	-3	1634	2106	2106	2106	2106	2106	2106	2106	16199
13	"无项目"总成本费用	1972	2102	1931	1931	1931	1931	1931	1931	1931	1931	19693
14	增量总成本及费用(9-13)	-10	-10	1932	2382	2327	23289	2289	2274	2274	2274	17850

单位:万元

表 14-13　改扩建范围内"无项目"总成本及费用估算表

序号	成本及费用名称	改扩建期		生产经营期							
		1	2	3	4	5	6	7	8	9	10
1	外购材料费	806	854	683	683	683	683	683	683	683	683
	其中:外购半成品	530	530	424	424	424	424	424	424	424	424
2	外购燃料及动力费	213	239	259	259	259	259	259	259	259	259
3	工资及福利费用	440	466	466	466	466	466	466	466	466	466
4	修理费	35	35	35	35	35	35	35	35	35	35
5	折旧费	69	69	69	69	69	69	69	69	69	69
6	摊销	10	10	0	0	0	0	0	0	0	0
7	其他费用	348	375	365	365	365	365	365	365	365	365
8	财务费用	51	54	54	54	54	54	54	54	54	54
9	总成本及费用	1972	2102	1931	1931	1931	1931	1931	1931	1931	1931
10	经营成本及费用(9-5-6-8)	1842	1969	1808	1808	1808	1808	1808	1808	1808	1808

表 14-14 "有项目"外购材料费估算表

单位:万元

序号	项目名称	单位	单价	第一年		第二年		第三年		第四年	
				年耗量	合价	年耗量	合价	年耗量	合价	年耗量	合价
1	原材料费:										
	A	吨	4000	220	88	220	88	175	70	175	70
	B	吨	5000	174	87	140	87	140	70	140	70
	C	吨	6000					400	240	530	318
	小计	万元			175		175		380		458
2	外购半成品	万元			530		530		1190		1445
3	辅助及其他材料	万元			55		55		200		250
	合计(1+2+3)	万元			760		760		1779		2153
4	材料涨价费	万元			46		94		219		267
	总计	万元			806		850		1989		2420

表 14-15 "无项目"外购材料费估算表

单位:万元

序号	项目名称	单位	单价	第一年		第二年		第三年		第四年	
				年耗量	合价	年耗量	合价	年耗量	合价	年耗量	合价
1	原材料费:										
	A	吨	4000	220	88	220	88	175	70	175	70
	B	吨	5000	174	87	140	87	140	70	140	70
	C	吨	6000					400	240	530	318
	小计	万元			175		175		380		458
2	外购半成品	万元			530		530		1190		1445
3	辅助及其他材料	万元			55		55		200		250
	合计(1+2+3)	万元			760		760		1779		2153
4	材料涨价费	万元			46		94		219		267
	总计	万元			806		850		1989		2420

单位:万元

表 14-16 "有项目"外购材料费估算表

序号	外购燃料动力费名称	单位	单价	第一年		第二年		第三年		第四年	
				年耗量	合价	年耗量	合价	年耗量	合价	年耗量	合价
1	电	万度	5500	300	165	320	176	380	209	400	220
2	煤	吨	120	2000	24	2100	25	2200	26	2200	26
3	其他动力费	万元			12		12		14		15
	小计				201		213		249		261
4	涨价费用	万元			12		26		30		32
	合计	万元			213		239		279		293

单位:万元

表 14-17 "无项目"外购材料费估算表

序号	外购燃料动力费名称	单位	单价	第一年		第二年		第三年		第四年	
				年耗量	合价	年耗量	合价	年耗量	合价	年耗量	合价
1	电	万度	5500	300	165	320	176	350	193	350	193
2	煤	吨	120	2000	24	2100	25	2200	25	2100	25
3	其他动力费	万元			12		12		12		12
	小计				201		213		230		230
4	涨价费用	万元			12		26		29		29
	合计	万元			213		239		259		259

表 14-18 "有项目"工资及福利费估算表

单位:万元

序号	项目	第一年			第二年			第三年			第四年		
		人数(人)	指标	年工资额	人数(人)	指标	年工资额	人数(人)	指标	年工资额	人数(人)	指标	年工资额
1	A公司人员	300	7547	226	300	7547	226	300	8550	257	300	8550	257
2	动力站人员	50	7547	38	50	7547	38	50	8550	43	50	8550	43
3	总公司管理人员	200	7547	151	200	7547	151	200	8550	171	200	8550	171
	小计			415			415			471			471
4	工资上涨费			25			51			58			58
	合计			440			466			529			529

表 14-19 "无项目"工资及福利费估算表

单位:万元

序号	项目	第一年			第二年			第三年			第四年		
		人数(人)	指标	年工资额	人数(人)	指标	年工资额	人数(人)	指标	年工资额	人数(人)	指标	年工资额
1	A公司人员	300	7547	226	300	7547	226	300	7547	226	300	7547	226
2	动力站人员	50	7547	38	50	7547	38	50	7547	38	50	7547	38
3	总公司管理人员	200	7547	151	200	7547	151	200	7547	151	200	7547	151
	小计			415			415			415			415
4	工资上涨费			25			51			51			51
	合计			440			466			466			466

表 14-20 "有项目"修理费估算表

单位：万元

序号	项目	第一年			第二年			第三年			第四年		
		固定资产原价	提取比例	金额	固定资产原价	提取比例	金额	固定资产原价	提取比例	金额	固定资产原价	提取比例	金额
	修理费	1280	2.5%	32	1280	2.5%	32	3172	2.5%	79	3172	2.5%	79

表 14-21 "无项目"修理费估算表

单位：万元

序号	项目	第一年			第二年			第三年			第四年		
		固定资产原价	提取比例	金额	固定资产原价	提取比例	金额	固定资产原价	提取比例	金额	固定资产原价	提取比例	金额
	修理费	1400	2.5%	35	1400	2.5%	35	1400	2.5%	35	1400	2.5%	35

表14-22　固定资产折旧费估算表

单位：万元

序号	项目	合计	折旧年限或折旧率	改扩建期		生产经营期							
				1	2	3	4	5	6	7	8	9	10
	第一部分：改扩建项目范围内												
	一、"有项目"折旧费												
	（一）总公司												
1	利用原有资产												
1.1	房屋建筑物	250	3.2%										
1.1.1	原值	250											
1.1.2	折旧费	80		8	8	8	8	8	8	8	8	8	8
1.1.3	净值	170		162	154	146	138	130	122	114	106	98	90
1.2	动力设备	230											
1.2.1	原值	230											
1.2.2	折旧费	110	5.2%	12	12	12	12	12	12	12	12	12	12
1.2.3	净值	120		108	96	84	72	60	48	36	24	12	0
2	新增固定资产												
2.1	房屋建筑	120											
2.1.1	原值	120											
2.1.2	折旧费		4.8%			6	6	6	6	6	6	6	6
2.1.3	净值	120				114	108	102	96	90	84	78	72
2.2	通用设备	120											
2.2.1	原值	120	6.3%										

续表

序号	项目	合计	折旧年限或折旧率	改扩建期		生产经营期							
				1	2	3	4	5	6	7	8	9	10
2.2.2	折旧费					8	8	8	8	8	8	8	8
2.2.3	净值					112	104	96	88	80	72	64	56
	小计：												
	原值	720											
	折旧费	290		20	20	34	34	34	34	34	34	34	34
	净值			270	250	456	422	388	320	320	286	252	218
	(二) A 公司												
1	利用固定资产												
1.1	房屋建筑物												
1.1.1	原值	320											
1.1.2	折旧费	100	3.2%	10	10	10	10	10	10	10	10	10	10
1.1.3	净值	220		210	200	190	180	170	160	150	140	130	120
2.2	通用设备												
2.2.1	原值	480											
2.2.2	折旧费	160	6.7%	32	32	32	32	32	32	32	32	32	32
2.2.3	净值	320		286	256	224	192	160	128	96	64	32	0
3	新增固定资产												
3.1	房屋建筑物												
3.1.1	原值	510											

续表

序号	项目	合计	折旧年限或折旧率	改扩建期		生产经营期							
				1	2	3	4	5	6	7	8	9	10
3.1.2	折旧		4.8%			24	24	24	24	24	24	24	24
3.1.3	净值	1143				486	462	438	414	390	366	342	318
3.2	通用设备												
3.2.1	原值		8.4%										
3.2.2	折旧费				42	96	96	96	96	96	96	96	96
3.2.3	净值	540		498	456	1047	951	855	759	663	567	471	375
	小计：												
	原值	2453											
	折旧费	830		62	62	162	162	162	162	162	162	162	162
	净值	3173		768	706	1947	1785	1623	1461	1299	1137	975	813
	合计（一）+（二）：												
	原值												
	折旧费												
	净值												
	二、"无项目"折旧费												
1	原值	1420											
2	折旧费			69	69	69	69	69	69	69	69	69	69
3	净值	919		850	781	712	643	574	505	436	367	298	229

续表

序号	项目	合计	折旧年限或折旧率	改扩建期		生产经营期							
				1	2	3	4	5	6	7	8	9	10
	第二部分：改扩建项目范围以外												
	一、B公司												
1	原值	1900			(800)								
2	折旧费			58	118	118	118	118	118	118	118	118	118
3	净值	759		701	1383	1265	1147	1029	911	793	675	557	439
	二、C公司												
1	原值	1500											
2	折旧费		10%	150	150	150	150	150	150	150	150	150	
3	净值	1350		1200	1050	900	750	600	450	300	150	0	0
	合计：												
	原值	3400			800								
	折旧费			208	268	268	268	268	268	268	268	268	118
	净值	2109		1901	2433	2165	1897	1629	1361	1093	825	557	439
	总计（第一部分＋第二部分）：												
	原值	6573			800								
	折旧费			270	330	464	464	464	464	464	464	464	314
	净值	2939		2669	3139	4568	4104	3640	3176	2712	2248	1784	1470

单位:万元

表14-23 无形资产摊销估算表

序号	项目	合计	摊销年限	改扩建期		生产经营期							
				1	2	3	4	5	6	7	8	9	10
	一、改扩建项目范围内												
1	原有无形资产												
1.1	原值	20											
1.2	摊销		2	10	10								
1.3	净值	20		10	0								
2	新增无形资产												
2.1	原值	75											
2.2	摊销		5			15	15	15	15	15			
2.3	净值	20				60	45	30	15	0			
	小计:												
	原值	95		10	10								
	摊销			10		15	15	15	15	15			
	净值	20		10	0	60	45	30	15	0			
	二、改扩建项目范围外												
	(一)B公司												

续表

序号	项目	摊销年限	合计	改扩建期		生产经营期							
				1	2	3	4	5	6	7	8	9	10
1	原值		30										
2	摊销	3		10	10								
3	净值		20	10	0								
	（二）C公司												
1	原值		50	30	10	10							
2	摊销	5			10	10	10						
3	净值		40	20	20	10	10						
	小计：		80										
	原值		80		20	75							
	摊销			20	20	25	25						
	净值		60	40	20	70							
	总计（一+二）：		175										
	原值		175	30	30	75	25	15					
	摊销			50	20	25	25	15	15	15			
	净值		80	50	20	70	45	30	15	0			

表 14-24　递延资产摊销估算表

单位：万元

序号	项目	合计	摊销年限	改扩建期		生产经营期							
				1	2	3	4	5	6	7	8	9	10
	一、改扩建项目范围内												
	（一）总公司												
	新增递延资产												
1	原值	32											
2	摊销		2			16	16						
3	净值					16	0						
	二、改扩建项目范围内												
	（一）B公司												
1	原值	20											
2	摊销		2	10									
3	净值	10		0									
	（二）C公司												
1	原值	80											
2	摊销		5	16	16	16	16						
3	净值	64		48	32	16	0						
	小计（B公司+C公司）：												
	原值	100											
	摊销			26	16	16	16						
	净值	74		48	32	16	0						
	总计（一+二）：												
	原值	132											
	摊销			26	16	32	32						
	净值	74		48	32	32	0						

表 14-25　"有项目"其他费用估算表

单位:万元

序号	项目	单位	第一年			第二年			第三年			第四年		
			数量	指标	金额	数量	指标	金额	数量	指标	金额	数量	指标	金额
1	A公司其他制造费	万工时	20	2.12元/工时	42	20	2.25元/工时	45	26	2.80元/工时	45	20	2.25元/工时	45
2	动力站其他制造费	人	150	1600元/工时	8	50	1600元/工时	8	50	2000元/工时	9	50	1800元/工时	9
3	A公司其他制造费	万元			30			32			21			21
4	总公司其他制造费	万工时	86	3.12元/工时	268	86	3.37元/工时	290	92	3.37元/工时	290	86	3.37元/工时	290
	合计				348			375			365			365

表 14-26　"无项目"其他费用估算表

单位:万元

序号	项目	单位	第一年			第二年			第三年			第四年		
			数量	指标	金额	数量	指标	金额	数量	指标	金额	数量	指标	金额
1	A公司其他制造费	万工时	20	2.12元/工时	42	20	2.25元/工时	45	20	2.25元/工时	45	20	2.25元/工时	45
2	动力站其他制造费	人	50	1600元/工时	8	50	1600元/工时	8	50	1800元/工时	9	50	1800元/工时	9
3	A公司其他制造费	万元			30			32			21			21
4	总公司其他制造费	万工时	86	3.12元/工时	268	86	3.37元/工时	290	86	3.37元/工时	290	86	3.37元/工时	290
	合计				348			375			365			365

单位:万元

表 14-27　改扩建范围内销售收入、销售税金及附加估算表

序号	项目	单价(万元/台)	第一年		第二年		第三年		第四年	
			数量(台)	合计	数量(台)	合计	数量(台)	合计	数量(台)	合计
	一、"有项目"									
1	销售收入			1500		1500		3760		4400
	老产品	15	100	1500	100	1500	80	1200	80	1200
	新产品	32					80	2560	100	3200
2	销售税金及附加			65		65		237		269
2.1	增值税			59		59		216		245
2.2	城市维护建设税			4		4		15		17
2.3	教育费附加			2		2		6		7
	二、"无项目"									
1	销售收入			1500		1500		1200		1200
	老产品	15	100	1500	100	1500	80	1200	80	1200
2	销售税金及附加			65		65		42		42
2.1	增值税			59		59		38		38
2.2	城市维护建设税			4		4		3		3
2.3	教育费附加	220		2		2		1		1
	三、增量(一)-(二)									
1	销售收入			0		0		2560		3200
2	销售税金及附加			0		0		195		227

表 14-28 增量利润总额估算表（一）

单位：万元

序号	项目	改扩建期		生产经营期								合计
		1	2	3	4	5	6	7	8	9	10	
1	增量销售收入		2560	3200	3200	3200	3200	3200	3200	3200	3200	24960
2	增量销售税金		195		277	277	277	277	277	277	277	1784
3	增量总成本费用	−10	−10	1932	2382	2372	2289	2289	2274	2274	2274	18021
4	增量利润总额	10	10	433	591	646	684	684	699	699	699	5155
5	增量所得税	3	3	143	195	213	226	226	231	231	231	1702

表 14-29 增量利润总额估算表（二）

单位：万元

序号	建设起点年　　　年份／项目	改扩建期		生产经营期								合计
		1	2	3	4	5	6	7	8	9	10	
	一、"有项目"利润总额											
1	产品销售收入	1500	1500	3760	4400	4400	4400	4400	4400	4400	4400	37560
2	销售税金及附加	65	65	237	269	269	269	269	269	269	269	2250
3	总成本及费用	1962	2092	3863	4313	4258	4220	4220	4205	4205	4205	37543
4	利润总额	−527	−657	−340	−182	−127	−89	−89	−74	−74	−74	−2233
5	所得税	−174	−217	−112	−60	−42	−29	−29	−24	−24	−24	−738
	二、"无项目"利润总额											
1	产品销售收入	1500	1500	1200	1200	1200	1200	1200	1200	1200	1200	12600
2	销售税金及附加	65	65	42	42	42	42	42	42	42	42	466
3	总成本及费用	1972	2120	1931	1931	1931	1931	1931	1931	1931	1931	19693

续表

序号	项目	建设起点年	改扩建期			生产经营期							合计
			1	2	3	4	5	6	7	8	9	10	
4	利润总额		-537	-667	-773	-773	-773	-773	-773	-773	-773	-773	-7559
5	所得税		-177	-220	-255	-255	-255	-255	-255	-255	-255	-255	-2493
	三、增量利润总额		10	10	433	591	646	684	684	699	699	699	15326
	四、增量销售税金及附加		0	0	195	227	227	227	227	227	227	227	1784
	五、增量所得税		3	3	143	195	213	225	226	231	231	231	1701

表 14-30 财务现金流量表(增量项目投资)(一)

单位:万元

序号	项目	改扩建期			生产经营期							合计
		1	2	3	4	5	6	7	8	9	10	
1	增量现金流入			2560	3200	3200	3200	3200	3200	3200	4574	26334
1.1	产品销售收入			2560	3200	3200	3200	3200	3200	3200	3200	24960
1.2	回收固定资产余值										802	802
1.3	回收流动资金										572	572
1.4	其他收入											
2	增量现金流出	14600	435	2347	2680	2546	2559	2559	2564	2564	2564	22278
2.1	固定资产投资(含方向税)	1400	390									1790
2.2	流动资金		45	375	152							572
2.3	经营成本	-3	-3	1634	2106	2106	2106	2106	2106	2106	2106	16028
2.4	销售税金及附加	0	0	195	227	227	227	227	227	227	227	1784

续表

单位:万元

序号	项目	改扩建期		生产经营期								合计
		1	2	3	4	5	6	7	8	9	10	
2.5	所得税	3	3	143	195	213	226	226	231	231	231	1702
2.6	营业外净支出	60										60
3	增量净现金流量	-1460	-435	213	520	654	641	641	636	636	2010	4056
4	累计增量现金流量	-1460	-1895	-1682	-1162	-508	133	774	1410	2046	4056	0
5	所得税前增量净现金流量	-1457	-432	356	715	867	867	867	867	867	2241	5758
6	所得税前累计增量净现金流量	-1457	-1889	-1533	-818	49	916	1783	2650	3517	5758	0

表 14-31 财务现金流量表(增量资本金)(一)

序号	项目	改扩建期		生产经营期								合计
		1	2	3	4	5	6	7	8	9	10	
1	增量现金流入	0	0	2560	3200	3200	3200	3200	3200	3200	4574	26334
1.1	产品销售收入	0	0	2560	3200	3200	3200	3200	3200	3200	3200	24960
1.2	回收固定资产余值										802	802
1.3	回收流动资金										572	572
1.4	其他收入											
2	增量资金流出	730	133	2525	3042	2975	2600	2600	2605	2605	2605	22420
2.1	自有资金	670	133	113	46							962
2.2	借款本金偿还			300	350	350						1000
2.3	借款利息偿还	0	0	140	118	79	41	41	41	41	41	542

续表

单位：万元

序号	项目	改扩建期 1	2	3	生产经营期 4	5	6	7	8	9	10	合计
2.4	经营成本	-3	-3	1634	2106	2106	2106	2106	2106	2106	2106	16370
2.5	销售税金及附加	0	0	195	227	227	227	227	227	227	227	1784
2.6	所得税	3	3	143	195	213	226	226	231	231	231	1702
2.7	营业外净支出	60										60
3	增量净现金流量	-730	-133	35	158	225	600	600	595	595	1969	3914

表 14-32　"无项目"现金流量表（项目投资）

单位：万元

序号	项目	建设起点年	改扩建期 1	2	3	生产经营期 4	5	6	7	8	9	10	合计
1	"无项目"现金流入		1500	1500	1200	1200	1200	1200	1200	1200	1200	2088	13488
1.1	产品销售收入		1500	1500	1500	1200	1200	1200	1200	1200	1200	1200	12600
1.2	回收固定资产余值											229	229
1.3	回收流动资金											659	659
2	"无项目"现金流出	2079	1750	1814	1595	1595	1595	1595	1595	1595	1595	1595	18403
2.1	固定资产、无形资产及递延资产（含方向税）	1420	20										1440
2.2	流动资金	659											659
2.3	经营成本		1842	1969	1808	1808	1808	1808	1808	1808	1808	1808	18275
2.4	销售税金及附加		65	65	42	42	42	42	42	42	42	42	466

续表

序号	项目	建设起点年	改扩建期		生产经营期								合计
			1	2	3	4	5	6	7	8	9	10	
2.5	所得税		-177	-220	-255	-255	-255	-255	-255	-255	-255	-255	-2437
2.6	营业外净支出												
3	"无项目"所得税后净现金流量(1-2)	-2079	-250	-314	-395	-395	-395	-395	-395	-395	-395	493	-4915
4	"无项目"所得税前净现金流量(3+2.5)	-2079	-427	-534	-650	-650	-650	-650	-650	-650	-650	238	-7352
5	增量净现金流量		51	54	54	54	54	54	54	54	54	54	537
6	原有资产	2079											2079
7	"无项目"自有资产净现金流量	0	-301	-368	-449	-449	-449	-449	-449	-449	-449	439	-3373

表 14-33 财务现金流量表（增量项目投资）（二）

单位:万元

序号	项目	建设起点年	改扩建期		生产经营期								合计
			1	2	3	4	5	6	7	8	9	10	
1	"有项目"现金流入		1500	1500	3760	4400	4400	4400	4400	4400	4400	6668	39822
1.1	产品销售收入		1500	1500	3760	4400	4400	4400	4400	4400	4400	4400	37560
1.2	回收固定资产余值											1031	1031
1.3	回收流动资金											1231	1231
2	"有项目"现金流出	2079	3210	249	3942	4275	4141	4154	4154	4159	4159	4159	40681

续表

序号	项目	建设起点年	改扩建期		生产经营期								合计
			1	2	3	4	5	6	7	8	9	10	
2.1	固定资产、无形资产及递延资产(含方向税)	1420	1420	390									3230
2.2	流动资金	659		45	375	152							1231
2.3	经营成本		1839	1966	3442	3914	3914	3914	3914	3914	3914	3914	34645
2.4	销售税金及附加		65	65	237	269	269	269	269	269	269	269	2250
2.5	所得税		-174	-217	-112	-60	-42	-29	-29	-24	-24	-24	-735
2.6	营业外净支出		60										60
3	"有项目"净现金流量(1-2)	-2079	-1710	-749	182	125	259	246	246	241	241	2503	-859
4	"无项目"净现金流量	-2079	-250	-314	-395	-395	-395	-395	-395	-395	-395	493	-4915
5	增量净现金流量	0	-1460	-435	213	520	654	641	641	636	636	2010	4056
6	累计增量净现金流量		-1460	-1895	-1682	-1162	-508	133	774	1410	2046	4056	1712
7	"有项目"所得税前净现金流量	-2079	-1884	-966	-294	65	217	217	217	217	217	2479	-1594
8	"无项目"所得税前净现金流量	-2079	-427	-534	-650	-650	-650	-650	-650	-650	-650	238	-7352
9	增量所得税前净现金流量	0	-1457	-534	356	715	867	867	867	867	867	2241	5758
10	累计增量所得税前净现金流量		-1457	-1889	-1533	-818	49	916	1783	2650	3517	5758	8976

单位:万元

表 14-34 财务现金流量表(增量资本金)(二)

序号	项目	改扩建期		生产经营期								合计
		1	2	3	4	5	6	7	8	9	10	
1	"有项目"现金流入	1500	1500	3760	4400	4400	4400	4400	4400	4400	6662	39822
1.1	产品销售收入	1500	1500	3760	4400	4400	4400	4400	4400	4400	4400	37560
1.2	回收固定资产余值										1031	1031
1.3	回收流动资金										1231	1231
2	"有项目"现金流出	2471	2001	4174	4691	4629	4249	4254	4254	4254	4254	39281
2.1	自有资金	690	133	133	46							982
2.2	借款本金偿还			300	350	350						1000
2.3	借款利息偿还	51	54	194	172	133	95	95	95	95	95	1079
2.4	经营成本	1839	1966	3442	3914	3914	3914	3914	3914	3914	3914	34645
2.5	销售税金及附加	65	65	237	269	269	269	269	269	269	269	2250
2.6	所得税	−174	−217	−112	−60	−42	−29	−29	−24	−24	−24	−735
2.7	营业外净支出	60										60
3	"有项目"净现金流量	−1031	−501	−414	−291	−224	151	151	146	146	2408	541
4	"无项目"自有资金净现金流量	−103	−368	−449	−449	−449	−449	−449	−449	−449	439	−3373
5	增量自有资金净现金流量(3−4)	−928	−133	35	158	225	600	600	595	595	1939	3686

表 14-35　公司改扩建后流动资金总需要量估算表

单位:万元

序号	项目	第一年			第二年			第三年			第四年		
		范围内	范围外	合计	范围内	范围外	合计	范围内	范围外	合计	范围内	范围外	合计
1	流动资金												
1.1	应收账款	307	750	1057	328	771	1099	574	792	1366	357	907	1559
1.2	存货	462	835	1297	493	855	1348	774	975	1749	908	1145	2053
1.3	现金	32	37	69	35	37	72	46	39	85	48	44	92
	小计	801	1622	2423	856	1663	2519	1394	1806	3200	1608	2096	3704
2	流动资金												
2.1	应付账款	142	494	636	152	506	658	315	520	835	377	598	975
3	流动资金 (1-2)	659	1128	1787	704	1157	1861	1079	1286	2365	1231	1498	2729
4	流动资金贷款	461	461	1251	493	810	1303	755	901	16862	1048	1910	2958

241

表 14-36 公司改扩建范围内销售收入、销售税金及总成本费用估算表

单位:万元

序号	项目	改扩建期		生产经营期							
		1	2	3	4	5	6	7	8	9	10
1	销售收入	7000	7300	8300	8300	8300	8300	8300	8300	8300	8300
2	销售税金及附加	467	487	554	554	554	554	554	554	554	554
3	总成本及费用	4974	5140	5908	5888	8527	5827	5827	5827	5827	5827
3.1	原材料费	3448	3534	4180	4180	4180	4180	4180	4180	4180	4180
	其中:外购半成品	1800	1900	2600	2600	2600	2600	2600	2600	2600	2600
3.2	燃料及动力费	107	113	123	123	123	123	123	123	123	123
3.3	工资及福利费	520	534	671	671	671	671	671	671	671	671
3.4	修理费	65	85	85	85	85	85	85	85	85	85
3.5	其他费用	360	360	385	385	385	385	385	385	385	385
3.6	折旧费	208	268	268	268	268	268	268	268	268	268
3.7	摊销	46	36	26	26	0	0	0	0	0	0
3.8	财务费	220	210	170	150	115	115	115	115	115	115
	其中:利息支出	220	210	170	150	115	115	115	115	115	115

单位:万元

表 14-37 公司改扩建后销售收入、销售税金及总成本费用表

序号	年份 项目	改扩建期		生产经营期								备注
		1	2	3	4	5	6	7	8	9	10	
1	产品销售收入	8500	8800	12060	12700	12700	12700	12700	12700	12700	12700	
1.1	改扩建项目范围内	1500	1500	3760	4400	4400	4400	4400	4400	4400	4400	
1.2	改扩建项目范围外	7000	7300	8300	8300	8300	8300	8300	8300	8300	8300	
2	销售税金及附加	532	552	791	823	823	823	823	823	823	823	
2.1	改扩建项目范围内	65	65	237	269	269	269	269	269	269	269	
2.2	改扩建项目范围外	467	487	554	554	554	554	554	554	554	554	
3	总成本及费用	6936	7232	9771	1020	10085	10047	10047	10032	10032	9882	
3.1	改扩建项目范围内	1962	2092	3863	4313	4258	4220	4220	4205	4205	4205	
3.2	改扩建项目范围外	4974	5140	5908	5888	5827	5827	5827	5827	5827	5827	
	其中:折旧费	270	330	464	464	464	464	464	464	464	314	为编制损益表提供数据
	摊销费	56	46	57	57	15	15	15				

表14-38 公司总投资用款使用计划与资金筹措表

单位:万元

序号	项目	建设起点年	改扩建期		生产经营期			合计	备注
			1	2	3	4	5		
1	投资计划								投资计划各项目用于编制资金来源与运用表中的运用栏
1.1	固定资产、无形资产及递延资产投资	1200	1420	390				2010	
1.1.1	改扩建项目范围内		1420	390				1810	
1.1.2	改扩建项目范围外	1200	0	0				1200	
1.2	建设期利息		80	110				190	
1.2.1	改扩建项目范围内		80	110				190	
1.2.2	改扩建项目范围外		0	0					
1.3	流动资金	1787	0	74	504	364		2729	
1.3.1	改扩建项目范围内	659	0	45	375	152		1231	
1.3.2	改扩建项目范围外	1128	0	29	129	212		1498	
2	资金筹措								资金筹措各项目用于编制资金来源与运用
2.1	长期借款	1200	730	270				2200	
2.1.1	改扩建项目范围内		730	270				1000	
2.1.2	改扩建项目范围外	1200						1200	
2.2	流动资金借款	800	451	54	353	254		1910	
2.2.1	改扩建项目范围内	461	0	32	262	106		861	
2.2.2	改扩建项目范围外	339	451	20	91	148		1049	
2.3	短期借款	451	451					451	
2.4	自有资金	537	770	252	151	110		1820	
2.4.1	改扩建项目范围内	198	770	243	113	46		1370	
2.4.2	改扩建项目范围外	339		9	38	64		450	

表 14-39　公司总借款还本付息分析表

单位:万元

序号	项目	建设起点年	改扩建期			生产经营期				备注
			1	2	3	4	5	……	10	
1	借款还本付息									
1.1	年初借款本金累计		1200	1630	1600	1000	350			
1.2	本年借款									
1.2.1	改扩建项目范围内		730	720						
1.2.2	改扩建项目范围外									
1.3	本年应计利息		212	209	176					改扩建期间用的利息用计算
1.3.1	改扩建项目范围内		80	110	110					
1.3.2	改扩建项目范围外		132	99	66					
1.4	本年还本付息									
1.4.1	还本			300	600	650	350			
	改扩建项目范围内				300	350	350			
	改扩建项目范围外			300	300	300	0			
1.4.2	付息		212	209	176	110	38			
	改扩建项目范围内		80	110	110	77]	38			
	改扩建项目范围外		132	99	66	33	0			
2	年末借款本金余额	1200	1630	1600	1000	350				
3	偿还借款本金来源									
3.1	利润		380	410	600	650	350			
3.2	折旧及摊销									
3.3	其他									

表 14-40 公司总量在建工程计划表

单位:万元

序号	年份 项目	建设起点年	改扩建期		生产经营期				......	10	备注
			1	2	3	4	5	6			
	在建工程										
1	改扩建项目范围内		1500	2000							为编制资产负债表提供依据
2	改扩建项目范围外	800	800								
	合计	800	2300	2000							

表 14-41 损益表

单位:万元

序号	项目	建设起点年	改扩建期			生产经营期							合计
			1	2	3	4	5	6	7	8	9	10	
1	产品销售收入	8500	8500	8800	1260	12700	12700	12700	12700	12700	12700	12700	126760
2	销售税金及附加	540	532	552	791	823	823	823	823	823	823	823	8176
3	产品总成本及费用	6752	6936	7232	9771	10201	10085	10047	10047	10032	10032	9882	101017
	其中:折旧费	280	270	330	464	464	464	464	464	464	464	314	4442
	摊销费	46	56	46	57	57	15	15	15				307
4	产品销售利润(1-2-3)	1208	032	1016	1498	1676	1792	1830	1830	1845	1845	1995	17567
5	其他业务利润及投资收益	150	60	60	60	60	60	60	60	60	60	60	750
6	营业外净支出(或收入)		61										61

续表

序号	项目	建设起点年	改扩建期		生产经营期								合计
			1	2	3	4	5	6	7	8	9	10	
7	利润总额	1358	1032	1076	1558	1736	1852	1890	1890	1905	0905	2055	18257
8	所得税（7×33%）	448	340	355	514	573	611	624	624	629	629	678	6025
9	税后利润	910	692	721	1044	1163	1241	1266	1266	1276	1276	1377	12232
10	年初未分配利润												
11	可供分配利润	910	692	721	1044	1163	1241	1266	1266	1276	1276	1377	12232
12	盈余公积金（11×15%）	137	104	108	157	174	186	190	190	191	191	207	1835
13	累计盈余公积金	137	241	349	506	680	866	1056	1246	1437	1628	1835	9981
14	应付利润												
15	未分配利润（10-11-13）	773	588	613	613	989	1055	1076	1085	1085	1085	1170	10132
16	累计未分配利润	773	1361	1974	1974	3850	4905	5981	8142	9227	9227	10397	57811

第十五章 商业地产项目评价案例
——某交易中心二期服装交易市场评价案例

第一部分 总 论

第一节 项 目 概 述

汉口某交易中心位于武汉市盘龙城经济技术开发区,紧邻武汉中环线和后湖新城,该交易中心规划占地 3800 亩,总建筑面积 380 万平方米,预计总投资人民币 60 亿元。二期服装交易市场项目用地 108.36 亩,建筑面积 26.24 万平方米,总投资 6.02 亿元。

该项目针对目前湖北省批发市场现状,充分借鉴国际国内大型商贸市场的先进规划理念和建筑设计风格,构筑以鞋业、小商品、皮具箱包、酒店用品、五金机电、儿童用品、服装、家纺、家电、日化用品等十大专业批发市场为核心,超大国际品牌主力店为支撑,形成以大型商业广场、大型物流中心、电子商务交易平台等为配套的国际化交易市场。

建成后的汉口某交易中心将按照国际市场运行规则营运,最终形成以交易展示、研发设计、物流仓储、客运货运、电子商务、信息发布、会议会展、人才培训、商旅服务为主的年营业额超过 500 亿元的一站式流通超级大市场运行网络体系。

汉口某交易中心项目的建设、运营得到了国家、省、市、区的大力支持:

——商务部、财政部重点支持项目,并获得财政部项目贷款贴息。

——湖北省七大重大项目之一,被写入湖北省政府工作报告。

——武汉市重大项目,连续三年被写入武汉市政府工作报告。

——国家 AAA 级购物旅游景区。

第二节 报告内容概要

一、地域优势

汉口某交易中心可直接覆盖武汉市 831 万人口,其中黄陂区 113 万人口、盘龙城开发区 30 万常住人口,市场消费容量巨大,保守估计可覆盖武汉市 1293 亿元的消费市场。

汉口某交易中心可辐射华中六省 15197.49 亿元的消费市场,2006 年华中六省实现社会消费品零售总额 15197.49 亿元,占全国的 5%。

二、交通优势

汉口某交易中心选址于武汉所独具的航空、铁路、港口等三大交通枢纽战略资源的黄金节点之处，武汉航空城、横店编组站、阳逻深水港正好将其围合其中，南距汉口火车站5公里、武汉港10公里，东距阳逻深水港15公里，西距天河国际机场6公里。同时又通过外环与京珠高速、沪蓉高速相连，形成了横贯东西、纵通南北的交通格局。

三、规模优势

汉口某交易中心以10大专业批发市场为核心，超大国际品牌主力店为支撑，汇集150万种商品品类，以其超大规模市场打造中国最大的商品集散中心。

本项目相对于汉正街之类传统批发市场而言，具有绝对的规模优势。

四、规划优势

汉口某交易中心经过科学合理的规划布局设计，精心划分为品牌交易区、综合交易区、服务交易区、休闲交易区、绿化交易区、生活交易区、停车场等，经营交易区域与配套设施搭配合理。

在33万平方米的中央商务配套交易区，建设有大型购物广场、国际风情美食街、酒吧街、市场配餐中心、产业服务写字楼、五星级和三星级商务酒店、酒店式公寓及高级生活公寓，以及政府一条龙服务中心(海关、工商、税务、消防、商标及专利注册、邮政、医疗、学校、派出所等)，顶级休闲、商旅与行政配套。

相比规模小、环境差、设施老的传统批发市场，本项目可以为场内经营户和采购商提供贴心满意的服务，让每位入驻商家均能享受到完善的配套服务。

五、经营理念优势

本项目的建设开发团队中，拥有毕马威华振会计师事务所、科特勒咨询集团、香港威务诚建筑师事务所、实力联盟等许多国际著名公司，能够进行全方位、多层次的合作，以保障本项目的顺利实施。

六、区域配套优势

盘龙城作为汉口的"后花园"，目前的生活配套、市政配套设施建设已进入提速阶段，政府配套建设占地200亩的货运站、占地100亩的客运站将于今年建成并运营，竹叶山高架桥将与岱黄高速公路无缝连接，轻轨一号线年内将延伸至汉口北，解放大道下延线工程将于今年下半年启动建设，省市重点示范中小学、大型医疗机构也将进驻汉口北，这些都说明汉口北商贸物流枢纽区已成为湖北省、武汉市着力重点打造的商贸物流产业集群。

第三节　研　究　结　论

综上所述，建设汉口某交易中心项目能改善湖北省批发专业市场商贸环境，提高商贸市场硬件设施水平，提升经营运作理念，也是进一步调整市场布局，加速发展城市经济，改善城市面貌的重要举措，该项目建设是十分必要的。

第二部分 项目建设的背景及必要性

一、项目可行性研究的依据和范围

1. 地理辐射位置

由于武汉地处中国中部，又有着独一无二覆盖面优势，可以中部崛起的政策优势，利用其所特有的直接辐射中部六省的地理优势，将其定位于立足中部覆盖全国走向世界，集物流、商业、生产、住宅等于一体的新生态商业经济圈。

2. 交通物流环境

对于本项目而言，要想成为国家一级批发市场，必须具备较大的物流交通优势，相对于汉正街之类传统批发市场而言，此项优势必须是压倒性的。

3. 经营定位

针对武汉多数批发场所缺乏有效管理、无法提高商业品质的现状，本项目将产品定位于有良好的管理和服务的高档现代商品交易群上，不断提高和保持自身的商业品质。

4. 项目配套

针对周边会有新的小型交易区规划的情况，本项目的定位应在新生态商业经济圈的前提下，必须保持面向大众的消费定位，只有面向大众，才能站稳脚跟。

二、项目提出的背景及必要性

1. 项目提出的背景

武汉位于我国腹地，素有"九省通衢"之称，是华中各地交易的中心城市，长江中游最大的流通中心之一，为内陆最大的交通枢纽，其铁路、公路、水运、航空交通网络十分发达。武汉在历史上一直是我国内地最繁华的内外商贾云集的商埠，最大的商品集散中心。改革开放以来，武汉市各种物流贸易商业形态不断涌现，以汉正街为代表的各类综合性或专业性市场更是蓬勃发展，市场交易活跃，成为华中各地交易区最引人注目的商品集散地。武汉市深厚的商业文化底蕴、独特的交易区位优势、巨大的消费市场、良好的经营氛围，形成了在商业物流领域集聚与辐射的独特优势。

然而受市场经营条件限制，汉正街国家级商品批发市场群与武汉市600多个商品交易市场一样，集中在市中心各区，占据黄金地段，其建场当初就遗留下的许多问题逐渐显现出来。

此时，构建一个交通便利、物流便捷、配套齐全、服务完善且代表大武汉商贸业发展高度和未来走向的国际化市场集群，成为国际国内市场运营机构和商界精英们的共同期待。

2. 项目建设的必要性

一是进一步加快武汉市建设国际性大城市的需要。

汉正街国家级商品批发市场群位于"两江四岸"改造的重点各交易区域，根据城市总体规划和商业布局总体规划，该交易区域应建成高起点的集旅游观光、娱乐休闲、大型购物于一体的现代化都市商务交易区和高尚的滨江生活交易区。汉正街国家级商品批发市场群人流物流大，市场布局和经营混乱，不仅自身生存发展受到严重制约，更不符合城市建设发展的大局。因此，迁建这类批发市场，腾出黄金地段，才能改善城市环境，提升城市品位。

二是促进开发区现代化建设的需要。

本项目建设拟选址在城乡接合部的黄陂区盘龙城经济开发区内，在该地区建成商业交易区，将使其彻底告别土地闲置、环境形象较差的不良状况，有利于促进城市区间协调发展，满足城市管理和发展的需要，综合效益明显。

三是武汉市加快发展商贸产业的需要。

商贸业是武汉市的支柱产业，根据武汉市政府加快发展第三产业，改造、提升传统市场，创新商业形态的要求，项目建设实施后，将显著地改善招商引资的软硬环境。

本项目从业的业主绝大部分是外地客商，这些客商将长期稳定租赁房屋经营，把家安在武汉，把事业基础留在武汉，并以商引商，加快引进市外资本。同时，吸纳汉正街等批发市场群以外的相关经营户入驻，使汉口某交易中心真正成为立足于中部、辐射全国的一级市场，增加市场集聚及辐射能力，大幅度扩大市场规模，并在此基础上，吸引国际品牌进入市场，将外部先进的管理模式及资本与现代化的经营场所和市场资源相结合，促使武汉市重整批发市场资源，拓展功能，提升品位，高位发展，吸引更多的企业特别是有实力的知名企业入市经营，使武汉真正成为华中地区各类商品的集散地，进一步巩固和提高武汉在华中地区批发、物流的龙头地位，推动整个武汉市经济的可持续发展。

四是适应现代商业、物流业发展趋势的需要。

专业批发市场的经营种类绝大多数是人民群众必需的生活消费品，有着巨大的市场，武汉市此类批发市场集中了国内外知名品牌，众多知名企业纷纷在此设有总代理、总经销。这些市场立足于武汉，辐射湖北全省及周边6个省市，年销售额约为1.5万亿元人民币。武汉将成为华中地区最大的商品销售集散中心。

第三部分　项目建设基本情况

一、汉口某交易中心总体规划

（1）规划总面积：2533140平方米

（2）建筑总面积：3800000平方米

其中：

交易市场：2000000平方米。

物流仓储：500000平方米。

综合配套：200000 平方米。

生活配套：300000 平方米。

(3)总投资规模：60 亿元人民币。

(4)总建设周期：拟定于 2007 年 10 月启动建设，拟分五期，十年内逐步开发建设完成，本期服装交易市场(26.24 万平方米)将于 2011 年底建成并营运。

(5)建筑密度：40%。

(6)容积率：1.5。

(7)绿地率：35%。

(8)市场停车位：40000 个。

二、二期服装交易市场具体规划

(1)用地：108.36 亩。

(2)总建筑面积：262393.10 平方米。

其中：地上建筑面积 259374.86 平方米；

地下建筑面积 3018.24 平方米。

(3)投资总额：60169 万元。

(4)停车位：1600 个。

三、二期服装交易市场场址

本项目位于盘龙城经济开发区，汉口北大道从该项目中部穿过，堪称汉口、武昌和青山地区北进的第一门户，南距汉口火车站 5 公里、武汉港 10 公里，东距阳逻深水港 15 公里，西距天河国际机场 6 公里。同时又通过外环与京珠高速、沪蓉高速相连，形成了横贯东西、纵通南北的交通格局，地理位置十分优越。

第四部分　项目建设规划方案

一、建设目标

汉口某交易中心将按照国家一级专业市场运行模式营运，最终形成以交易展示、研发设计、物流仓储、客运货运、电子商务、信息发布、会议会展、人才培训、商旅服务为主，年营业额超过 500 亿元的一站式流通超级大市场运行网络体系，其中二期服装市场建筑面积为 26.24 万平方米。

二、结构功能规划

项目规划主要由五大功能区组成：市场交易区、商品展示区、综合配套区、生活配套区及中心绿化区。市场交易区是企业实现社会价值和经济价值的桥梁；商品展示区为企业提供商品展示的平台，有效提高企业产品品牌效应；综合配套区、生活配套区是其他功能区正常运作和可持续发展的保证；中心绿化区则为上述区域创造了一个良好的休息、娱乐的环境。

三、道路交通规划

根据市场用地形态和功能结构特点，采用平行汉口北大道的方格网式道网体系，这样将市场交通作比较均匀的分布，可机动灵活组织市场车辆运行。市场内主、次道路的走向满足使地块划分完整的要求，以便于开发和出让，同时亦便于给排水、电力电信、燃气供热管网的铺设，支路则根据各地块实际情况灵活开设，保证与主、次道路方便联通。

四、景观绿化规划

1. 不同区域采用不同的景观形式

市场交易区、综合配套区及入口广场景观以硬质铺地为主，通过不同的材料及色彩创造富于变化、导向性强的室外空间，并有规律地布置花池和树池；其他区域的景观则以绿化为主。

2. 采取"点线面"相结合的原则

通过重点对广场、集中绿化的设计，结合道路绿化和建筑物间小面积地块的设计，营造层次丰富、富于变化、有创意的环境空间。

3. "就地取材"的原则

为突出地方特色，应尽量选择本地建筑材料和适应本地生长的花卉、树木等。

五、建筑规划

本方案单体建筑均采用简洁而明快的现代建筑风格，强调建筑之间的协调统一，具有较强的可识别性和导向性。

1. 市场交易区标准商铺

市场交易区的建筑形式以商铺为主，标准商铺由标准单元组成，分布在三至五层；标准商铺单元之间可以自由组合。

2. 综合配套区建筑

综合配套区建筑包括科研中心、办公楼、培训中心、商务酒店、客运中心等建筑。该区建筑以多层和小高层建筑为主，建筑形式灵活多变，努力营造浓厚的商业氛围。

第五部分 服装批发市场分析

一、服装批发市场发展现状与趋势分析

武汉市服装专业批发市场主要表现为以汉正街为代表的市场群，大多位于汉口中心城区，该市场群立足武汉，经过十余年的发展，已成为辐射周边地区各类商品的集散中心，辐射湖北全省及周边6个省市，年销售额180亿元，涵盖人口4亿人。

但随着批发市场的飞速发展，以及城市功能的提升，汉正街批发市场群对武汉市的交

通、形象方面带来了较大负面影响,其自身发展也由于区位、用地、交通条件等受到限制,因此武汉市专业批发市场向城区外迁移已成为大势所趋。

因此,本项目顺应新型批发市场的发展趋势,通过对武汉市现有专业批发市场的整合、改造、提升传统市场,创新商业形态,走规模化、集约化的新路。项目立足以汉正街等传统市场为代表的大型传统专业市场群扩容性搬迁,考虑华中地区批发商贸市场集聚性发展的需要,力求新建市场的功能提升和品位提升。

二、现有竞争市场分析

目前,本地区或周边同类批发市场情况见表15-1。

表 15-1 同类批发市场情况一览表

市场	武汉万商百马服装市场中心	汉正街中心商城	汉正街第一大道服装市场	佳海服装面料市场	汉口某交易中心
投资机构	武汉商业城有限公司	武汉桥建集团有限公司	武汉龙腾置业有限公司	武汉佳海房地产开发有限公司	武汉汉口某商贸投资有限公司
地理位置	东汉正街	汉正街多福路	汉正街第一大道	盘龙城经济开发区佳海工业城	盘龙城经济开发区
占地面积	占地1.2万平方米	占地1.4万平方米	107亩	总占地2200亩	3800亩
建筑面积	8万平方米	总建筑面积15万平方米,其中市场面积约8万平方米	20万平方米	170万平方米	380万平方米,二期服装市场26.24万平方米
建筑类型	9层	群楼4层为市场;配套四栋多层住宅及两栋25层高层住宅	铺面临街双首层规划	三层一体,连排别墅	市场区5层,配套电梯、中央空调、楼顶地面停车场,市场配套高层生活、行政服务区
业态	品牌服饰	汉派女装	品牌服饰	面料、辅料	总体规划为酒店用品、小商品、鞋业、皮具箱包、五金机电、家纺、服装、日化用品、儿童用品、电子电器十大市场

续表

市场	武汉万商百马服装市场中心	汉正街中心商城	汉正街第一大道服装市场	佳海服装面料市场	汉口某交易中心
建设情况	1996年建成	1997年9月建成	2006年4月建成	2008年5月建成交房	一期建设已完成40万平方米的建设，在建面积10万平方米；二期服装市场规划为26.24万平方米
商铺户数	1200户	1143户	2000户	220户	折算标准商铺约5000户
销售价格	25000元/m²	40000~60000元/m²	40000~50000元/m²	6000元/m²	6000元/m²
租赁价格	200~300元/m²	220~300元/m²	180~250元/m²	只售不租	50元/m²（免一年租金）
市场开业率	约85%	约60%	40%	100%	开业率超过70%。

武汉万商百马服装市场中心、汉正街中心商城、汉正街第一大道服装市场均处于武汉市中心城区——汉正街，其批发物流环境与城市的发展不相适应，货物运输受到严格限制，从而导致高额的物流成本及经营成本，这些根本性的因素已严重制约了汉正街各大市场传统批发业的发展，已无法适应现代专业批发市场流通速度日益提高的要求，因此现在的汉正街正借助武汉市"两江四岸"改造工程，积极进行经营模式的转换，由商品批发转变为精品品牌店，这也为汉口北承接汉正街传统批发的外迁提供了机会。

汉口某交易中心服装市场是专营品牌、外贸成衣的批发市场，因此市场经营业务并不形成竞争，同时可相互补充，形成市场集聚效应。

第六部分　市场策略及营运模式

一、市场细分与目标市场策略

根据对不同市场商户的调研，结合本项目建筑形态，本项目定位为专营品牌、外贸成衣的专业批发市场。

二、定价策略

1. 以地理位置定价

项目地处中部，又有着独一无二的覆盖面优势，可以中部崛起的政策优势，利用直接辐射中部六省的地理优势，将其定位于立足中部覆盖全国走向世界的，集物流、商业、生产、住宅等于一体的新生态商业经济圈，然后根据商圈成熟度定价。

2. 以核心商户意见定价

项目的核心商户应是从事批发行业的各类经营户，应结合核心商户的意见来定价。

3. 以项目周边环境定价

本项目的定价应在新生态商业经济圈的前提下，做出面向大众的消费定位，只有面向大众，才能站稳脚跟。

三、渠道分销策略

1. 自主招商

由公司自行组织招商工作，通过以下方式引进客户：

A. 与各行业商会、协会取得联系并建立合作关系。

B. 与各行业批发市场大客户取得联系并建立合作关系。

C. 与曾成功操作过其他专业批发市场的招商机构合作招商。

2. 机构招商

在全国范围内联络各行业知名品牌批发专业市场招商运营机构，与之建立合作关系，利用其品牌资源优势、客户资源优势、市场运营管理经验，达到快速启动市场并在行业内树立"汉口某交易中心"品牌的目的。

四、促销策略

(1)制订媒体宣传计划，在全国主要省市及湖北省、武汉市主要媒体造势，并结合大量系列软文，突出本项目产品在区域内的形象和内在优势，增强产品市场影响力。

(2)在全国主要城市及武汉市内同时召开多场大型招商会，推出一系列优惠促销活动，做足互动营销与文化营销，提升项目的文化含量。

(3)在总结分析已购、未购客户信息的基础上，归纳更清晰的目标市场，寻找效率更高的行销切入点，进一步确立项目的品牌形象，提升附加价值，形成口碑效应。

(4)网络媒体正逐步成为大众传播主流媒介，应加强网络媒体的宣传力度。

第七部分 物业管理模式

一、共管方式

将成立由全体业主选举产生的业主委员会，对物业管理公司进行监督，业主参与物业管理及各交易区文化建设。

二、公用设施管理

公用设施的管理实行俱乐部制度，凡业主都是俱乐部成员，羽毛球场、篮球场、足球场全天免费开放使用，其余公用娱乐设施可享受会员优惠。

三、安全管理

实行四重门禁保卫系统。

(1)中央监视系统。各交易区各进出口、公共通道口、停车场均设置监视镜头，对各部位实行全天候的切换监视；周边围墙采用远红外对射自动报警装置。

(2)固定、流动岗。在各交易区大门、侧门、会所中心设置固定岗，园各交易区设置巡逻岗，实行 24 小时全天候巡逻。

(3)安全报警。每户设置可视对讲，煤气、火灾报警，紧急按钮等，住户有情况可随时向管理中心报警，并与 110 系统联动。

(4)一卡通。各交易区大门、侧门、娱乐场、会所入口设置感应式非接触卡阅读器，人员通过刷卡开锁进入。

四、卫生管理

各交易区内由专业清洁队负责各交易区清洁卫生，垃圾袋定时集中收取。

第八部分　项目建设投资估算及资金筹措

一、投资估算及筹资计划编制的主要依据

(1)《汉口某交易中心建设总体规划设计》。

(2)《建设用地出让协议》。

(3)中国人民银行颁布的现行中长期贷款利率标准。

(4)有关工程直接费计算定额。

(5)有关工程间接费计算标准。

(6)有关工程建设其他费用计算标准。

(7)有关建筑物、构筑物估算指标。

(8)本项目可行性报告有关研究结论和调查数据。

二、项目总投资估算

本项目总投资约为 60169 万元(表 15-8)。

1. 土地费用：4550 万元(用地总面积 108.36 亩)

表 15-2　土地费用

序号	成本项目	数量（m²）	价格	金额（万元）
一	土地成本			
1	土地出让金	72240	191.77	1385.00
2	土地平整改造、修复等费用			3165.00
	土地成本小计			4550.00

2. 前期工程费用 3550 万元

表 15-3　前期工程费用

序号	成本项目	数量（m²）	价格	金额（万元）
二	前期工程费用			
1	规划费、设计费	262393.10	18	472.00
2	地质勘探费	262393.10	1	26.00
3	招投标费用、监理费	262393.10	10	262.00
4	拔地定桩费	262393.10	1	26.00
5	红线放线费	262393.10	1	26.00
6	环评报告费	262393.10	0.5	13.00
7	三杆迁移、埋地、修复费			2200.00
8	临时设施费	262393.10	20	525.00
	前期工程费用小计			3550.00

3. 基础设施费 4145 万元

表 15-4　基础设施费

序号	成本项目	数量（m²）	价格	金额（万元）
三	基础设施费			
1	供电开发费	262393.10	40	1050.00
2	供水开发费	262393.10	6	157.00
3	道路排水	262393.10	52	1364.00
4	园林景观	262393.10	20	525.00
5	安防工程	262393.10	2	52.00
6	消防工程	262393.10	38	997.00
	基础设施费小计			4145.00

4. 建筑安装工程费 34021 万元

表 15-5　建安工程费

序号	成本项目	数量（m²）	价格	金额（万元）
四	建筑安装工程费			
1	商业建筑安装工程	259374.86	1300	33719.00
2	地下建筑（含人防工程）	3018.24	1000	302.00
	建筑安装工程费小计			34021.00

5. 公共设施配套建设费 2624 万元

表 15-6　公共设施配套建设费

序号	成本项目	数量（m²）	价格	金额（万元）
五	公共设施配套建设费	262393.10	100	2624.00

6. 开发间接费 978 万元

表 15-7　开发间接费

序号	成本项目	数量（m²）	价格	金额（万元）
六	开发间接费		2%	978.00

项目直接投资成本小计（1 至 6 项目合计）= 49868 万元

7. 管理费用

管理费用=（项目直接投资成本）×1%=499 万元

8. 销售费用

销售费用=项目预测期内销售收入总额×5%=5373 万元

9. 开发期间税费（开发期间土地使用税）

开发期间税费=土地面积×4 元/平方米×项目建设期=87 万元

10. 财务费用 4342 万元

以上 1 至 10 项合计，得出项目总投资为 60169 万元。

三、收入及期间费用预测

1. 主营业务收入 107451 万元（表 15-9）

（1）房地产销售收入 102123 万元。

（2）租金收入额：5328 万元。

2. 主营业务成本 33911 万元（表 15-12）

(1)房地产销售成本 29921 万元。

(2)市场租赁折旧成本 3990 万元。

3. 主营业务税金及附加 6637 万元(表 15-13)

(1)营业税=主营业务收入×5%=5373 万元

(2)城建税、教育费附加=营业税×10%=538 万元

(3)土地使用税=87 万元

(4)房产税=租赁收入×12%=639 万元

4. 企业所得税

企业所得税为 14172 万元。

5. 利润

利润总额为 56689 万元,税后净利润为 42517 万元。

四、项目资金筹资

项目累计需投资 60169 万元建设资金,资金筹集计划为:

(1)通过公司自行筹措 30169 万元。

(2)通过银行申请房地产开发贷款 30000 万元。

第九部分　项目财务经济评价

一、项目收入——项目收入测算(表 15-9)

(1)根据市场调查及该项目的品质定位,以及项目的整体效益,计划销售比例整体控制在 60%,自有物业 40%,销售期第一年销售均价定为 6000 元/平方米,销售率 10%;销售期第二年销售均价 6500 元/平方米,销售率 15%;销售期第三年销售均价 7000 元/平方米,销售率 35%。租赁单价为 50 元/平方米·月,为扩大市场人气,提高项目的利润价值,开业当年对入驻租赁户免一年租金。

(2)根据项目特点,销售收入和租赁收入均表现为当期的现金流入,以此确保项目对资金的需求和运营配置,及时按计划和合同归还各类借款和偿还负债.

(3)根据上述方法计算的项目销售期内预计销售和租赁总收入为 107451 万元。

二、项目经济效益评价(表 15-10)

(1)根据谨慎性原则,并有效保障项目股东和各债权人利益得到落实,可将项目租赁部分可使用年限确定为 10 年,二期服装市场项目在预测的建设销售期内净利润达到 42517 万元,毛利率达到 62.26%,净利润率达到 39.57%,大大超过同行业平均水平。

(2)项目投资报酬率

项目投资报酬率=项目年平均报酬/项目总投资=42517/4/60169=17.67%

可见所有者权益投入的回报率在行业中处于优秀水平,大于社会平均资金利润率。

(3)项目销售利润率

项目销售利润率＝净利润/销售收入＝42517/107451＝39.57%

（4）项目缴纳税金

项目缴纳税金总额＝20809万元。

销售税金比为：20809/107451＝19.37%，数据充分表明在完成投资利润的前提下对社会的贡献。

三、项目资金平衡测算及贷款本息偿还评价（表15-11）

（1）项目资金来源均是计划内安排，其中股东投入资金已安排在股东预算之中。

（2）项目资金的各项支出完全按照会计准则计算，确保了测算准确性，与项目工程进展和规划预算保持一致。

（3）从项目来看，整个现金流分布合理，充分保证了债权人利益和应交税金交纳，因此本项目不存在税务风险和其他清算风险。

（4）本项目有充分的抵押物作为银行借款保证，另本项目公司的母公司可以提供适当的保证。

（5）项目还款计划为：按照合同约定分期还本付息。根据年息5.4%上浮20%测算，应支付银行利息4342万元。还本从第二年开始分别为：3500万元、8500万元、18000万元。

四、债务覆盖率指标测算

（1）经营性净现金流量为26560万元，说明本项目现金流正常。

（2）债务覆盖率＝56729/30000＝1.89，说明项目现金流归还贷款有充足的保障。

五、内部收益率指标（表15-14）

项目每年净现金流量等于每年的现金流入减去现金流出：

第一年净现金流量为-39923万元；第二年净现金流量为2006万元；第三年净现金流量为19190万元；第四年净现金流量为49753万元。第五到第十一年净现金流量为4015万元。

（1）当拆现率设定为30%时，项目净现金流量现值＝566万元；（2）当拆现率设定为31%时：

项目净现金流量现值＝-142万元

根据上述两种拆现率的计算结果，采用线性插值法计算项目内含报酬率(i)：

$$\frac{(i-30\%)}{(31\%-30\%)}=\frac{(0-566)}{(-142-566)}$$

项目内含报酬率(i)＝30.8%

本项目内含报酬率高于行业基准收益率。

六、投资回收期指标

根据现金流量表，第四年累计净现金流量出现正值，第三年累计净现金流量为

−18727万元，第四年的净现金流量为 49753 万元。投资回收期＝4−1＋18727/49753≈3.4 年。投资回收期小于行业基准投资回收期。

第十部分　项目风险分析评价

本项目的主要风险为市场风险、财务风险、管理风险、政策风险、经营风险及行业政策变化对未来预期收益可能造成的影响。下面通过分析，对项目收益的不确定性问题予以评述。

一、市场风险

1. 供应商

本项目规划设计为著名的某某市建筑设计研究院有限公司，该建筑设计研究院具有国家颁发的建筑工程设计甲级资质证书、工程咨询甲级资质证书、建筑智能化系统工程设计甲级资质证书、工程勘察设计单位全面质量管理达标合格证书和 ISO9001 质量体系认证证书，曾先后获国家、部、省、市级优秀设计、科技进步、建筑方案竞赛等各种奖项 150 余项。

本项目建筑工程施工单位为某某建设集团有限公司，注册资金 30680 万元，系国家房屋建筑工程施工总承包特级企业。公司综合实力雄厚，获得的企业荣誉有中国民营企业 500 强，中国建筑业领先企业，荣获 AAA 级"守合同重信用"企业、建设银行总行重点客户、浙江省级先进建筑施工企业、浙江省百佳资信企业等，并先后获得国家建设部质量优秀奖一项，获浙江省"钱江杯"、温州市"瓯江杯"、上海市"东方杯"等优质工程奖 60 多项。

本项目的工程监理单位为湖北某某工程建设监理公司，该公司成立于 1993 年，是湖北省最早被评为甲级资质的监理公司之一，是湖北省和武汉市两级监理协会的理事成员、副会长单位之一，在省内及国内有较高知名度和良好的社会信誉。公司拥有雄厚的技术力量，仪器设备、检测手段齐全，具备很强的适应各种类型工程建设监理的条件，在岩土工程、建筑、结构、安装设计、施工及工程测量等方面有很强的实力。

2. 业主

根据本项目市场定位及价格定价策略，及目前良好的招商效果，本项目招租率和入驻率的测算适度偏紧，预计能较好完成招商效果。

3. 现有竞争者

通过上述分析，本项目无论从政策、区域、宣传、价格、资金等方面都具有明显优势。

二、财务风险

财务风险是指项目建设资金不足而导致的盈利风险和偿还债务的风险。

（1）通过 2 年多的建设运营，本项目一期工程的盈利远远超过预期，公司权益性资金能保证本项目所需资本金，同时股东实力雄厚，融资能力也较强。

(2)第一还款来源风险：第一还款来源为销售和租赁收入。从收入测算和现金流量表可以看出，还款来源健康正常。

本项目资本金已全部到位，项目公司治理结构规范，有完整的审计、财务核算监督体系，无其他财务风险。

三、管理风险

(1)项目公司主要股东和主要管理人员预计不会发生变化，股权结构也不会发生变化。公司组织结构一直向优良、简洁、高效方向调整。公司管理层从未卷入法律纠纷。

(2)项目公司各项管理制度先进、实用、完整。

四、政策风险

(1)项目公司经营范围和业务符合国家法律规定。

(2)项目资金筹措符合有关金融管理规定。

(3)项目是各级政府重点扶持对象。

五、经营风险

(1)项目公司和投资人无违反法律规定，无从事高风险的股票、期货、金融衍生产品投资记录，并且管理层也无此方面计划。

(2)项目公司和投资人无对外保证和担保事项。

(3)项目公司和投资人不会因为兼并、收购、资产重组而导致生产经营萎缩。

综上所述：该项目风险是可控的，未来不确定性在项目实施时均已考虑。

六、结论

(1)市场需求具有客观性和项目投资具有必要性。

(2)项目选址具有可行性，建设规模具有可行性，项目建设配套条件完善。

(3)项目抗御风险能力较强。

(4)本项目经济评价符合可行性要求。

综上所述，建设汉口某交易中心项目有利于改善湖北省批发专业市场商贸环境，提高商贸市场硬件设施水平，提升经营运作理念，也是进一步调整市场布局，加速发展城市经济，改善城市面貌的重要举措，项目建设是十分必要的。

表 15-8 项目投资估算表　　　　　　　　　　　　　　　　　　单位：万元

序号	成本项目	数量(m²)	价格	金额	备注
一	土地成本				
1	土地出让金	72240	191.77	1385.00	含土地出让金、交易服务费、契税等相关费用

序号	成本项目	数量(m²)	价格	金额	备注
2	土地平整改造、修复等费用			3165.00	含场地内建筑及坟墓拆迁补偿、农作物及鱼塘的补偿、场地平整、土方运输等工程
二	前期工程费				
1	规划费、设计费	262393.1	18	472.00	
2	地质勘探费	262393.1	1	26.00	
3	招投标费用、监理费	262393.1	10	262.00	
4	拔地定桩费	262393.1	1	26.00	
5	红线放线费	262393.1	1	26.00	
6	环评报告费	262393.1	0.5	13.00	
7	三杆迁移、埋地、修复费			2200.00	
8	临时设施费	262393.1	20	525.00	包括施工场地内活动房屋、施工场地外围临时围墙，及其他各种临时设施费用
	前期工程费用小计			3550.00	
三	基础设施费				
1	供电开发费	262393.1	40	1050.00	
2	供水开发费	262393.1	6	157.00	
3	道路排水	262393.1	52	1364.00	
4	园林景观	262393.1	20	525.00	
5	安防工程	262393.1	2	52.00	
6	消防工程	262393.1	38	997.00	

序号	成本项目	数量(m²)	价格	金额	备注
	基础设施费小计			4145.00	
四	建筑安装工程费				
1	商业建筑安装工程	259374.86	1300	33719.00	含商铺精装修工程
2	地下建筑(含人防工程)	3018.24	1000	302.00	
	建筑安装工程费小计			34021.00	
五	公共设施配套建设费	262393.1	100	2624.00	不能有偿转让的市场内公共设施支出(含中央空调、电梯)
六	开发间接费用		2.00%	978.00	按一至五项合计的2%计算,包括直接组织管理开发项目发生的如工资、水电、办公等
项目直接投资成本小计(1-6项目合计)				49868.00	
七	管理费用		1%	499.00	按项目直接投资成本的1%计算
八	销售费用		5%	5373.00	按预测期内收入总额的5%计算
九	开发期间税费	72240	4	87.00	开发期间土地使用税
十	财务费用			4342.00	利率5.4%上浮20%,三年期房地产开发贷款
合计	项目开发投资总额			60169.00	

单位:万元

表 15-9　销售收入预测估算表

市场区域	销售面积(m²)	建设期	销售期																					合计			
		第一年	第二年					第三年					第四年						销售			租赁	
			销售			租赁		销售			租赁		销售			租赁			比例	金额	比例	金额	
			比例	单价	金额	比例	单价	金额	比例	单价	金额	比例	单价	金额	比例	单价	金额	比例	单价	金额	比例	单价	金额	比例	金额	比例	金额
C 区	253721.99		10%	6000	15223	0%	50	0	15%	6500	24738	40%	50	0	35%	7000	62162	35%	50	5328	60%	102123	35%	5328
合计	253721.99				15223			0			24738			0			62162			5328		102123		5328

注:服装市场计划销售比例整体控制在 60%,销售期的第一年销售均价为 6000 元/平方米,销售期的第二年销售均价 6500 元/m²,销售期的第三年销售均价为 7000 元/m²;租赁从销售期第二年起,租赁单价为 50 元/月·平方米,为扩大市场人气,提高项目的利润价值,对入驻的租赁户免一年租金。

表 15-10 利润估算表 单位：万元

序号	项目	第一年	第二年	第三年	第四年	第四年以后	备注
1	主营业务收入	0	15223	24738	67490		数据来源见销售预测表
	其中：房地产销售收入		15223	24738	62162		
	市场租赁收入		0	0	5328	5328	
2	主营业务成本	0	4987	9475	19449		数据来源见经营成本计算表
	其中：房地产销售成本		4987	7480	17454		
	市场租赁折旧成本		0	1995	1995	1995	按照10年计算
3	主营业务税金及附加	29	866	1390	4352	639	数据来源见主营业务税金计算表
4	营业费用		761	1237	3375		
5	管理费用	125	125	125	125		
6	财务费用	535	1831	1328	648		
7	利润总额	−689	6653	11183	39542	2694	
8	所得税费用		1491	2796	9885	674	所得税率按25%计算
9	净利润	−689	5162	8388	29656	2020	

表 15-11 资金来源运用及还本付息预测表 单位：万元

序号	项目	第一年	第二年	第三年	第四年	合计	备注
一	资金来源						
1.1	新增银行开发性借款	16500	13500			30000	
1.2	自有资金投入	30169				30169	
1.3	经营收入资金	0	15223	24738	67490	107451	

续表

序号	项目	第一年	第二年	第三年	第四年	合计	备注
1.4	其他						
	资金来源合计	46669	28723	24738	67490	167620	
二	资金运用合计						
2.1	项目建设成本投资	39894	9974			49868	
2.2	营业税金及附加费	29	866	1390	4352	6637	
2.3	所得税	0	1491	2796	9885	14172	
2.4	支付贷款利息	535	1831	1328	648	4342	
2.5	支付销售费用	3224	1612	537		5373	广告性费用按项目销售收入的5%计算，其支付时间预计为第一年支付60%，第二年支付30%，第三年支付10%
2.6	支付管理费用	125	125	125	125	499	
	资金运用合计	43807	15898	6176	15010	80891	
三	资金结余	2862	12825	18562	52480	86729	
四	偿还债务						
	长期借款本金偿还		3500	8500	18000	30000	
五	当年资金净增加额	2862	9325	10062	34480	56729	
六	年末贷款本金余额	16500	26500	18000	0	0	

单位:万元

表15-12　项目营运成本预测表

市场区域	建筑总成本（万元）	单位建筑成本（元）	第一年					第二年			第三年			第四年			合计			
			销售成本		租赁成本			销售成本		租赁成本	销售成本		租赁成本	销售成本		租赁成本	销售成本		租赁成本（折旧）	
			销售面积	金额	预留租赁面积	折旧年限	金额	销售面积	金额	金额	销售面积	金额	金额	销售面积	金额	金额	销售面积	金额	预留租赁面积	金额
C区	49868	1965	—	—	101489	10	—	25372	4987	—	38058	7480	1995	88803	17454	1995	152233	29921	101489	3990
合计	49868	1965	—	—	101489	10	—		4987	—		7480	1995		17454	1995		29921		3990

注:1.本表中建筑总成本是项目投资估算表中项目的直接投资成本。
　　2.服装市场预留租赁比例为市场面积的40%,其折旧年限按10年折旧,租赁成本为年折旧成本。

表 15-13　主营业务税金及附加计算表　　　　　　　　　单位：万元

序号	项目	第一年	第二年	第三年	第四年	合计	备注
1	营业税	0	761	1237	3375	5373	按主营业务收入的5%计算
2	城建税及教育费附加	0	76	124	338	538	按营业税的10%计算
3	房产税	0	0	0	639	639	按租赁收入的12%计算
4	土地使用税	29	29	29		87	数据来源见项目投资估算表"开发期间税费"
	主营业务税金及附加合计	29	866	1390	4352	6637	

表 15-14　项目投资现金流量表　　　　　　　　　单位：万元

序号	项目	1	2	3	4	5~10	11
一	现金流入						
1.1	销售收入		15223	24738	62162		
1.2	出租收入				5328	5328	5328
1.3	回收固定资产余值						0
1.4	回收经营资金						0
	现金流入合计		15223	24738	67490	5328	5328
二	现金流出合计						
2.1	开发建设投资	39894	9974				
2.2	经营资金		0				
2.3	运营费用		886	1362	3500		
2.4	经营税金及附加	29	866	1390	4352	639	639
2.5	其他流出		0	0	0	0	0
2.6	所得税		1491	2796	9885	674	674
	现金流出合计	39923	13217	5548	17737	1313	1313
三	净现金流量	−39923	2006	19190	49753	4015	4015
四	累计净现金流量	−39923	−37917	−18727	31026	55116	59131

附录 1　建设项目财务评价参数

行业代码	行业名称	基准收益率(%)	基准投资回收期(年)	平均投资利润率(%)	平均投资利税率(%)	备注
部门	冶金					
1010	铁矿采选业(大中型)	2	22.0	4	5	按现行价格
1010	铁矿采选业(大中型)	12	11.0	14	15	按进口矿石价格
48201	大型钢铁联合企业	9	14.3	9	14	包括矿山
48201	大型钢铁联合企业	11	12.6	11	16	不包括矿山
48201	中型钢铁联合企业	9	13.3	9	13	包括矿山
48201	中型钢铁联合企业	11	11.5	10	15	不包括矿山
48201	特殊钢厂	10	12.0	9	15	
48202	普通钢厂	11	11.0	10	16	
48203	钢压延加工业	15	8.8	13	21	
4830	铁合金冶炼业	11	11.0	10	16	
4880	大中型耐火制品行业	11	13.0	10	1	
45701	炼焦制气	7	15.0	5	6	
3510	煤炭	17	9.0	14	15	
部门	露天开采					
0810A	矿井(井工)开采	15	8.0	18	19	
0810B	矿区采选	10	13.0	10	11	
08	矿井采洗	14	9.0	16	18	
	有色金属	5	15.0	6	7	
部门	铜矿山					
1111	铜冶炼	13	10.0	14	30	
4911	铜联合企业	8	13.0	9	12	
1112	铜锌矿山	6	13.8	6	7	
4912	铜锌冶炼	11	11.5	13	21	

行业代码	行业名称	基准收益率(%)	基准投资回收期(年)	平均投资利润率(%)	平均投资利税率(%)	备注
1115	锡矿山	6	14.0	12	13	
4913	锡冶炼	14	10.0	15	25	
	锡联合企业	9	13.0	8	12	
1161	钨矿山	3	6.9	3	4	
1131	铝矿山及氧化铝	9	12.0	12	15	
4931	铝电解	13	9.0	15	24	
49801	铜加工	15	9.0	14	24	
49802	铝加工	14	19.0	18	22	
	有色金属工业部门	10	11.0	11	15	
部门	石油天然气开采					
0910	天然原油开采业	12	6.0	17	20	仅用于高价油项目
0920	天然气开采业	12	8.0	10	12	仅用于高价气项目
部门	邮电					
7410	邮政业	2	19.0	3	4	
74201	市内电话业	6	13.0	7	7	
74202	长途电话业	10	11.0	11	13	
部门	机械					
5421	大中型拖拉机	8	13.0	5	7	
5421	小型拖拉机	13	10.0	9	11	
5312	内燃机	17	8.0	15	19	
5422	收获机械	5	16.0	2	3	
5315	拖内配件	9	13.0	7	8	
6311	自动化仪表	17	8.0	14	18	
6313	电工仪器仪表	17	9.0	15	18	
6321	成分分析仪器	16	9.0	13	15	
6315	光学仪器	14	9.0	12	15	
5471	电影机械	13	11.0	12	15	
5484	照相机械	14	9.0	12	13	
5474	科研办公机械	24	7.0	22	26	
6334	仪表元件	15	9.0	13	17	

续表

行业代码	行业名称	基准收益率(%)	基准投资回收期(年)	平均投资利润率(%)	平均投资利税率(%)	备注
6339	仪表材料	20	8.0	20	29	
5392	石油化工机械	13	9.0	10	13	
5389	印刷机械	15	9.0	13	16	
5341	冷冻机械	25	8.0	24	30	
5335	工业泵	13	10.0	10	13	
5337	风机	10	2.0	7	10	
5339	气体压缩机	14	10.0	11	14	
5352	高中压阀门	10	11.0	7	11	
5352	低压阀门	16	9.0	13	17	
5399	重型机械	4	17.0	2	3	
5381	矿山机械	5	16.0	3	5	
5331	起重运输机械	15	9.0	11	15	
5449	工程机械	15	9.0	12	16	
5321	机床	9	12.0	6	9	
5323	锻压设备	9	12.0	6	9	
5325	铸造设备	7	15.0	4	6	
5326	机床附件	11	10.0	9	12	
6360	量具刃具	14	9.0	11	14	
4640	磨料磨具	11	10.0	9	12	
5311	工业锅炉	23	7.0	20	24	
5313	电站设备	7	14.0	4	6	
5812	电机	12	10.0	9	13	
5813	微电机、分电机	20	8.0	17	21	
5343	电动工具	18	8.0	16	20	
5821	变压器	18	9.0	15	19	
5824	高压电器	20	8.0	17	22	
5824	低压电器	14	10.0	11	14	
5823	电力电容器	25	7.0	24	29	
5891	电焊机	25	7.0	24	30	
5841	电线、电缆	21	8.0	18	35	

续表

行业代码	行业名称	基准收益率(%)	基准投资回收期(年)	平均投资利润率(%)	平均投资利税率(%)	备注
4563	电瓷	12	10.0	10	16	
5843	绝缘材料	21	8.0	19	28	
5845	蓄电池	19	8.0	17	25	
5853	液压、液力件	13	9.0	11	14	
5355	气动元件	24	7.0	23	28	
5356	密封件	16	8.0	14	22	
5361	链条	16	9.0	13	18	
5357	粉末冶金及制品	14	9.0	12	15	
5351	轴承	11	10.0	9	12	
5519	包装机械	13	11.0	10	14	
5371	铸造行业	9	12.0	7	9	
5372	锻压行业	9	12.0	7	8	
5183	表面处理行业	19	8.0	19	22	
5134	工模具行业	11	11.0	9	11	
5621	汽车	16	9.0	15	19	
5626	改装汽车	18	7.0	17	21	
5627	汽车配件	13	8.0	10	14	
	机械工业其他行业	12	10.0	9	12	
部门	化工					
36111	硫酸	10	10.0	12	20	
3622	磷肥	10	11.0	14	16	
36132	纯碱	10	11.0	9	14	
36131	烧碱	12	10.0	15	23	
3621	氮肥	9	11.0	8	11	
3631	农药	14	9.0	22	28	
部门	石化					
3420	原油加工	12	10.0	4	10	
3651	有机化工原料制造	14	10.0	15	24	
3721	塑料制造	15	9.0	15	30	

续表

行业代码	行业名称	基准收益率(%)	基准投资回收期(年)	平均投资利润率(%)	平均投资利税率(%)	备注
3725	合成纤维单体(聚合物)制造	12	10.0	12	20	
	石油化工联合企业	10	12.0	6	15	
部门	纺织					
222	棉纺织	14	10.1	10	17	
224	毛纺织	14	10.1	10	17	
226	麻纺织	14	10.1	10	17	
402	合成纤维	12	10.6	11	15	不包含普通长丝
部门	轻工					
28	制浆造纸	15	9.0	13	19	
	其中:重点支持的产品	11	10.5			
548	日用机械	25	7.1	24	36	
	日用硅酸盐	12	10.3	10	14	
587	电光源及照明器具	13	10.2	11	16	
377/378	日化学制品	19	8.7	17	26	
	其中:洗涤剂原料	12	12.6	12	17	
13	制盐	12	10.5	11	16	
	其中:海盐	8	12.6	7	10	
17/18/19	食品	16	8.3	16	21	
1741/1742	其中:制糖	10	11.0	7	19	
43/44	塑料制品	19	7.8	14	20	
586	家用电器	26	6.8	19	30	
6370	衡量	14	9.1	11	15	
20	烟草	17	9.7	14	223	
538/541	轻工装备	12	10.0	9	12	
部门	建材					
4510	水泥	8	130	8	12	
4541	平板玻璃	10	11.0	14	22	

附录 2 复利系数表

3%复利系数表

年份	（F/P，i，n）	（P/F，i，n）	（F/A，i，n）	（A/F，I，n）	（A/P，i，n）	（P/A，I，n）
1	1.030	0.9709	1.000	1.0000	1.03000	0.9709
2	1.061	0.9426	2.030	0.49261	0.52261	1.9135
3	1.098	0.9151	3.091	0.32353	0.35353	2.8286
4	1.126	0.8885	4.184	0.23903	0.26903	307171
5	1.159	0.8626	5.309	0.18835	0.18460	4.5797
6	1.194	0.8375	6.438	0.15460	0.16051	5.4172
7	1.230	0.8131	7.662	0.13051	0.14246	6.2303
8	1.267	0.7894	8.892	0.11246	0.12843	7.0197
9	1.305	0.7664	10.159	0.09843	0.11723	7.7861
10	1.344	0.7441	11.464	0.08723	0.10808	8.5302
11	1.384	0.7224	12.808	0.07808	0.10046	9.2526
12	1.426	0.7014	14.192	0.07046	0.09406	9.9540
13	1.469	0.6810	15.618	0.06403	0.08853	10.6350
14	1.513	0.6611	17.086	0.05853	0.08377	11.2961
15	1.558	0.6419	18.599	0.05377	0.07961	11.9879
16	1.605	0.6232	20.157	0.04361	0.07595	12.5611
17	1.653	0.6050	21.762	0.04595	0.07271	13.1661
18	1.702	0.5874	23.414	0.04271	0.06981	13.7535
19	1.754	0.5703	25.117	0.03981	0.06722	14.3238
20	1.806	0.5537	26.870	0.03722	0.06487	14.8775
21	1.860	0.5375	28.676	0.03487	0.06275	15.4150
22	1.916	0.5219	30.537	0.03275	0.06081	15.9369
23	1.974	0.5067	32.453	0.03081	0.05905	16.4436
24	2.033	0.4919	34.426	0.02905	0.05743	16.9355

续表

年份	(F/P, i, n)	(P/F, i, n)	(F/A, i, n)	(A/F, I, n)	(A/P, i, n)	(P/A, I, n)
25	2.094	0.4779	36.459	0.02743	0.05594	17.4131
26	2.157	0.4637	38.533	0.02594	0.05456	17.8768
27	2.221	0.4502	40.710	0.02456	0.05329	18.3270
28	2.238	0.4371	42.931	0.02329	0.05211	18.7641
29	2.357	0.4243	45.213-9	0.02211	0.05102	19.1885
30	2.427	0.4120	47.575	0.02102		19.6004

5%复利系数表

年份	(F/P, i, n0)	(P/F, i, n)	(F/A, I, n0)	(A/F, i, n)	(A/P, i, n)	(P/A, i. n)
1	1.050	0.9524	1.000	1.00000	1.05000	0.9524
2	1.103	0.9070	2.050	0.48780	0.53780	1.8594
3	1.158	0.8638	3.153	0.31721	0.36721	207232
4	1.216	0.8227	4.310	0.23201	0.28201	3.5469
5	1.276	0.7835	5.526	0.18097	0.23097	4.3295
6	1.340	0.7462	6.802	0.14702	0.19702	5.0757
7	1.407	0.7107	8.142	0.12282	0.17282	5.7864
8	1.477	0.6768	9.549	0.10472	0.15472	6.4632
9	1.551	0.6446	11.027	0.09069	0.14069	7.0078
10	1.629	0.6139	12.578	0.07950	0.12950	7.7207
11	1.710	0.5847	14.207	0.07039	0.12039	8.3064
12	1.796	0.5568	15.917	0.06283	0.11283	8.8630
13	1.886	0.5303	17.713	0.05646	0.10646	9.3936
14	1.980	0.5051	19.599	0.05102	0.10102	9.8996
15	2.079	0.4810	21.579	0.04634	0.09634	10.3797
16	2.183	0.4581	23.657	0.04227	0.09227	10.8378
17	2.292	0.4363	25.840	0.03970	0.08870	11.2741
18	2.407	0.4155	28.132	0.03555	0.08555	11.3896
19	2.527	0.3957	30.539	0.03275	0.08275	12.0953
20	2.653	0.3759	33.066	0.03024	0.08024	12.4622
21	2.786	0.33589	35.719	0.02800	0.07800	12.8212
22	2.925	0.3418	38.505	0.02597	0.07597	13.1630

续表

年份	(F/P, i, n0)	(P/F, i, n)	(F/A, I, n0)	(A/F, i, n)	(A/P, i, n)	(P/A, i, n)
23	3.072	0.3256	42.430	0.02414	0.07414	13.4886
24	3.225	0.3101	44.502	0.02247	0.07247	13.7986
25	3.386	0.2953	47.727	0.02095	0.07095	14.0939
26	3.556	0.2812	51.113	0.01956	0.06956	14.3752
27	3.733	0.2678	54.669	0.01829	0.06829	14.6430
28	3.920	0.2551	58.403	0.01712	0.06702	14.8981
29	4.116	0.2429	62.323	0.01606	0.06605	15.1411
30	4.322	0.2314	66.439	0.01505	0.06505	15.3725

8%复利系数表

年份	(F/P, i, n)	(P/F, i, n)	(F/A, i, n)	(A/F, i, n)	(A/P, i, n)	(P/A, i, n)
1	1.080	0.9259	1.000	1.00000	1.08000	0.9259
2	1.166	0.8573	2.080	0.48077	0.56077	1.7833
3	1.260	0.7938	3.246	0.30803	0.38803	2.5771
4	1.360	0.7352	4.506	0.22192	0.30192	3.3120
5	1.469	0.6806	5.867	0.17046	0.25046	3.9972
6	1.587	0.6302	7.336	0.13632	0.21632	4.6229
7	1.714	0.5835	8.923	0.11207	0.19207	5.2064
8	1.851	0.5403	10.637	0.09401	0.17401	5.7466
9	1.999	0.5002	12.488	0.08008	0.16008	6.2469
10	2.159	0.4632	14.487	0.06903	0.14903	6.7101
11	2.332	0.4289	16.645	0.06008	0.14008	7.1390
12	2.518	0.3971	18.977	0.05270	0.13270	7.5361
13	2.720	0.3677	21.495	0.04652	0.12652	7.9038
14	2.937	0.3416	24.215	0.04130	0.12130	8.2442
15	3.172	0.3152	27.152	0.03683	0.11683	8.5595
16	3.426	0.2929	30.324	0.03298	0.11298	8.8514
17	3.700	0.2703	33.750	0.02963	0.10963	9.1216
18	3.996	0.2502	37.450	0.02670	0.10670	9.3719
19	4.316	0.2317	41.446	0.02413	0.10413	9.6036
20	4.61	0.2145	45.762	0.02185	0.10185	9.8181

年份	(F/P, i. n)	(P/F, i, n)	(F/A, i, n)	(A/F, i, n)	(A/P, i, n)	(P/A, i, n)
21	5. 034	0. 1987	50. 423	0. 01983	0. 09983	10. 0168
22	5. 437	0. 1839	55. 457	0. 01803	0. 09803	10. 2007
23	5. 871	0. 1703	60. 893	0. 01642	0. 09642	10. 3711
24	6. 341	0. 1577	66. 765	0. 01498	0. 09498	10. 5288
25	6. 848	0. 1460	73. 106	0. 01368	0. 09368	10. 6748
26	7. 396	0. 1352	790. 954	0. 01251	0. 09251	10. 8100
27	7. 988	0. 1252	87. 351	0. 01145	0. 09145	10. 9352
28	8. 627	0. 1159	95. 339	0. 01049	0. 09049	11. 0511
29	9. 317	0. 1073	103. 966	0. 00962	0. 08962	11. 1584
30	10. 063	0. 0994	113. 283	0. 00883	0. 08883	11. 2578

10%复利系数表

年份	(F/P, i. n)	(P/F, i, n)	(F/A, I, n)	(A/F, i, n)	(A/P, I, n)	(P/A, I, n)
1	1. 100	0. 9091	1. 000	1. 00000	1. 1000	0. 9091
2	1. 210	0. 8264	2. 100	0. 47691	0. 57619	1. 7355
3	1. 331	0. 7513	3. 310	0. 30211	0. 40211	2. 4869
4	1. 464	0. 6830	4. 641	0. 21547	0. 31547	3. 1699
5	1. 611	0. 6209	6. 105	0. 16380	0. 26380	3. 7908
6	1. 772	0. 5645	7. 716	0. 12961	0. 22961	4. 3553
7	1. 949	0. 5132	9. 487	0. 10541	0. 20541	4. 8684
8	2. 144	0. 4665	11. 436	0. 08744	0. 18744	5. 3349
9	2. 358	0. 4241	13. 579	0. 07. 64	0. 17364	5. 7590
10	2. 594	0. 3855	15. 973	0. 06275	0. 16275	6. 1446
11	2. 853	0. 3505	18. 531	0. 05396	0. 15396	6. 4951
12	3. 138	0. 3186	21. 384	0. 04676	0. 14676	6. 8137
13	3. 452	0. 2897	24. 523	0. 04078	0. 14087	7. 1034
14	3. 797	0. 2633	27. 975	0. 03575	0. 13575	7. 3667
15	4. 177	0. 2394	31. 772	0. 03147	0. 13147	7. 6061
16	4. 959	0. 2176	31. 950	0. 02782	0. 12882	7. 8237
17	5. 054	0. 1978	40. 545	0. 02466	0. 12466	8. 0216
18	5. 260	0. 1799	45. 599	0. 02193	0. 12193	8. 2014

续表

年份	(F/P, i, n)	(P/F, i, n)	(F/A, I, n)	(A/F, i, n)	(A/P, I, n)	(P/A, I, n)
19	6.116	0.1635	51.159	0.01955	0.11955	8.3649
20	6.727	0.1486	57.275	0.01746	0.11746	8.5136
21	7.400	0.1351	64.002	0.01562	0.11562	8.6487
22	8.140	0.1228	71.403	0.01401	0.11401	8.7715
23	8.954	0.1117	79.543	0.01257	0.11257	8.8832
24	9.5850	0.1015	88.497	0.01130	0.11130	8.9847
25	10.835	0.0923	98.347	0.01017	0.11017	9.0770
26	11.918	0.0839	109.182	0.00916	0.10916	9.1609
27	13.110	0.0763	121.100	0.00826	0.10826	9.2372
28	14.421	0.0693	134.210	0.00754	0.70745	9.3066
29	15.836	0.0630	148.631	0.00673	0.10673	9.3696
30	17.449	0.0573	164.494	0.00608	0.10608	9.4269

12%复利系数表

年份	(F/P, i, n)	(P/F, I, n)	(F/A, I, n)	(A/F, i, n)	(A/P, i, n)	(P/A, i, n)
1	1.120	0.8929	1.000	1.00000	1.12000	0.8929
2	1.254	0.7972	2.120	0.47170	0.59170	1.6901
3	1.405	0.7118	3.374	0.29635	0.41636	1.4018
4	1.574	0.6355	4.779	0.20923	0.32923	3.0373
5	1.762	0.5674	6.353	0.15741	0.27741	3.6048
6	1.974	0.5066	8.115	0.12323	0.24323	4.1114
7	2.211	0.4523	10.089	0.09921	0.21912	4.5638
8	2.476	0.4039	12.300	0.08130	0.20130	4.9676
9	2.773	0.3606	14.776	0.06768	0.18768	5.3282
10	3.106	0.3220	17.549	0.05698	0.17698	5.6502
11	3.479	0.2875	20.655	0.04842	0.16842	5.9277
12	3.896	0.2567	24.133	0.04144	0.16144	6.1944
13	4.363	0.2292	28.029	0.03568	0.15568	6.4235
14	4.887	0.2046	32.393	0.03087	0.15087	6.6282
15	5.474	0.1827	37.280	0.02682	0.14682	6.8109
16	6.130	0.1631	42.753	0.02339	0.14339	6.9740

年份	(F/P, i, n)	(P/F, I, n)	(F/A, I, n)	(A/F, i, n)	(A/P, i, n)	(P/A, i, n)
17	6.866	0.1456	48.884	0.02046	0.14045	7.1197
18	7.690	0.1300	55.755	0.01794	0.13794	7.2497
19	8.613	0.1161	63.440	0.01576	0.13576	7.3658
20	9.464	0.1037	72.052	0.01388	0.13388	7.4694
21	10.804	0.0926	81.699	0.01224	0.13224	7.5620
22	12.100	0.0826	92.502	0.01081	0.13081	7.6446
23	13.552	0.0738	104.603	0.00956	0.12956	7.7184
24	15.179	0.0659	118.155	0.00846	0.12846	7.7843
25	17.000	0.0588	133.334	0.0075	0.12750	7.8431
26	19.040	0.0525	150.334	0.00665	0.12655	7.8975
27	21.325	0.0469	169.374	0.00590	0.1259	7.9426
28	23.844	0.0419	190.699	0.00524	0.12524	7.9844
29	26.750	0.0374	214.583	0.00466	0.12466	8.0218
30	29.9602	0.0334	241.333	0.00414	0.12414	8.0552

15%复利系数表

年份	(F/P, I, n)	(P/F, i, n)	(F/A, I, n)	(A/F, i, n)	(A/P, i, n)	(A/P, I, n)
1	1.150	0.8696	1.000	1.00000	1.15000	0.8696
2	1.322	0.7561	2.150	0.46512	0.61512	1.6257
3	1.521	0.6575	3.472	0.28796	0.43798	2.2832
4	1.749	0.5718	4.993	0.20027	0.35027	2.8550
5	2.011	0.4972	6.742	0.14832	0.29832	3.3522
6	2.313	0.4323	8.754	0.11424	0.26424	3.8845
7	2.660	0.3759	11.067	0.09035	0.24036	4.1604
8	3.059	0.3269	13.727	0.07285	0.22285	4.4873
9	3.518	0.2843	16.786	0.05957	0.20957	4.7716
10	4.406	0.2472	20.304	0.04925	0.19925	5.0188
11	4.652	0.2149	24.349	0.04107	0.19107	5.2337
12	5.350	0.1869	29.002	0.03448	0.18448	5.4206
13	6.153	0.1626	34.352	0.02911	0.17911	5.5931
14	7.076	0.1413	40.505	0.02469	0.17469	5.7245

续表

年份	(F/P, I, n)	(P/F, i, n)	(F/A, I, n)	(A/F, i, n)	(A/P, i, n)	(A/P, I, n)
15	8.137	0.1229	47.580	0.02102	0.17102	5.8470
16	9.358	0.1069	55.717	0.01795	0.16795	5.9542
17	10.861	0.0929	65.085	0.01537	0.16537	6.0472
18	12.375	0.0808	75.836	0.01319	0.16319	6.1280
19	14.232	0.0703	88.212	0.01134	0.16134	6.1982
20	15.367	0.0611	102.444	0.00976	0.15976	6.2593
21	18.822	0.0531	118.810	0.00842	0.15842	6.3125
22	21.645	0.0462	137.632	0.00727	0.15727	6.3596
23	24.891	0.0402	159.276	0.00628	0.15628	6.3988
24	28.625	0.0349	184.168	0.00543	0.15543	6.4338
25	32.919	0.0304	212.793	0.00470	0.15470	6.4641
26	37.857	0.0264	245.712	0.00407	0.15407	6.4606
27	43.535	0.0230	283.569	0.00353	0.15353	6.5135
28	50.065	0.0200	327.104	0.00306	0.15306	6.5335
29	57.575	0.0174	377.170	0.00265	0.15265	6.5509
30	66.212	0.0151	434.745	0.00230	0.15230	6.5660

20%复利系数表

年份	(F/P, I, n)	(P/F, I, n)	(F/A, i, n)	(A/F, i, n)	(A/P, I, n)	P/A, i, n)
1	1.200	0.8333	1.000	1.00000	1.20000	0.8333
2	1.440	0.6944	2.200	0.45455	0.65455	1.5278
3	1.728	0.5787	3.640	0.27473	0.47473	2.1065
4	2.074	0.4823	5.368	0.18629	0.38629	2.5887
5	2.488	0.4019	7.442	0.13438	0.33438	2.9906
6	2.986	0.3349	9.930	0.10071	0.30071	3.3255
7	3.583	0.2791	12.916	0.07742	0.27742	3.6046
8	4.300	0.2326	16.499	0.06061	0.26061	3.8372
9	5.160	0.1938	20.799	0.04808	0.24808	4.0310
10	6.192	0.1615	25.959	0.03852	0.23852	4.1925
11	7.430	0.1346	32.150	0.03110	0.23110	4.2271
12	8.916	0.1122	39.581	0.02528	0.22526	4.4392

续表

年份	(F/P, I, n)	(P/F, I, n)	(F/A, i, n)	(A/F, i, n)	(A/P, I, n)	P/A, i, n
13	10.699	0.0935	48.497	0.02062	0.22062	4.5327
14	12.839	0.0779	59.196	0.01689	0.21689	4.6106
15	15.407	0.0649	72.035	0.01388	0.21388	4.6755
16	18.488	0.0541	87.422	0.01144	0.21144	4.7296
17	22.186	0.0451	105.931	0.00944	0.20944	4.7746
18	26.623	0.0375	128.117	0.00781	0.20781	4.8122
19	32.948	0.0313	154.740	0.00646	0.20646	4.8435
20	38.338	0.0261	186.688	0.00536	0.20536	4.8696
21	45.045	0.0217	225.026	0.00444	0.20444	4.8913
22	55.306	0.0181	271.031	0.00369	0.20360	4.9094
23	66.347	0.0151	326.237	0.00307	0.20307	4.9245
24	79.497	0.0126	392.484	0.00255	0.20255	4.9371
25	95.396	0.0105	471.981	0.00212	0.20212	4.9486
26	114.475	0.0087	567.377	0.00176	0.20176	4.9553
27	137.371	0.0073	681.853	0.00147	0.20147	4.9636
28	164.845	0.0061	819.223	0.00122	0.20122	4.9697
29	197.814	0.0051	984.068	0.00102	0.20102	4.9747
30	257.376	0.0042	1181.882	0.00085	0.20085	4.9789

25%复利系数表

年份	(F/P, i, n)	(P/F, i, n)	(F/A, I, n)	(A/F, i, n)	(A/P, I, n)	(P/A, i, n)
1	1.250	0.8000	1.000	1.00000	1.25000	0.8000
2	1.562	0.6400	2.250	0.44444	0.69444	1.4400
3	1.953	0.5120	3.182	0.26230	0.51230	1.8520
4	2.441	0.4096	5.788	0.17344	0.42344	2.3616
5	3.052	0.3277	8.207	0.12185	0.37185	2.6893
6	3.815	0.2621	11.259	0.08882	0.33882	2.9514
7	4.768	0.20970	15.073	0.06634	0.31634	3.1611
8	5.960	0.1678	19.842	0.05040	0.30040	3.3289
9	7.451	0.1342	25.802	0.03876	0.28976	3.4631
10	9.313	0.1074	33.253	0.03007	0.28007	3.5705

年份	(F/P, i, n)	(P/F, i, n)	(F/A, I, n)	(A/F, i, n)	(A/P, i, n)	(P/A, i, n)
11	11.642	0.0859	42.566	0.02349	0.27349	3.6564
12	14.552	0.0687	54.208	0.01845	0.26845	3.7251
13	18.190	0.0550	68.750	0.01454	0.26454	3.7801
14	22.737	0.0440	86.949	0.01150	0.26150	3.8241
15	28.422	0.0352	109.687	0.00812	0.25912	3.8593
16	32.527	0.0281	139.109	0.00724	0.25724	3.8874
17	44.409	0.0225	173.636	0.00576	0.25576	3.9099
18	55.511	0.0180	218.045	0.00459	0.25459	3.9279
19	59.389	0.0144	273.556	0.00366	0.25366	3.9424
20	86.736	0.0115	342.945	0.00292	0.25292	3.9539
21	108.420	0.0092	429.681	0.00233	0.25233	3.9631
22	135.525	0.0074	539.101	0.00188	0.25186	3.9764
23	169.407	0.0059	673.626	0.00143	0.25148	3.9769
24	211.758	0.0047	843.033	0.00119	0.25119	3.9811
25	264.698	0.0038	1054.791	0.00095	0.25095	3.9849
26	330.872	0.0030	1319.489	0.00076	0.25076	3.9879
27	413.590	0.0024	1650.361	0.00061	0.25061	3.9903
28	519.988	0.0019	2063.952	0.00048	0.25048	3.9923
29	646.235	0.0015	2580.939	0.00039	0.25039	3.9938
30	807.794	0.0012	3227.174	0.00031	0.25031	3.9950

参 考 文 献

[1]游达明. 技术经济与项目经济评价[M]. 湖南人民出版社，2001.

[2]杨华锋. 投资项目经济评价[M]. 中国经济出版社，2000.

[3]吴品妹. 资信评估案例实务[M]. 中国审计出版社，2000.

[4]周惠珍. 投资项目评估案例分析[M]. 东北财经大学出版社，2006.

[5]刘秋雁. 房地产投资分析[M]. 东北财经大学出版社，2003.

[6]国家计委. 建设项目经济评价方法与参数(第三版)[M]. 中国计划出版社，2006.

[7]于守法. 建设项目经济评价方法与参数应用讲座[M]. 中国计划出版社，1995.

[8]卢石泉. 投资项目评估[M]. 东北财经大学出版社，1993.

[9]李学良. 投资项目评估[M]. 东北财经大学出版社，1991.

[10]傅家冀. 工业技术经济学[M]. 复旦大学出版社，1991.

[11]龚维丽，等. 工程造价的确定与控制[M]. 中国计划出版社，2006.

[12]龚维丽，等. 工程造价案例[M]. 中国计划出版社，2006.

[13]龚维丽，等. 工程造价管理相关知识[M]. 中国计划出版社，2006.

[14]龚维丽，等. 建设工程技术与计量[M]. 中国计划出版社，2006.

[15]财政部. 财务管理[M]. 中国财政经济出版社，2015.

[16]杨克磊，高喜珍. 项目投资可行性研究[M]. 复旦大学出版社，2012.

[17]于守法，等. 投资项目可行性研究报告编写范例[M]. 中国电力出版社，2002.

[18]亨利·马尔科姆·斯坦纳. 工程经济[M]. 清华大学出版社，2004.

[19]全国投资建设项目管理师考试专家委员会. 投资建设项目决策[M]. 中国计划经济出版社，2006.

[20]J. E. 布希. 工业投资项目的经济分析[M]. 机械工业出版社，1985.

[21]中国国际工程咨询公司. 投资项目经济咨询评估指南[M]. 中国经济出版社，1998.

[22]周慧珍. 投资项目评估(第六版)[M]. 东北财经大学出版社，2018.

[23]叶义仁. 建设工程经济[M]. 中国建筑工业出版社，2006.

[24]注册咨询工程师(投资)考试教材编写委员会. 项目决策分析与评价[M]. 中国计划出版社，2008.

[25]联合国工业发展组织. 工业项目可行性研究报告编制手册[M]. 中国财政经济出版社，1989.

[26]汤炎非，杨青. 可行性研究与投资决策[M]. 武汉大学出版社，1998.

[27]全国造价工程师职业资格考试教材编写委员会. 投资建设项目决策[M]. 中国计划出版社，2006.